THE
SYSTEM

더 시스템

THE
SYSTEM

스콧 애덤스 지음 | 김인수 옮김

How to Fail Almost Everything and Still Win Big:Second Edition

2013년 초판을 출간할 때만 해도, 이 책이 경제경영, 자기계발 분야에 얼마나 큰 영향을 미칠지 전혀 예측하지 못했다. 아마도 이 책을 집어든 당신이 본문에서 익숙한 내용들을 찾을 수 있을 거라 생각한다. 특히 적당한 재능의 조합, 목표보다 시스템, 세분화micro-steps, 열정, 운과 같은 주제들이 낯익을 테다. 이것들은 내 아이디어나 창작물들을 참고한 다른 베스트셀러 책들과 수많은 팟캐스트, 유튜브 클립들을 통해 지금도 많은 이들에게 알려지고 있다.

이 책에서 말하는 것들을 그대로 적용하여 체중감량을 하고, 건강을 유지하고, 꿈의 직장을 얻고, 술을 끊고, 원하는 사랑을 찾은, 각자가 원하는 것들을 쟁취해낸 사람들에게서 거의 매일 연락을 받고 있다. 이것이야말로 이 책을 통해 독자들에게 전하고자 한 메시지였다. 다만, 이렇게까지 잘될 줄은 몰랐을 뿐이다.

나는 글을 쓸 때 실존하는 한 명의 독자를 상상하며, 그를 위해 글을 쓰는 것을 좋아한다. 글에 진정성을 담는 나만의 방식이다. 이 책의 초판은 당시 어렸던 나의 의붓아들, 저스틴이 언젠가는 이 책을 읽을 것이라는 상상을 하며 집필했다. 집필은 2년간 계속 됐고, 저스틴은 이 책의 원동력이었다. 나는 한 젊은이가 인생에서 성공하기 위해 알아야 할 모든 것을 담았다고 생각한다.

그러나 비통하게도 내 아들 저스틴은 이 책을 만나기 전 세상을 떠났다. 어릴 때 사고로 심각한 머리 부상을 당했는데, 그 이후로 사용한 약물 과다복용이 원인이었다. 비록 저스틴은 자신을 위해 쓴 이 책이 수많은 사람에게 긍정적인 영향을 미칠지 몰랐지만, 개정판을 낼 만큼 전 세계인들의 사랑을 받는 책이 되었다.

출간 후, 여느 누구처럼 여러 차례 인생의 풍파를 겪었다. 그럼에도 나의 시스템을 유지하려 노력했고, 결국 모든 어려움을 극복해냈다. 따라서 독자 여러분에게도 이 방법들이 분명 효과가 있을 것이라 자신하는 바이다.

이 책의 개정판을 내면서 나의 첫 번째 아내인 쉘리에 대한 내용을 그대로 유지하기로 결정했다. 그녀가 등장한 예시들에는 여전히 중요한 맥락과 메시지가 있고, 수년이 지난 지금도 여전히 통하기 때문이다.

감사와 존경을 담아 독자들에게 더 시스템 개정판How to Fail at Almost Everything and Still Win Big: Second Edition을 바친다.

2023년 여름 샌프란시스코에서 스콧 애덤스

당신만의 성공 공식을 찾아라

당신이 이미 어느 정도 성공을 거둔 사람이라면, 나의 실패담을 다룬 이 책이 우스꽝스럽게 보일 수 있다. 하지만 적어도 당신의 성공이 전적으로 행운 때문만은 아니었다는 점을 깨닫게 될 것이다. 당신 주변 사람들은 어떻게 저런 엉터리가 성공을 했나 하고 당신을 의심의 눈초리로 보겠지만, 나는 당신을 인정한다.

이 책은 실패를 밥 먹듯 하면서도 결국 성공을 거둔 한 사람의 이야기를 담고 있다. 당신이 성공을 어떻게 정의하는지는 모르겠다. 다만 당신이 이제 막 성공하기로 마음먹었다거나 그동안 인생이 왜 그리 안 풀렸는지 궁금하다면 이 책에서 쓸 만한 아이디어를 찾아낼 수 있을 것이다. 당신이 알고 있는 것에다 내가 경험한 것들을 더하면 적어도 늪에 빠지지는 않을 테다.

나의 성공은 무엇 덕분이었을까? 재능이나 행운, 혹은 끈질긴 노력 덕분이었을까? 아니면 이 모든 것의 조합 덕분이었을까? 확실한 것은 내가 행운이 나를 쉽게 찾아내도록 하는 전략을 세우고 준비했다는 것이다. 그 전략이 차이를 만들어낸 것인지 아니면 그저 운은 운일 뿐이고 나머지는 결과에 끼워 맞춘 것인지는 솔직히 나도 모르겠다. 그래서 당신에게 나의 이야기와 다른 이들의 성공담을 비교해 보고 그 사이에 패턴이 존재하는지 찾아보기를 권하는 바이다. 내가 어릴 적부터 사용했던 방법이 바로 이것이다. 이 방법이 통했든 그저 운이 좋았든 난 성공을 얻었다. 만약 당신이 이 책에서 어떤 아이디어를 찾아내서 큰 성공을 거둔다 해도, 당신 역시 그 이유를 정확히 짚어내기는 어려울 것이다. 물론 당신은 안다고 생각할 수도 있다. 아마도 자신이 이 방면, 저 방면에 뛰어나서 성공한 거라고 이유를 대겠지. 인간의 뇌가 원래 그렇게 돌아간다. 하지만 혹시 아나, 어쩌면 당신의 경우에는 그게 사실일 수도 있다.

　이 책은 조언을 전하는 책이 아니다. 게다가 나는 만화가다. 미안하지만 만화가의 조언은 믿을 게 못 된다. 사람들은 대개 만화가의 말이 어디까지가 진담이고 어디까지가 농담인지 구분하지 못한다. 나는 오랫동안 농담하는 기술을 연마해왔는데, 그중에는 나 말고는 아무도 이해하지 못하는 농담도 있다. 온라인에서는 다른 사람인 것처럼 굴거나, 내 의견과 반대되는 글을 써서 사람들의 반응을 보기도 한다. 가끔은 실제 사람들을 만나는 자리에서도 다른 사람인 척한다. 한 번은 〈딜버트〉 만화의 소재를 얻으려고 변장을 한 채 한 회사의 고위급 미팅에 잠입한 적도 있다.

자고로 낯선 사람의 말은 믿지 말라고 했다. 아직 나는 당신에게 낯선 사람이라는 사실을 잊지 마라. 게다가 나는 진담을 농담처럼 말하고, 농담을 진담처럼 말하는 사람이다.

나는 만화가로서는 물론이고 어떤 분야에서도 전문적이지 못하다. 만화가인데 그림은 발로 그린 듯하고 글쓰기 실력은 엉망인데도 근자감이 넘치는 스타일이다. 그러고도 어떻게 계속해서 돈을 버는지 나조차도 궁금할 때가 많다.

책에 이런 말을 쓰긴 좀 그렇지만, 책이라는 형태를 빌려서 누군가에게 조언을 한다는 발상 자체가 원래 문제가 있다. 모두를 만족시키는 조언은 없기 때문이다. 이 책 내용 중에 모든 사람에게 늘 적용되는 부분이 있다면, 나도 놀랄 것 같다.

이쯤에서 앞으로 나올 내용을 미리 살펴보는 게 좋을 듯하다. 너무 간략하게 소개하는 탓에 내용을 정확하게 이해할 수는 없겠지만 이 책에 대한 호기심을 불러일으키는 정도는 되길 바란다.

살짝 훑어보기

- 패자는 목표를 설계하고, 승자는 시스템을 만든다.
- 당신의 뇌에 마법을 걸려고 하지 마라. 뇌는 프로그래밍이 가능한 말랑말랑한 로봇이다.
- 성공으로 향하는 길에 가장 중요한 것은 당신의 에너지다.
- 기술을 하나씩 습득할 때마다 성공 가능성은 두 배로 커진다.

- 건강에 자유를 더하면 행복이다.

- 행운도 일종의 관리가 가능하다.

- 연기를 해서라도 수줍음을 정복하라.

- 신체를 단련해야 세상을 움직일 수 있다.

- 단순화는 평범함을 놀라움으로 변모시킨다.

이 책에서 나는 당신에게 이 주제들에 대해 제대로 설명할 것이다. 그중 일부는 당신이 그동안 상식이라 여겨왔던 것들을 무너뜨릴 것이다. 비록 내가 농담을 엄청 좋아하지만 이 책에 언급한 내 경험들은 모두 진실이다. 대부분의 설명은 내 경험에 근거하며, 연구 결과를 언급할 때는 참고 자료를 밝힐 것이다.

20대의 내 주변에는 어떻게 하면 만화가가 될 수 있는지, 책은 어떻게 쓰는지, 어떻게 해야 일반적으로 말하는 성공이란 걸 할 수 있는지 말해주는 사람이 없었다. 성공에는 큰 장애물이었다. 다른 사람들은 친구나 가족들에게서 성공 비법을 전수받는 것 같았다. 그런 불평등이 나를 분노하게 만들었고 동시에 자극이 됐다. 그 결과, 나는 무엇이 성공으로 통하고 무엇이 통하지 않는지를 수십 년에 걸쳐 직접 연구하게 되었다. 당신이 성공하고 싶다면, 그게 어느 분야든지 간에 내가 당신의 출발점이 되어주겠다. 이 책은 당신이 성공하기 위해 필요한 일종의 싱공 공식이 되어 줄 것이다. 모는 상황에 들어맞는 공식은 아니겠지만 선택지를 줄여가는 데는 도움이 될 것이라 믿는다.

이 책이 도움이 되는지 판단하기 전에, 당신에게는 옥석을 가릴 수 있는 시스템이 필요하다. 대부분의 사람들은 자기가 허튼소리를 걸러내는 완벽한 거름망을 지니고 있다고 생각한다. 그게 사실이라면 배심원단은 언제나 만장일치로 평결을 내리고, 모든 사람들은 단 하나의 종교만 믿고 있지 않을까. 실제로는 진실과 허구를 가려내지 못할 정도로 형편없는 거름망을 지닌 사람이 대부분이다. 당신에게 제대로 된 거름망이 있는지 알 수 있는 객관적인 방법은 없다. 당신의 의견에 무조건 반대만 하는 사람을 생각해보라. 어쩜 저렇게 어이없는 말을 하면서 뻔뻔하게 구는지 이해하기 어려울 것이다. 하지만 그 사람의 눈에 비친 당신 모습도 다를 바 없다.

복잡한 문제를 대할 때는 겸손한 자세로 임해야 한다. 유한한 존재인 우리 인간은 세상의 이치를 이해해보려고 노력하며 살아야 한다. 마구잡이로 행동하는 건 터무니없는 짓이다. 살면서 터무니없는 행동을 최소화하고 싶다면, 진실과 허구를 가려낼 수 있는 구체적인 시스템을 갖추어야 한다. 아래에 소개하는 거름망을 일단 이 책을 읽는 데 활용해보길 바란다. 아마 이 거름망은 앞으로 당신이 살아가는 데 큰 도움이 될 것이다.

진실을 가려내는 여섯 가지 거름망

- 개인적 경험(인지능력은 뭔가 부족하다)
- 지인들의 경험(더 믿음이 안 간다)
- 전문가들(이들은 진실이 아닌 돈을 위해 일한다)

- 과학적 연구(연관성은 인과관계가 아니다)

- 일반 상식(자신만만하다가 실수하기 딱 좋다)

- 패턴 인식(패턴, 우연, 개인적 편견은 서로 닮아 있다)

결점투성이인 우리 삶에서 진실에 가장 가까이 다가갈 수 있는 방법은 '일관성'이다. 일관성은 과학적 방법의 기반이다. 과학자들은 대조 실험을 수행하고 일관적인 결과를 도출하며 진실에 한걸음씩 다가간다. 우리의 일상도 마찬가지다. 물론 우리가 보고 느끼는 것이 과학적 결과만큼 대단하거나 믿을 만하지는 않지만 말이다. 예를 들어 팝콘을 먹고 한 시간 뒤에는 언제나 팬티가 찢어질 만큼 심한 방귀를 뀐다면, 상식적으로 팝콘이 가스를 만들어낸다고 가정할 수 있다. 과학적이지는 않지만 그래도 합리적인 패턴이라 하기엔 문제가 없다. 다소 불완전할 수는 있지만, 일관성은 진실을 드러내는 최고의 지표 중 하나다.

진실을 찾고자 한다면, 목록에 제시한 항목 중 적어도 두 가지 이상에서 동일한 결과가 나오는지 확인하자. 예를 들어, 어느 연구에서 오로지 초콜릿 케이크만 먹으면 살 빼는 데 효과가 좋다고 발표했다고 하자. 그런데 초콜릿 케이크만 먹으며 다이어트 중인 당신 친구가 계속 살이 찐다면? 당신은 위 목록에서 두 가지를 배제할 수 있다(일반 상식까지 포함한다면 세 가지다). 이것이 일관성의 결여다.

일단 허튼소리 거름망을 작동시킨 다음에는 새롭고 복잡한 문제를 해결할 방법을 생각해본다. 가능하다면, 이때 언제나 사용할 수 있는 방법이 하나 있다. 똑똑한 친구에게 비슷한 문제를 어떻게 해결했는 지 물어보는 것이다. 그 친구는 당신의 시간과 노력을 엄청나게 덜어 줄 수 있다. 똑똑한 친구가 한두 명쯤 있다면 엄청난 행운이다. 내가 관찰한 바에 의하면, 성인 중에 성공과 행복을 성취하는 데 도움을 줄 만한 똑똑한 친구가 하나도 없는 사람이 놀랄 만큼 많다.

이제부터 나는 이 책을 통해 당신의 똑똑한 (척하는) 친구가 되기 를 자처한다. 이미 당신이 똑똑한 친구를 두고 있다 해도 아무 문제 없다. 똑똑한 친구는 많을수록 좋은 법이니까. 당신의 다른 친구들이 파티에서 나누길 꺼려하는 창피한 이야기도 얼마든지 할 수 있는 친 구가, 나는 되어줄 것이다.

사실 나는 이 책에 언급한 주제를 다룰 만한 전문가는 아니다. 하 지만 단순화에 있어서는 전문가라 자신한다. 지난 수십 년간 내가 가 장 많은 시간을 보낸 일이 바로 〈딜버트〉를 그리는 일이었다. 만화 그리기는 엉뚱하면서도 정확한 핵심만 남을 때까지 불필요한 부분 을 걷어내는 과정이다. 만화가는 적게는 네 개의 짧은 문장만으로 그 일을 해내야 한다. 그런 일을 9,000번 가까이 해낸 사람이 나란 사람 이다. 그것도 가끔은 성공적으로 말이다.

단순함이 지닌 힘을 가장 잘 보여주는 것이 바로 자본주의다. 자본 주의의 천재성은 회사마다 처한 복잡한 사정, 차이점, 어려움, 결정, 성공 그리고 실패까지 하나의 수치, 즉 이윤으로 귀결된다는 사실에 있다. 그 단순함이 자본주의를 돌아가게 한다. 기저에는 여전히 복잡 한 문제들이 존재하지만, 이윤이라는 명확하고 단순한 기준을 만들

어넘으로써 자본주의가 가능해졌다. 해당 회사의 과거와 예상 이윤도 모르면서 주식에 투자하는 사람은 없다. 이윤은 경영진에게 무엇을 제대로 운영하고 있으며, 무엇을 수정해야 할지 말해준다. 이 원리가 자본주의라는 엔진이 나아갈 방향을 제시한다. 가끔 잘못된 방향으로 향하기도 하지만 말이다.

이 책의 본문에서는 당신이 성공을 향해 가는 길에 거쳐야 할 단계를 단순화해서 설명하겠다. 자본주의가 이윤을 추구한다면 인간은 성공을 추구한다. 이 단계들을 알아두면 살면서 복잡한 결정을 내려야 할 때마다 명확한 기준을 제시할 수 있다.

나도 당신에게 만능 성공 공식을 제공할 수 있으면 좋겠다. 하지만 알다시피, 삶이란 게 그렇게 굴러가지 않는다. 내가 할 수 있는 일은 당신이 고수하는 방식과 비교 가능한 모델을 제시하는 것뿐이다. 당신의 방식과 이 책에서 소개하는 방식을 조합하면 올바른 길로 나아갈 수 있을 것이다. 판단은 오로지 당신의 몫이다. 패턴을 인식하고 관찰하며 시도하는 과정을 통해 어떤 지혜를 얻는다면, 당신에게 가장 잘 어울리는 게 무엇인지 판단할 수 있다.

만약 내가 하는 말이 헛소리에 불과하다고 느껴진다면, 당신의 그 느낌을 믿는 게 낫다. 100퍼센트 옳은 말만 하자고 이 책을 쓴 건 아니다. 다만 행복과 성공을 추구하는 과정을 새로운 방식으로 생각해보기를 권하는 바다. 내가 제시하는 방식을 당신의 방식과 비교해보고, 다른 사람들이 제시하는 방식과도 비교해보라. 모든 사람은 저마다 자기만의 공식을 찾아내는 법이니까.

CONTENTS

PART 1

실패를 인정하고 뽑아먹어라

PART 4

결국은 시스템이다

일러두기

미국에서는 개정판Second Edition이 출간되었습니다.
본문은 다소 변경되었으며 한국어판은 리커버 개정판으로 재출간합니다.

PART

1

실패를 인정하고
뽑아먹어라

실패는 당신의
친구라는 점을
늘 기억하라.

실패가
원석이라면
성공은
다이아몬드다.

내 가 정 상 이
아 니 라 고 ?

2005년 봄, 주치의가 내게 일종의 정신질환 진단을 내렸다. 사실 의사는 정신질환이나 그 엇비슷한 단어를 언급하지는 않았다. 다만 같은 병원에 근무하는 심리학자에게 나를 보냈을 뿐이다. 하지만 나는 그게 무슨 뜻인지 알아챌 수 있었다.

내 얘기를 다 듣고 난 심리학자 역시 의사와 똑같은 진단을 내렸다. 정신 이상. 그런데 그 역시 정신질환이라는 단어를 사용하지는 않았다. 대신 자신의 의학적 소견으로는 스트레스가 줄어들면 어느 정도 정상적인 활동을 다시 할 수 있을 거라며 내게 신경 안정제 복용을 권했다.

나는 그 권유를 받아들이지 않았다. 내가 정신 이상이라고 생각하지 않았기 때문이다. 게다가 스트레스도 그다지 느끼지 못하고 있었다. 의사와 심리학자가 내 정신 상태가 이상해지고 있다는 판단을 내리기 전까지는 그런 생각조차도 하지 않았다. 물론 이 두 전문가가 내게 그런 진단을 내린 이유는 충분히 이해할 수 있었다. 근래 내 행동을 보면 내가 생각해도 정신적으로 문제가 있는 사람처럼 보였으니까.

혼잣말을 하거나 기르던 고양이에게 얘기할 때는 별 문제가 없는데 막상 사람과 대화를 나눌 때는 갑자기 말문이 막히는 증상이 나타났다. 나의 두 전문가는 그런 증상을 유발할 만한 여러 원인 가운데서 가능성이 없는 것부터 하나씩 제거해나갔다. 알레르기? 이건 아니고. 일반적인 호흡기 질환? 아니고. 위산 역류? 아닌데. 식도 종양? 이것도 아니고. 뇌졸중? 아니야. 신경계 질환? 이것도 아니야. 다른 사람과 대화할 때 갑자기 말이 안 나온다는 점만 제외하면 건강은 대체로 완벽에 가까울 정도로 좋았다. 고양이에게 말할 때는 자연스럽게 말이 나왔다. 혼자 있을 때도 문제가 없었다. 시 한 편을 암송하기도 했으니 뭐. 하지만 전화기를 붙들면 상대방이 알아듣지 못하는 말로 떠듬거렸다. 몸이 아니라 사회적인 문제가 있는 듯 보였다. 따라서 결론은, 정신 이상이었다.

작가와 예술가를 대하다 보면 정신이 이상한 사람이 아닌가 하는 생각이 언제든 들 수 있다. 상상 속에서 보는 것을 글이나 그림으로 온전히 표현할 수 있다는 점을 제외하면, 사실 예술가는 미친 사람과 다를 바 없다. 지난 수십 년간, 내 블로그에는 나의 정신 상태에 대해 의문을 품는 독자들의 댓글이 거의 끊이지 않고 올라왔다. 나도 이해

못하는 바는 아니다. 나도 내 글을 읽어봤으니까. 나보고 제정신이 아닌 것 같다고 말하는 사람이 적지 않다면, 그 가능성을 고려해보는 게 합리적이라는 걸 나도 안다.

내가 비정상적인 행태를 보이는 데는 유전자 탓도 있다. 나의 외할아버지는 정신병원에 한동안 입원해 있었다. 거기서 전기충격요법 치료를 받았던 걸로 기억한다. 하지만 효과가 없었는지 어머니와 외할머니는 몽둥이를 들고 죽일 듯이 뒤쫓아 오는 할아버지를 영영 떠나고 말았다. 그런 할아버지의 광기 유전자를 내가 물려받지 않았다고 장담할 수는 없다.

정신 나간 사람 취급을 당하며 살아가는 일은 쉽지 않았다. 다른 사람에게 이야기를 할 때면 나도 모르게 특정 자음이 목구멍에 막혀 입 밖으로 나오지 않았다. 상대방 입장에서는 마치 통화 품질 불량으로 중간 중간 말이 뚝뚝 끊겨서 들리는 식이었다. 식당에서 다이어트 콜라를 주문하는데 내 입에서는 "…어트 오크"라는 말이 나왔다. 그러면 내 주문을 받은 점원은 나를 불쌍한 표정으로 바라보다가 일반 콜라를 건네주는 일이 다반사였다. 더 심한 경우에는, 내가 자기 안부를 묻는다고 생각한 점원이 "잘 지내요, 덕분에"라고 엉뚱한 대답을 하기도 했다. 물론 주문한 콜라는 끝내 나오지 않았다.

미치고 팔딱 뛸 노릇이었다. 원래 잘 부르지는 못했지만 노래도 막힘없이 시원시원하게 부를 수 있었다. 외우고 있는 글이나 내용을 말하거나 암송하는 것도 별 문제가 없었다. 하지만 대화를 나눌 때면 제대로 알아들을 수 있는 문장을 내뱉을 수 없었다.

말을 더듬는 사람들이 하듯, 나도 발성이 되지 않는 음절을 애초에 피해가는 방법으로 문제를 피하고자 했다. 예를 들어, 껌을 달라고 말하고 싶어도 입에서는 "…엄"이라는 소리가 나올 걸 알고 있었기 때문에 아예 말을 돌려서 "씹는 그거 주세요"라고 말하는 방법을 택하기로 한 것이다. 그렇지만 이 방법은 잘 통하지가 않았다. 간단하게 말하면 될 것을 스무고개 하듯 말하니 상대방은 당황하기 일쑤였다. 내가 이리저리 돌려가며 아무리 명확하게 설명하려 해도 돌아오는 반응은 어리둥절한 표정과 "뭐라고요?"였다.

말하는 능력을 상실하면 사람들과의 모임이 악몽으로 변한다. 한 공간 안에 있는 수많은 사람 속에서 나 혼자 유령이 되는 비현실적인 일이 벌어진다. 상상이 아니라 실제로 말이다. 유령 같은 존재가 되는 외로움은 사람을 병들게 한다. 외로움이 노화만큼이나 신체에 악영향을 준다는 연구 결과가 있다.[1, 2] 그 말이 정말 맞았다. 하루하루 기력이 쇠하는 느낌이 들었다.

다른 사람들의 이야기를 듣는 것만으로는 나의 외로움을 치유할 수 없었다. 외로움은 내가 직접 말할 때, 그리고 무엇보다도 남들이 내 말을 들어줄 때 해결할 수 있다. 이후로 나는 약 3년 반 동안 평범한 생활과는 단절되어 외로움에 둘러싸인 삶을 살았다. 가족과 친구들이 보내준 사랑과 지지도 소용없었다. 노력할 가치도 느끼지 못할 정도로 삶의 질은 바닥으로 곤두박질쳐갔다.

목소리 문제가 발생한 초기 무렵에, 내게는 외로움보다 더 시급한 문제가 있었다. 당시 나는 신문에 만화 〈딜버트 Dilbert comic strip〉를 연재하는 동시에 큰돈을 받으면서 강연을 하러 다니고 있었다. 몇 주 후에도 강연이 잡혀 있었다. 목소리가 안 나오는 증상이 발생하고 처음으로 예정된 강연이었다. 과연 노래를 부르거나 시를 낭독할 때처럼 준비한 원고를 읽을 때도 목소리가 제대로 나올지 알 길이 없었다. 혹시 연단에서 목이 꽉 막혀 아무 말도 못하고 서 있다가 내려오는 건 아닐까? 수천 명의 청중 앞에서 알아듣지도 못할 말을 혼자 옹알대기만 하는 건 아닐까?

나는 강연 담당자에게 메일을 보내 사정을 설명하고 강연회를 취소해도 괜찮다고 했다. 주최 측은 위험을 감수하고라도 일정대로 행사를 진행하겠다고 했다. 나 역시 위험을 감수하기로 마음먹었다. 나중에 자세히 설명하겠지만, 다행스럽게도 나는 보통 사람들에 비해 쉬이 창피해 하거나 당황하지 않는다. 처음 보는 사람 수천 명 앞에서, 그것도 많은 사람들이 내 강연을 녹화하는 가운데 불상사가 일어나 창피를 당하는 상상도 해보았다. 하지만 다른 사람은 몰라도, 나는 그럴 가능성만으로 강연을 취소할 수 없었다. 그런 상황에서 내목소리가 제대로 나올지 안 나올지 알아야 했던 내 입장에서 강연은 강행할 가치가 있었다. 어떨 때 문제가 발생하고 어떨 때 괜찮은지 알아내야 했다. 수천 명의 사람 앞이라도 평소처럼 준비된 자료를 읽는다면 정상적으로 말할 수 있지 않을까? 그걸 알기 위해서는 직접 부딪쳐보는 수밖에 없었다.

02

실 패 를
불 러 들 여 라

나는 비슷비슷한 강연을 수도 없이 해봤다. 어떤 면에서, 모든 강연회는 전후로 돌아가는 상황이 동일하다. 계약서에 사인한다. 비행기를 예약한다. 강연회장에 도착한다. 주최 측과 담소를 나눈다. 무대 위로 올라간다. 사람들을 웃게 만든다. 사인회를 한다. 함께 사진을 찍는다. 기다리는 자동차에 급히 올라탄다. 공항으로 간다. 집에 온다.

하지만 이번 강연회에서는 담소를 즐기지 못하고 있었다. 강당을 가득 메운 사람들에게 나를 소개하기 전에, 주최 측 사람들은 무대 뒤에서 나와 밝은 분위기 속에서 이런저런 이야기를 나누고자 했다. 나도 그러려고 최선을 다했지만 사람들은 내 입에서 나오는 말을 거의 이해하지 못했다. 나는 조용조용 말하면서 몸짓을 사용하기도 하고 앞에서 언급한 대로 발음이 안 되는 단어는 돌려서 말하기도 하면서 사람들을 안심시키려고 했다. 무대 위에서는 모든 일이 순조롭게 진행될 거라는 확신을 주고자 했다. 하지만 솔직히 나도 어떤 일이 벌어질지 확신이 서지 않았다. 게다가 사람들의 눈에는 불안이 감돌고 있었다. 무대 위로 올라가 특정 음절을 발음하는 순간 내 성대가 닫힐 가능성이 다분했다.

전문가의 말을 빌리자면, 인간에게 가장 힘든 일 중 하나가 사람들 앞에서 이야기하는 것이다. 하지만 그 점에서 난 예외다. 훈련도 잘 받았고 경험도 많은 데다 천성적으로 주목받는 걸 좋아한다. 게다가 내 강연의 청중 대부분은 만화 〈딜버트〉를 사랑해주는 사람들이라 내게 호의적이었다. 오늘처럼 무대 뒤에서 내 소개를 기다리면서 말이 제대로 나올지 안 나올지 궁금해 한 적은 여태껏 단 한 번도 없었다.

이런 적은 처음이었다.

드디어 사회자가 나를 소개하기 시작했고, 나는 금속제 발판을 걸어 올라가 무대 가장자리에 섰다. 음향 담당자가 내 마이크 소리를 올리기 위해 기기를 조정했다. 행사 관계자들은 무대 뒤편의 어둠 속으로 물러섰다. 청중은 기대감에 한껏 들떠 있었다. 나에 대한 소개는 끝을 모르고 이어졌다.

나는 청중을 슬쩍 둘러봤다. 분위기를 파악하기 위해서였다. 모두 나와 다를 바 없는 사람이고 내 편이다. 나는 크게 심호흡을 몇 번 했다. 사회자는 내가 미리 알려준 농담으로 분위기를 띄웠고 청중은 웃음을 터뜨렸다. 이제 모든 준비가 끝났다.

나는 셔츠를 허리춤 안으로 밀어 넣고 옷매무새를 가다듬었다. 벨트에 무선마이크가 잘 연결되어 있는지도 확인했다. 사회자가 목소리를 높이며 드디어 내 소개를 마무리하고 있었다. "〈딜버트〉를 만들어낸 주인공, 스콧 애덤스 씨를 반갑게 맞아주십시오." 심장이 하도 쿵쾅거려 마루까지 울리는 듯했다. 나는 눈이 멀 정도로 환히 빛나는 조명 속으로 걸어갔다. 청중은 환호했다. 〈딜버트〉를 사랑해주는 사람들이었기에 나 또한 기쁜 마음으로 손을 흔들었다. 나는 무대를 가로질러 사회자와 악수를 나눴다. 그리고 서로 눈을 맞추며 고개를 가볍게 끄덕였다. 모든 것이 느린 동작으로 움직였다. 나는 커다란 화면에 내 만화를 비춰줄 디지털비디오 기기 쪽으로 갔다. 탁자에 연설 자료를 내려놓은 후 옆으로 두어 걸음을 옮겼다. 강사들이 흔히 하듯, 양손을 앞으로 모아 손가락을 맞닿았다. 청중의 박수를 받아들이면서 그 기운을 긍정적인 에너지로 바꾸는 것이다. 기분 좋은 에너지였다.

바로 그 순간, 심장 박동이 정상으로 돌아왔다. 예전에 많은 청중을 앞에 두고 했던 그 많은 강연 때도 그랬던 것처럼. 그동안 받았던 훈련의 효과가 나타나며 덕분에 자신감도 돌아왔다. 나는 마음속으로 이제 청중은 내 손안에 있다고 생각했고, 청중도 같은 마음이었다. 그들은 모든 것을 내게 맡긴 것이나 다름없었다. 이제 내가 자신에 차 있고 무엇이든 할 수 있다는 것을 보여주어야만 했다. 그러려면 말을 해야 했다.

두어 번 깊게 심호흡을 하고 객석을 둘러봤다. 청중을 바라보며 빙긋 웃었다. 그 자리에 서 있다는 사실에 행복했다, 진심으로. 이게 나의 천직이었다. 무대에만 서면 집에 온 듯 편하다.

나는 박수 소리가 멈출 때까지 기다렸다. 박수 소리가 멈춘 후에도 예전에 배운 대로 잠시 더 기다렸다. 청중 앞에 서면 시간 감각이 흐려진다. 아마추어 강사가 말을 너무 빨리 시작하는 실수를 저지르는 이유가 그 때문이다. 나는 청중과 하나가 되도록 타이밍을 잡기 위해 내 안에서 돌아가는 시간을 조정했다. 사람들을 잠시 침묵 속에서 기다리게 함으로써 그들의 호기심을 증폭시키려는 의도도 있었다. 그간의 경험을 통해, 나는 청중이 〈딜버트〉를 만들어낸 사람의 실제 목소리가 어떨지 궁금해 한다는 사실을 알고 있었다. 그 날은 나도 궁금하긴 마찬가지였다.

여기까지 내 이야기를 읽으면서 이런 생각을 할 수도 있다. 도대체 어떤 멍청이가 수천 명 앞에서 창피할지도 모르는 자리에 스스로 나선단 말인가?

충분히 할 수 있는 질문이다. 대답을 하자면 얘기가 길다. 제대로 설명하자면 책 한 권을 쓰고도 남을 정도로 길다. 간단하게 대답하자면, 나는 오랜 기간 동안 실패라는 것과 특별한 관계를 구축해왔다. 나는 실패를 불러들인다. 실패를 견뎌 낸다. 실패가 지닌 가치를 인정한다. 그러고 나서 실패에서 배울 점을 뽑아먹는다.

실패는 늘 뭔가 중요한 것을 동반한다. 나는 실패를 그냥 털어버리지 않고 실패가 지닌 중요한 가치를 추출해낸다. 오래 전부터 실패를 통해 이익을 얻어왔다. 예를 들면, 회사 생활에서 성공이 아닌 실패를 경험한 덕분에 만화가로서 성공을 거둘 수 있었다.

나는 그날 강연에서 패턴을 찾아내고자 했다. 왜 어떤 상황에서는 평소처럼 말이 나오고 다른 상황에서는 그렇지 않은지 알아야 했다. 왜 상황에 따라 다른 결과가 나타나는 걸까? 아드레날린 수치와 관계가 있는 걸까 아니면 목소리의 어조 때문일까? 그도 아니면 기억을 담당하는 뇌의 특정 영역과 연관이 있는 걸까? 그 패턴을 찾아낸다면 목소리 문제를 풀어낼 해결책이 떠오를 수도 있을 거라 생각했다. 청중 앞에서 평소보다 더 좋은 목소리가 나올까 아니면 형편없는 목소리가 나올까? 이제 그 결과를 알아볼 시간이 다가왔다.

나는 입을 떼고 말을 시작했다. 약간 거칠고 쉰 소리였지만 그래도 목소리가 나왔다. 아마도 사람들은 내가 감기에 걸렸다고 생각했을지 모른다. 나는 과거 사람들 입에 오르내렸던 만화를 보여주며 내용을 설명해주고 재미있는 일화들을 소개하면서 45분간 강연을 이어 갔다. 사람들은 내 이야기에 흠뻑 빠져들었다.

무대를 내려오자마자 목소리가 나오지 않는 증상이 다시 나타났다. 내 머릿속에 있던 내용을 얘기하는 상황에서는 괜찮더니 일상적인 대화를 나누는 상황으로 돌아오자 다시 목이 잠겨버린 것이다.

젠장, 문제는 내 머릿속에 있는 것이 틀림없었다.

향후 3년 동안, 목소리 문제를 해결하고 유령 같은 존재에서 벗어날 방법을 알아내기 위해 패턴을 찾아다녔다. 그리고 이 책을 통해, 그 패턴 찾아내기 여정이 어떻게 흘러갔는지 당신에게 알려주려 한다. 실패라는 놈이 성공이라는 과실을 토해낼 때까지 어떻게 그놈의 목을 움켜쥐고 졸라대야 하는지, 내가 아는 모든 것을 이 책 안에 담아 놓았다.

03

열 정 같 은
소 리 하 네

성공한 사람들은 종종 이런 조언을 던진다. "당신의 열정을 좇아라."
얼핏 들으면 지극히 합리적인 말로 들린다. 열정이 있으면 에너지가
상승하고 거절에도 굴하지 않는 정신과 결단력이 강해질 테니까. 열
정적인 사람은 설득력에도 힘이 있다. 정말 좋지 아니한가?

반론도 있다. 샌프란시스코에 있는 은행에서 상업용 대출 담당 직
원으로 일할 당시, 내 상사는 열정을 좇는 사람에게는 절대 대출을
해주면 안 된다고 가르쳤다. 가령, 순전히 스포츠를 향한 자신의 열
정을 추구하기 위해 운동용품점을 시작하는 사람에게는 돈을 주면
안 된다. 사업은 열정이니 뭐니 하는 이유로 시작하는 게 아니다.

30년 넘게 대출 업무를 담당했던 그 상사에 따르면, 가장 좋은 대
출 고객은 열정 같은 건 전혀 없이 그저 수익을 올릴 수 있는 일에 전

넘하겠다는 의욕을 지닌 사람이다. 어쩌면 세탁소나 패스트푸드 체인점처럼 무미건조하고 지루한 종목에 투자하려는 사람일 수도 있다. 그런 사람이 대출해주기에 적격인 사람이다. 자기 일을 사랑하는 사람이 아니라 꾸준히 해야 할 일을 하고 돈을 버는 사람에게 대출을 허가해야 한다. 그렇다면 어떤 말이 맞는 걸까? 열정이란 성공에 다다를 수 있는 유용한 도구인가 아니면 사람을 비이성적으로 만드는 쓸모없는 것에 불과한 것인가?

　내가 추측하기에, 열정적인 사람은 이상적인 목표를 추구하는 과정에서 큰 위험을 감수할 가능성이 높다. 따라서 열정적인 사람 중에서 엄청나게 큰 성공을 거두는 사람보다는 실패를 맛보는 사람을 더 많이 보게 된다. 열정적인 사람들 중에서 실패를 경험한 사람은 다른 사람에게 이런 저런 조언을 할 기회조차 얻지 못한다. 하지만 성공을 거둔 사람은 책도 쓰고 매일 자신의 성공 비법을 알리느라 인터뷰니 뭐니 하면서 산다. 자연스럽게, 성공을 거둔 사람은 자신이 멋지고 대단하기 때문에 성공했다는 점을 당신에게 각인시키고자 하는 한편 겸손한 모습을 보이고 싶어한다. 그런데 겸손함을 유지하면서 동시에 '내가 성공을 거둔 이유는 보통 사람들보다 훨씬 더 똑똑하기 때문'이라고 말할 수는 없다. 하지만 성공의 열쇠가 열정에 있다고 말할 수는 있다. 누구나 무엇인가에 열정적일 수는 있으니까. 열정이란 말을 들으면 왠지 이해가 되는 듯하고 다가가기 쉽게 느껴진다. 차라리 바보라서 성공을 못한다는 말을 들으면 어쩔 도리가 없을 텐데, 열정이 성공의 열쇠라고 하니 왠지 주변 여건만 허락된다면 나도 한번 해낼 수 있을 것 같다는 생각이 든다. 열정이라는 말을 들으니 성공한 사람이나 나나 모두가 상당히 동등한 위치에 선 느낌이 든다. 사람이라면 누구에게나 활용 가능하도록 주어진 능력이 열정 아니냐 이 말이다.

하지만 이런 말은 대부분 헛소리에 불과하다.

일이 잘 풀리고 있는 무언가에 열정적이기는 쉽다. 그리고 그런 점이 열정의 중요성에 대한 우리의 생각을 왜곡시킨다. 나는 살아오면서 수십 개의 벤처사업에 관여했었고 사업을 시작할 때마다 기대하고 들떴다. 그걸 열정이라고 하는 사람도 있겠지만. 대부분의 사업이 잘 풀리지 않아 실패로 돌아가면서 천천히 내 열정도 고갈됐다. 일이 잘 풀린 몇 안 되는 사업은 성공을 거두면서 나를 더욱 신나게 했다.

한 예로, 나는 운영을 맡아줄 동업자와 함께 레스토랑에 투자한 적이 있다. 그때 내 열정은 활활 타올랐다. 그리고 레스토랑 문을 연 첫 날, 길 끝까지 줄을 시시 입장을 기다리는 사람들을 보았을 때는 열정이 하늘을 찔렀다. 몇 년이 지나 사업이 주저앉으면서 열정은 좌절과 짜증으로 변했다. 한때 충만했던 열정은 몽땅 사라져버렸다.

반면에 〈딜버트〉는 내가 해보고 싶었던 여러 부자 되기 프로젝트 중의 하나였다. 〈딜버트〉가 좋은 반응을 얻기 시작하자, 절호의 기회가 될 수 있다는 생각에 만화 그리기에 대한 내 열정도 높아갔다. 세월이 지나서 보니 내가 가장 많은 열정을 보였던 일들은 모두 진행 상황이 좋았던 일이었다. 객관적으로 판단하자면 내가 지녔던 열정은 내가 거둔 성공에 따라 움직였다. 열정이 성공을 불러왔다기보다는 성공이 열정을 불러왔던 것이다.

게다가 열정은 어찌 보면 능력을 나타내는 단순한 지표에 불과할 수도 있다. 우리 인간은 자신이 못하는 일보다는 잘하는 일을 즐기는 경우가 많다. 또한 실제로 해보기 전에 뭘 잘할 수 있을지 예측하는 일도 상당히 잘한다. 예를 들어, 나는 처음으로 테니스 라켓을 잡았던 날 열정을 느꼈고 그 이후로 지금까지 테니스를 친다. 야구나 농구와 달리, 테니스는 내가 잘할 수 있는 운동이라는 걸 순간적으로 알 수 있었다는 말이다. 따라서 열정이란 때때로 자신이 무언가를 잘할 수 있다는 사실을 아는 것의 부산물에 불과하다.

나는 판매 활동을 엄청 싫어하는데, 그건 내가 영업 능력이 형편없다는 사실을 알기 때문이다. 내가 환상적인 영업사원이었거나 그런 기질이 있었다면 아마 영업에 열정을 느꼈을 것이다. 그리고 사람들은 영업사원으로서 성공을 거둔 나를 보면서 내 열정이 성공의 씨앗이 되었다고 생각할 것이다. 열정이 단지 능력을 나타내는 상징에 불과하다는 말을 부인하면서.

억만장자에게 성공의 비결을 물어보면 열정이라고 답할지도 모른다. 쿨하고 섹시하면서도 적당히 겸손함을 갖춘 말로 들리니까. 하지만 그 억만장자도 술이 몇 잔 들어가면 자신의 성공이 욕구, 노력, 결단력, 두뇌 그리고 위험에 이끌리는 취향 등 모든 요인이 합쳐진 덕분이었다고 털어놓으리라고 나는 생각한다.

그러니 당신이 성공으로 향하는 길을 계획하고 있다면 열정 따위는 잊어버려라. 이 책을 통해, 개인적 에너지를 끌어올리는 방법 중에서 내게 효과가 있었던 방법들을 알려주겠다. 학교, 직장, 운동은 물론이고 개인 생활까지, 자기가 하는 모든 일에서 에너지가 정상일 때 수행 능력도 나아진다는 사실을 당신도 이미 알고 있지 않은가. 에너지는 좋은 것이다. 열정은 헛소리다!

04

찬　　　란　　　한
실　패　의　　　역　사

나는 주위의 그 누구보다 많은 실패를 거두었다는 사실을 즐거운 마음으로 인정하는 바이다. 이 책을 읽음으로써 당신은 참으로 멋진 실패와 공허함과 허탈감이 기다리는 곳으로 향하게 될 것이다. 고마워할 것까지는 없다! 그리고 내가 혹시 언급했는지 모르겠지만, 그곳이 바로 당신이 가야 할 곳이다. 실패라는 통 속에 눈만 남기고 온몸을 담가야 한다. 실패란 좋은 것이다. 성공이 실패 속에 떡하니 숨어 있길 좋아하기 때문이다. 당신이 인생에서 원하는 모든 것이 실패라는 커다란 통에 들어 있다. 거기서 어떻게 좋은 것을 골라내느냐가 문제다.

성공이 쉬운 일이라면 누구나 성공할 것이다. 성공에는 노력이 필요하다. 달리 말하면 게으른 사람은 성공할 수 없다는 뜻이므로 당신에게는 유리하다. 자신이 게으른 사람이라 걱정된다면 그럴 필요 없다. 이 책에는 당신이 큰 노력을 하지 않아도 에너지를 상승시킬 수 있는 비결이 담겨있다. 실제로, 이 책을 읽는 것만으로도 당신의 낙관적 기대치가 약간은 높아질지 모른다. 이 책을 쓴 이유도 그 때문이며, 당신은 이미 옳은 방향으로 나아가고 있는 중이다.

나는 원래 천성이 그런 것인지 아니면 그렇게 교육을 받아서 그런지는 모르겠지만 낙관주의자다. 원인이 무엇이든 예전부터 실패는 목적을 이루기 위한 도구라고 생각했다. 당신도 그런 식으로 세상을 바라보면 도움이 될 거라 믿는다.

니체는 "우리를 죽이지 못하는 것은 우리를 더욱 강하게 만들 뿐이다."라고 말했다. 현명한 말처럼 들리지만 패배자의 철학일 뿐이다. 나는 실패 덕분에 강해지는 것 이상을, 미래에 닥쳐올 어려움에서 더욱 잘 살아남을 수 있는 능력을 갖출 수 있기를 원한다.* 더 강해진다는 건 분명 좋지만, 그것만으로는 만족할 수 없다. 나는 실수를 통해 당연히 더 강해지고, 거기에 더해 더 똑똑해지고, 더 재능 넘치고, 더 인간관계에 뛰어나고, 더 건강하고, 더 에너지가 넘치는 사람이 되길 바란다. 만약 집 앞에서 소똥을 보았다고 하면, 나는 다음에 또다시 소똥을 발견할 때를 대비해 마음의 준비를 단단히 하는 것에 만족하지 않는다. 나는 그 소똥을 삽으로 퍼서 정원에 뿌리고, 앞으로 비료

---

* 니체 편에 서서 해석하자면, 아마 "더욱 강하게"라는 말에는 무엇이든 우리를 더욱 유능하게 만들어주는 것이 포함된다는 뜻이었을 것이다. 정확하게 무슨 뜻인지 물어보고 싶지만, 아이러니하게도 결국 그는 무언가에 의해서 죽고 말았다.

를 구입할 필요 없게 소가 일주일에 한 번씩 우리 집에 와주기를 바랄 것이다.* 실패는 관리가 가능한 자원과 같다.

〈딜버트〉 발간 전후로, 나는 직장과 사업에서 연속으로 실패를 경험했다. 그중에서도 최악의 실패들을 몇 가지 소개하고자 한다. 물론 이외에도 기억에서조차 흐릿한 실패가 십여 개 더 있다. 그럼에도 나의 실패담을 소개하는 이유는, 대개 성공한 사람들은 실패담을 얼버무리고 넘어가기 때문에 다른 사람의 눈에는 마법이라도 부리는 것처럼 보이기 때문이다. 당신은 이 책을 다 읽고 나면 나에 대한 아무런 환상도 품지 않게 될 것이며, 그게 바로 내가 원하는 것이다. 성공의 문에는 누구나 들어갈 수 있다. 아주 큰 실패가 인생의 95퍼센트를 차지하는 사람일지라도.

내가 좋아하는 실패 사례는 다음과 같다.

찍찍이 로진 백 발명

70년대에는 테니스 치는 사람들이 땀 때문에 라켓 손잡이가 미끄러지는 걸 방지하기 위해 가끔씩 로진, 즉 송진가루를 바르곤 했다. 나는 대학 시절, 언제나 간편하게 사용할 수 있도록 찍찍이를 달아 테니스 바지에 붙일 수 있는 로진 백 시제품을 만들었다. 변호사는 내가 만든 제품이 기존 제품 두 개를 조합해 만든 것에 불과하니 특허를 신청할 가치도 없다고 했다. 몇몇 스포츠 용품 회사에도 연락해

---

* 미리 경고하는데, 내가 사용하는 비유는 똥, 아기 아니면 스티브 잡스가 75퍼센트를 차지한다. 그렇다고 사과할 마음은 없다.

보았지만 돌아오는 건 의례적인 거절 편지뿐이었다. 결국 그 아이디어를 포기할 수밖에 없었다. 하지만 일을 추진하는 과정에서 중요한 교훈을 얻었다. 이미 세상에는 좋은 아이디어가 차고 넘치기 때문에 아이디어만으로는 아무 가치가 없다는 것이다. 아이디어가 실행되어야 보상이 돌아온다. 그 이후로는 내가 실행할 수 있는 아이디어에만 집중했다. 나는 이미 성공으로 향하는 실패를 거두고 있었지만 당시에는 그 사실을 알지 못했다.

첫 구직 면접

하트위크 대학교Hartwick College 4학년 재학 시절, 직장다운 직장을 구하기 위해 면접을 보기 시작했다. 어느 날, 대학에서 채용 설명회가 열렸다. 내게 관심을 보인 유일한 회사는 제록스Xerox였다. 제록스는 현장 영업사원 두 명을 찾고 있었다. 당시 제록스는 오래 몸담아도 좋을 괜찮은 회사로 보였다. 영업직으로 첫발을 내딛고 경험을 쌓으면서 한 단계씩 올라가면 될 것 같았다. 내 친구 몇 명도 그 두 자리를 놓고 면접을 신청했다. 친구들의 성적을 대강 알고 있던 나는 그중에서 내 성적이 가장 뛰어나기 때문에 당연히 내가 구직 활동에서 가장 유리한 위치에 있다고 생각했다. 그 정도로 무지했다 내가.

면접도 순조롭게 진행되었다. 내가 기억하기론, 경험은 없지만 논쟁에는 자신이 있다고 답했다. 그러면서 무얼 팔든, 영업이란 게 결국 고객과의 논쟁에서 이기면 되는 것 아니냐는 말 같지 않은 대답을 했다. 정말 그런 식으로 말했다.

이 실패에서 내가 얻은 교훈은 타고난 장점을 활용할 수 있는 일을 찾아야 한다는 것이었다. 이후에 만화를 그리기로 결정했던 계기도 웃기는 그림을 그리면서 동시에 재치 있는 대사를 쓸 수 있는 사람이 많지 않다는 걸 알았기 때문이다. 나는 이 실패를 통해 유리한 위치에 설 수 있는 일을 찾아야 한다는 걸 배웠다.

명상 안내서

대학 졸업 직후, 친구와 나는 초보자를 위한 명상 안내서를 만들었다. 내가 오랫동안 명상을 하며 얻은 장점이 많아서였다. 소규모 출판사를 통해 명상 안내서를 광고했지만 판매는 세 부에 그쳤다. 나는 이 실패를 통해 지역 광고, 마케팅, 제품 개발에 대해 많은 걸 배웠다. 그리고 이때 배운 것들이 나중에 도움이 되었다.

첫 번째 컴퓨터 게임

80년대 초반, 나는 수입의 절반 정도를 휴대용 컴퓨터 구입에 썼다. 그때만 해도 노트북이 나오기 전이었으므로, 내가 말하는 '휴대용'이란 상체 힘이 웬만큼 있는 성인이 들어 올릴 수 있는 정도를 말한다. 나는 2년 동안 매일 밤과 주말 시간을 활용해 프로그래밍을 독학했고 우주를 배경으로 한 아케이드게임을 만들어냈다. 내가 디자인하고 만들어낸 게임은 상당히 잘 돌아갔다. 하지만 제작까지 시간이 너무 오래 걸렸고, 더 뛰어난 디자인과 높은 수준을 갖춘 게임이 출시되는 바람에 내 게임은 순식간에 구식처럼 보였다. 컴퓨터 관련 잡지 뒷면에 게임 광고를 싣기도 했지만 20개 정도 판매하는 것에 그쳤다.

참고: 성공과 유명세를 거머쥔 컴퓨터 게임 디자이너 중에 스콧 애덤스라는 사람이 있다. 나와 동명이인이니 헷갈리지 마시길.

두 번째 컴퓨터 게임

나는 우주를 테마로 한 컴퓨터 게임에 두 번째 도전장을 내밀었다. 이번에는 우주선 조종석에 앉은 기분을 느끼면서 별들 사이를 날아다니다가 하늘에서 떨어지는 위성을 폭파시키는 그런 게임이었다. 첫 번째 게임보다 훨씬 수준도 높고 어려운 게임이었는데, 일 년을 꼬박 작업했다. 게임은 좋았는데, 막상 게임을 하는 사람은 나 혼자였다. 당시 기술이 원시 수준에 불과하다보니 내 상상 속의 게임을 그대로 만들어낼 수가 없었다. 아니면 내 능력이 부족했거나. 아마 둘 다였겠지만.

초능력 실습 프로그램

나는 사용자의 '초능력' 수준을 추적해서 그래프로 보여주는 프로그램을 만들었다. 4장의 카드가 화면에 뜨면 뒷면만 보고 숫자를 맞추는 간단한 게임이었다. 사용자가 25퍼센트 이상을 맞출 수 있는지 보자는 것이 내 생각이었다. 나 스스로 초능력을 믿지도 않거니와 카드 숫자를 섞는 프로그램이 약해서 동일한 카드가 많이 나오는 문제가 있긴 했지만, 그건 그리 중요치 않았다. 그저 재미를 위해서 만든 것이었다. 순전히 운일 뿐이지만 한동안이라도 25퍼센트의 정확도를 유지하면 자기가 무슨 투시력이라도 갖춘 것처럼 재미있을 테니까. 꼭 그게 아니라도 괜히 행운을 맞이할 것 같은 기분이라도 들 테니까. 모든 게 우연이라는 걸 알고 있어도 연속으로 행운을 잡으면 기분이 좋아지게끔 우리의 뇌는 프로그래밍 되어 있으니까.

나는 수개월 동안 시간이 날 때마다 프로그램 개발에 몰두했다. 게임은 괜찮았지만 마케팅을 해야 할 정도로 특별하지는 않았다. 몰두할 만큼 재미있는 게임이 아니었다.

이렇게 나의 컴퓨터 게임 관련 아이디어는 모두 실패로 돌아갔다. 하지만 그 과정에서 많은 걸 배웠고, 컴퓨터가 여전히 친숙하지 않았던 80년대에 기술 천재처럼 보였다. 그때 배운 지식은 은행 업무에도, 나중에 만화 그리는 일에도 많은 도움이 되었다.

인맥 포기

은행에 다니던 20대 후반, 나는 은행 상무의 관심 대상자가 되었다. 여러 회의에서 내가 보여준 헛소리 기술에 넘어간 듯했다. 상무는 내게 자기 심부름꾼이자 조수 자리를 제안하면서 자기와 함께 다니면 중요한 직책에 있는 사람을 많이 만나게 될 거고 그러다보면 고속 승진이 쉬울 거라는 애매한 약속을 던졌다. 그 대신에 상무의 제안을 받아들이면 나는 몇 년 동안 그의 개매너를 참아가며 명령을 따라야 했다. 당시 나는 이미 작은 팀을 관리 중이었고, 다른 사람의 심부름꾼 역할을 한다는 게 발전이 아닌 후퇴라는 생각이 들어 그 제안을 거절했다. 아마도 내 거절 의사를 들은 그 상무의 입에서는 '빌어먹을 멍청한 놈'이라는 말이 튀어나왔겠지. 아무튼 그는 내 동료 중 하나에게 그 일을 맡겼는데, 그 친구는 몇 년 후 은행 역사상 최연소 부 지점장이 되었다.

나는 샌프란시스코의 크로커 내셔널 뱅크에서 8년 동안 일하며 말단 창구 직원부터 하급 관리직까지 올라갔다. 그러다가 백인 남성 위주의 승진을 제한하는 정책 때문에 결국 은행 경력을 끝내야 했다. 그렇지만 은행에서 일하면서 가능한 많은 것을 배워두자는 전략을 세웠던 나는 은행, 금융, 기술, 계약, 경영을 비롯해 여러 유용한 기술에 대해 상당한 지식을 쌓았다. 그 덕분에 훨씬 더 많은 급여를 주는 일자리로 건너뛸 수 있었다.

통신사 근무 경력

나는 퍼시픽 벨에서도 8년 동안 일했다. 이곳에선 예산 편성과 프로젝트를 위한 비즈니스 사례 작성처럼 금융 관련 업무를 주로 맡았다. 그러면서 기술 실험실에서 가짜 엔지니어로도 일 해보았고, 전략, 마케팅, 리서치 인터페이스 디자인을 비롯해 여러 다른 분야에도 관여했다. 이곳에서도 역시 백인 남성 위주의 승진을 제한하는 정책 때문에 경력을 접어야 했다. 하지만 비즈니스의 모든 면에 대해 엄청나게 배웠다. 그렇게 은행과 통신사에서 얻은 경험은 〈딜버트〉 탄생의 밑거름이 되었다.

지피 십 Zippy Ship

나는 1년 동안 한가한 시간을 활용해 모뎀에서 모뎀으로 파일을 쉽게 전송할 수 있는 프로그램을 만들었다. 이메일로 대용량 파일을 쉽게 보내는 기술이 나오기 이전의 이야기다. 나는 작은 집을 실험실로 만들었다. 당시 낮에는 통신사에서 일하면서 아침저녁으로 〈딜버트〉를 그리고 있었다.

지피 십이라는 이름을 지금은 다른 곳에서 사용하겠지만, 원래는 내가 프로그램 작업 시 사용하던 이름이다. 지피 십에서 가장 괜찮은 부분은 메뉴였다. 프로그램을 작동시키면 화면에 지퍼가 나타났다가 음향 효과와 함께 지퍼가 순식간에 열린다. 그러면 직사각형의 메뉴가 툭하고 옆으로 튀어나오게 되어 있었다. 나는 사람들이 그걸 보고 한마디씩 하겠거니 생각했다.

나는 이 기술을 모든 모뎀에서 활용 가능하도록 만들기 위해 무지막지하게 노력했지만 실패로 돌아가고 말았다. 당시 모뎀은 표준화가 이루어져 있지 않았기 때문이다. 나의 부족한 자원과 짧은 지식으로는 어떻게 해볼 도리가 없었다. 모뎀 두 종류에서만 겨우 작동시킬 수 있었는데, 이 정도로는 사업성이 없었다. 나는 제품 개발을 포기했고, 나중에 도움이 될 만한 기술도 하나도 배우지 못했다. 무언가를 만들어내기 위해 낙숫물이 댓돌을 뚫는 식으로 일하는 것이 얼마나 힘든지, 이것만큼은 확실히 알게 되었다.

별난 아이디어 웹 사이트

나는 터무니없는 아이디어를 좋아한다. 원래 그런 아이디어가 재미있기도 하거니와 종종 제대로 된 아이디어가 나오도록 영감을 주기도 해서다. 나는 하루에도 몇 번씩 터무니없는 아이디어를 생각해 낸다. 다른 사람도 그럴지 모른다는 생각에 사용자가 괴짜 아이디어를 올릴 수 있는 사이트를 만들었다. 어쩌면 만에 하나라도, 누군가 다른 곳에는 밝히지 못한 기막힌 아이디어를 내놓기라도 한다면 세상을 바꿀 수 있을 거라는 희망도 품었다. 이 사이트는 트래픽이 많았던 딜버트 웹사이트Dilbert website의 부수적인 사이트였기 때문에 어렵지 않게 사람들에게 알려졌다. 문제는 사람들이 올린 아이디어가 괴짜의 'ㄱ'자에도 못 미칠 만큼 수준 이하였다는 사실이다. 얼마 지나지 않아, 사이트는 의도는 좋으나 아무 가치 없는 아이디어가 그득한 쓰레기통으로 변했다. 나는 사이트를 폐쇄했다.

실패하는 과정에서 웹 사이트 디자인과 새로운 기능 실행에 대해 많은 것을 배웠다. 향후 여러 프로젝트를 실시하면서 이때 배운 지식이 도움이 되었다.

인터넷 동영상 사이트

닷컴 열풍이 불던 시기, 스타트업 설립자들이 내게 연락을 해왔다. 누구나 인터넷에 동영상을 올려서 모두가 즐길 수 있도록 하자는 계획이었다. 〈딜버트〉가 인기가 있으니 새로운 스타트업을 알리기 위해 함께 하고 싶다고 했다. 자금이 충분치 않은 까닭에 주식을 주겠다고 제안했고, 나는 받아들였다. 딜버트 소식지에도 알리고, 내가 만든 웃긴 비디오도 올리고, 인터뷰에서 새로운 서비스를 언급하기도 했다.

몇 년 후, 구글이 유튜브를 16억 5,000만 달러에 인수했고 주주들은 떼돈을 벌었다. 불행하게도 우리는 유튜브가 아니었다. 유튜브보다 훨씬 이전에 탄생한 회사였다. 그 당시는 동영상을 공유할 만큼 인터넷 속도가 빠르지 않았다. 우리 회사는 너무 일찍 탄생한 셈이었다. 결국 몇 년 동안 힘든 시기를 거치다가 사업을 접고 말았다. 반면에 유튜브는 완벽한 시기에 시장에 나왔다. 내가 타이밍이 성공에 가장 중요한 요소가 될 수 있겠다고 깨달았던 게 그때였다. 하지만 초능력자가 아닌 이상 그 누가 정확한 타이밍을 맞출 수 있겠는가. 따라서 운 좋게 타이밍이 맞아떨어질 때까지 이것저것 다양한 시도를 해보는 게 맞는 것 같다.

식료품 배달 서비스

나는 엔지니어 친구와 함께 식료품을 가정에 좀 더 효율적으로 배달할 수 있는 기술을 만들자고 마음먹었다. 이 계획의 핵심은 이것이었다. 고객이 집에 없어도 배달기사가 집안 냉장고까지 식료품을 전달하려면 집 차고의 문을 열고 들어가야 하는데, 어떻게 차고 문을 여는 기술을 개발하느냐는 것이었다. 개발한 기술은 배달 서비스를 원하는 식료품점이나 마트에 팔 계획이었다. 네, 알아요. 보안 문제가 심각하다는 거 압니다. 여기서 자세한 내용은 언급하지 않겠지만, 어쨌든 보안 문제를 확실히 해결할 기술을 만들 수 있을 듯했다. 친구와 나는 가능성 여부를 놓고 긴 토론을 벌였지만, 친구가 다른 일 때문에 바빠지면서 이 일에서 손을 떼는 바람에 흐지부지되고 말았다. 이번 아이디어에서는 아무것도 배운 게 없는 상태로 중단했다.

웹밴Webvan

몇 년 후, 닷컴 시기에 웹밴이라는 스타트업이 식료품 배달 서비스를 들고 나왔다. 인터넷으로 식료품을 주문하면, 물류센터에서 주문받은 물건을 실은 웹밴 트럭이 지역 고객들에게 배달하는 것이었다. 나는 서적으로 성공한 아마존처럼 웹밴도 식료품으로 성공을 거둘 것으로 생각했다. 사업 초기에 투자할 수 있는 흔치 않은 기회라고 판단했다. 나는 웹밴 주식을 왕창 사들이고 뿌듯해했다. 주가가 떨어질 때마다 주식을 더 사들였다. 그렇게 몇 번을 반복하면서 헐값에 주식을 사 모으고 있다고 좋아하며 입맛을 다셨다.

웹밴이 물류센터 한 곳에서 양호한 실적을 올리고 있다고 발표했을 때 드디어 때가 왔다는 생각이 들었다. 한 곳에서 성공을 거둔다는 말은 곧 웹밴의 사업 모델이 좋다는 증거이며 다른 물류센터에서도 좋은 결과로 이어질 것이라는 뜻이니까. 나는 더 많은 주식을 사들였다. 매수한 주식을 다 합치면 트럭 한 대는 차고도 넘칠 정도였다.

몇 주 후, 웹밴은 파산했다. 웹밴 투자는 내가 벌인 멍청한 짓들 중에서 몇 손가락 안에 드는 짓이었다. 다행히 투자 손실이 생활에는 영향을 주지 않았다. 하지만 정신적으로는 마치 벌에 쏘인 듯 힘들었다. 굳이 변명을 하자면, 투자가 아니라 투기 성향이 강했다는 걸 나도 알고 있었다.

내가 이번 실패에서 얻은 교훈은 회사의 발표 따위를 전적으로 믿어서는 안 된다는 사실이다. 이후로는 정보에 숨어 있는 거짓말을 걸러내서 해석하고 판단해서 투자에 활용하고 있다.

전문 투자사

웹밴 참사를 겪고 나서 나는 전문적인 투자 조언이 필요하다는 생각을 하게 되었다. 당시 〈딜버트〉 인세로 돈이 물밀듯이 들어왔는데, 내가 직접 투자처를 알아볼 시간이 없었다. 당연한 말이지만, 내 투자 실력을 믿을 수도 없는 노릇이었다.

그때 거래 은행인 웰스파고Wells Fargo에서 투자를 대신해 주겠노라고 나를 설득했고, 나는 투자금의 절반을 웰스파고에 신탁하기로 결심했다. 사실 신탁은 내 돈의 관리와 처분을 믿고 맡긴다는 점에서 올바른 표현은 아니었다. 왜냐하면 나는 은행을 반만 믿었기에 자금의 절반만 맡겼고, 나머지 절반은 내가 알아서 투자하고 있었기 때문이다. 웰스파고 전문가들은 참으로 고맙게도 내 돈을 엔론Enron, 월드컴WorldCom 등 결국 파산한 회사나 미국 역사상 가장 큰 회계 부정을 저지른 회사에 투자했다. 전문가라고 나보다 나은 것도 없었다. 나는 은행에서 돈을 모조리 인출했고 이후로는 내 방식대로 인덱스 펀드나 ETF에 주로 투자하고 있다(전문가에게 맡겼을 때보다 결과가 좋다).

폴더루Folderoo

〈딜버트〉를 연재하던 초창기만 해도 플로피디스크가 널리 사용되었다. 그래서 동료에게 서류를 건네줄 때, 혹시 이상하거나 잘못된 점이 있으면 수정하라고 서류와 함께 플로피디스크도 함께 주는 일이 흔했다. 문제는 서류와 플로피디스크를 우아하게 건네줄 방법이 없었다는 점이다. 그래서 캥거루 주머니처럼 생긴 부분을 서류봉투 앞에 붙여 플로피디스크를 그 안에 넣어서 줄 수 있도록 해야겠다는 기발한 아이디어를 떠올렸다. 일반 봉투에 캥거루 주머니를 닮은 주머니만 붙이면 되니 추가 생산 비용도 많이 들지 않을 테고 쓰임새는 두 배로 많을 것이다. 게다가 〈딜버트〉가 입는 셔츠 앞에도 주머니가 있으니 연관시켜서 제품을 만들 수도 있겠다는 생각도 들었다. 나는 시제품을 만들어(5분밖에 안 걸렸다) 나의 저작권관리사인 유나이티드 미디어로 보냈다. 유나이티드 미디어가 제품을 생산하고 시장에 내놓으면 될 거라 생각했다. 하지만 막상 유나이티드 미디어는 저작권 업무가 아닌 상품 디자인과 개발에 대해서는 아는 게 없었다. 내 아이디어가 빗나가는 순간이었다. 폴더루라는 이름은 누군가 사용하는 걸로 알고 있다. 결국 어떤 회사에서 폴더 앞에 디스크 넣는 칸을 달아 판매하기 시작했다. 사업이 잘됐는지는 나도 모른다.

캘린더 특허

나는 전자 캘린더에 광고를 삽입해서 사람들에게 유용한 정보를 제공할 수 있으면 좋겠다는 생각을 했다. 캘린더에 입력된 계획을 읽어서 그 내용에 알맞은 판매 정보를 찾아주는 프로그램을 만드는 게 아이디어의 골자였다. 예를 들어, 다음 달에 자동차 구입을 계획하는 내용을 입력하면 프로그램이 그 내용을 읽고 해당 지역의 자동차 딜러나 관련 행사 정보를 알려주도록 하는 것이다. 물론 자세한 정보가 필요한 사람만 광고를 클릭하면 된다. 광고는 (요즘으로 치면 클라우드 같은) 제3자가 관리하므로, 판매업자가 캘린더 사용자의 정보를 직접 들여다보는 일은 절대 없도록 해야 했다. 특허는 거절되었다. 다른 이가 먼저 등록한 특허가 있었었는데, 캘린더와는 전혀 관계가 없음에도 내 아이디어와 연관이 있다는 게 그 이유였다. 기존 특허를 읽어보니 내용상 내 아이디어와 아무 연관이 없어보였다. 하지만 특허 변리사와 상의한 끝에 내 아이디어를 포기하기로 했다. 흥미로운 점은, 이 특허를 갖고 있는 사람은 본인이 금광에 올라타 있는 줄도 모른다는 사실이다.

키패드 특허

열 개짜리 키패드에 문자 입력 관련 특허를 신청했다. 스마트폰이 등장하기 전으로, 일반 열 개짜리 키패드를 사용해 문자를 보내던 시절이었다. 이 방법으로 문자를 보내려면 원하는 철자를 찾기 위해 자판을 여러 번 눌러야 했다. 그래서 두 개의 코드를 사용해 원하는 글자를 상상하면서 빠르게 철자를 찾을 수 있도록 키패드를 만들자는 게 내 생각이었다. 특허도 받았다. 하지만 통신 기술이 급격하게 발전하면서 바로 사장되고 말았다.

딜버리토 Dilberito

〈딜버트〉가 유명해지면서 나는 너무 바빠 식사를 제대로 하지 못할 지경이 됐다. 그 외에도, 미천한 능력에 비해 넘치는 사랑을 보내준 너그러운 세상에 무언가 보답하고 싶은 마음도 있었다. 그래서 비타민과 미네랄 하루 권장섭취량을 완벽하게 충족시키는 음식을 만들 생각을 했다. 유일한 직원이었던 식품 전문가와 함께 딜버리토라는 이름의 부리토(토르티야에 다진 고기와 야채, 콩을 넣고 둘둘 말아 구운 후 소스를 발라서 먹는 멕시코 음식)를 만들어 세븐일레븐, 코스트코, 월마트를 비롯해 미국의 주요 식료품점에 납품했다. 여러 가지 이유로 딜버리토 판매는 부진했는데, 가장 큰 이유는 가판대 진열 방식 때문이었다. 딜버리토가 가판대 아래 칸으로 밀려나면서 제품 판매가 저조했는데, 우리에게는 딜버리토를 좋은 자리에 옮겨놓을 만한 힘이 없었다. 어떤 마트에서는 경쟁사들이 매장 직원을 사주해 우리 제품 앞에 자기네 상품을 배치해서 딜버리토를 '묻어'버렸다. 그 바람에 팔리기는 커녕 잘 보이지도 않을 정도였다. 경쟁사의 지저분한 수법이 우리에게는 결정타가 되어 돌아왔다.

우리 제품을 한 번 먹어봤던 고객들의 재구매율도 낮았다. 미네랄은 소화가 잘 되지 않았다. 야채와 콩이 가득했던 탓에 딜버리토를 세 입만 먹으면 창자가 튀어나올 정도로 강력한 방귀가 나왔다. 나는 수년간 수백만 달러를 쏟아 부었지만 결국 관련 지적재산권을 팔아버리고 탈출했다.

첫 번째 레스토랑 사업

레스토랑 관리 경험이 많은 여성을 만나보고 나서, 함께 캘리포니아 플레젠튼Pleasanton에 레스토랑을 열기로 했다. 레스토랑 이름은 '스테이시 카페'로 지었다. 동업자 이름이 스테이시였기 때문이다. 본인 이름이 출입구 위에 적혀 있는 걸 보면 더 열심히 일할 걸로 판단했다. 나는 자금, 조언 그리고 법과 금융 분야의 자문을 맡았고, 그녀는 창의적인 기업가로서 경영과 관리 업무 일체를 맡았다. 음식과 서비스가 뛰어났다고 할 수는 없지만 레스토랑은 개업 첫날부터 손님들이 몰려들었다. 매출도 뛰어올랐다. 우리가 초기에 성공할 수 있었던 이유는 그 지역 인구에 비해 레스토랑 수가 적었기 때문이었다. 그 지역 레스토랑들은 음식이나 가격에 상관없이 모두 붐볐다.

우리 음식의 질과 서비스가 보통에서 동네 최고 수준으로 향상되자, 다른 모든 부분이 이상한 방향으로 흘러가기 시작했다. 운영비가 꾸준히 상승했고, 주위에 새로운 식당들이 생기면서 우리 손님을 야금야금 빼앗아갔다. 레스토랑은 여전히 흑자를 기록하고 있었지만, 가장 바쁜 저녁시간대에 손님들을 맞을 테이블이 충분하지 않다는 게 가장 큰 문제였다. 그래서…

두 번째 레스토랑 사업

약 8km 떨어진 곳에 두 번째 레스토랑을 열었다. 새 레스토랑은 기존 메뉴와 달랐고 인테리어도 고급스러웠으며, 첫 번째 레스토랑의 두 배 정도로 넓었다. 물론 임대료도 세 배나 비쌌다. 그래도 좌석만 다 채우면 노다지가 쏟아질 거라 생각했기에 문제가 되지 않으리라 여겼다. 우리가 생각하지 못했던 부분은 레스토랑이 크다고 손님이 더 많이 들어오는 게 아니라는 사실이었다. 사업은 그저 그랬다. 규모가 반 정도 되는 레스토랑이면 만족할 만한 수준이었다. 설상가상으로 경기가 폭삭 가라앉으면서 주위에 있던 대기업들이 사무실과 매장을 철수시켰다. 야외 좌석은 불어오는 바람과 자동차 소음이 점령해버렸다. 게다가 손님들은 우리 레스토랑의 인테리어가 너무 고급스럽고 가격이 비싸다며 발길을 끊었다. 정말 고급 음식을 원하는 사람들은 샌프란시스코의 레스토랑을 찾아갔다. 그러다가 요식업 종사자로서 최악의 상황을 맞이하고 말았다. 엎어지면 코 닿을 거리에 건물 전체가 식당들로만 가득한 작은 쇼핑몰이 들어선 것이다. 두 번째 레스토랑은 시작부터 출혈을 감수해야 했고 단 한 번도 손익분기점을 넘지 못했다. 그 와중에 첫 번째 레스토랑도 손실을 기록하기 시작했다. 근처에 대형 레스토랑 체인점 두 곳이 문을 열면서 타격을 받았다.

법률 문제도 터져 나오기 시작했다. 소송하기도 하고 당하기도 하면서 연속으로 소송에 휘말렸는데, 대부분 말도 안 되는 이유 때문이었다. 합의서에 서명했기 때문에 자세한 내용을 밝힐 수는 없지만, 그중에 3건은 정말 당신도 듣고 나면 구역질을 할 정도로 볼썽사나운 일이었다. 손님 때문에 법적 문제가 발생한 적은 한 번도 없었다. 그저 내가 돈이 좀 있으니 뒤에서 내 주머니를 노리는 사람들 때문에 문제가 생겼다는 정도로만 얘기하겠다.

나는 자산을 정리하고 요식업에서 손을 털었다. 레스토랑 사업을 통해, 사라진 돈만큼 풍요로운 경험을 했다고 말할 수 있다. 손실로 인해 생활에 어려움을 겪을 정도는 아니었기에 후회하지는 않는다. 자신의 레스토랑에서 식사하는 게 얼마나 근사한 일인지, 겪어보지 않은 사람은 모른다. 집에서 먹는 것과는 비교가 안 된다. 모든 실패 경험 중에서 레스토랑이 가장 즐거웠다.

만화그리기 첫 시도

돈을 가장 많이 준다는 플레이보이Playboy 지와 뉴요커New Yorker 지에 한 컷짜리 만화를 보낸 것이 내가 전문 만화가로서 처음 해본 일이었다. 만화는 형편없는 수준이었다. 두 잡지사 모두 현명하게도 내 만화를 싣지 않았다.

닌자 옷장

아이에게, 특히 다른 사람의 아이에게 사줄 수 있는 선물을 쉽게 고를 수 있도록 도와주는 사이트가 있으면 좋겠다고 생각했다. 자녀가 친구 생일 파티에 가져갈 선물을 고르는 건 골치 아픈 일이다. 그 아이가 그 장난감을 가지고 있을까? 가지고 싶어 할까? 다른 부모가 똑같은 장난감을 준비하면 어떡하지? 더 비싼 선물을 준비하는 부모가 있으면 어떡하나? 이 모든 걸 고민하고 전화나 메일로 서로 알아보는 과정이 여간 번거로운 게 아니다.

나는 인도에 있는 프로그램 전문가를 고용해서 아이들을 위한 선물 등록 사이트를 만들기로 했다. 친구나 가족이 자신의 비밀 옷장을 살짝 들여다보면, 갖고 싶은 물건과 이미 가지고 있는 물건이 무엇인지 알 수 있게 한다는 의미에서 사이트 이름을 '닌자 옷장'으로 만들었다. 아이가 갖고 싶은 것을 확인한 부모들은 서로 상의해서 선물을 선택할 수도 있다. 아이들이라면 다른 아이가 어떤 물건을 가지고 있는지 분명히 보고 싶어 할 거라고 나는 판단했다. 대신에 부모의 허락 없이는 아무도 그 아이의 옷장을 볼 수 없게 만들면 된다.

나는 지금도 그게 멋진 아이디어라고 생각한다. 하지만 비용을 줄이기 위해 인도에 거주하는 프로그래머를 고용한 게 화근이었다. 시차와 소통 문제가 발생했고 나도 이 일에 투자할 시간이 제한되어 있었기 때문에 제대로 진행되지 않았다. 많은 시간과 비용을 투자했지만 결국 포기하고 말았다.

05

죽 을 뻔 한
최 악 의 선 택

대체로 '실패'라고 하면 운이 없거나 무지하거나 아니면 그냥 멍청하거나, 이 세 가지 이유 중에 하나를 생각하게 된다. 대학 시절, 나는 이 세 가지 모두가 합쳐진 실패에 한 방 크게 얻어맞은 경험이 있다. 정말 죽다 살아나왔다.

대학 4학년 겨울이었다. 내가 괜찮은 공인회계사가 될 자질을 충분히 갖추고 있을지도 모른다는 생각을 하기 시작했다. 회계사가 되면 숫자에 익숙해지고 그러면 아무래도 사업이 돌아가는 원리를 배우기에 좋겠다는 생각이 들었던 거다. 나중에 어떤 사업을 하더라도 회계 업무를 통해 얻은 경험을 언젠가 써먹을 수 있겠다 싶었다. 당시 소위 빅 8에 속하는 회계법인 중 한 곳에 신입사원으로 들어갈 수만 있다면 더 이상 바랄 게 없었다. 그래서 어찌어찌 뉴욕 주 시러큐스_{Syracuse}에 있는 한 회사에 면접을 보기로 했다. 학교에서 면접 장소까지는 차로 2시간 거리였다.

면접 당일 뉴욕 북부에는 특유의 눈보라가 불어닥치고, 귀가 떨어져 나갈 정도로 추운 날씨였다. 그래도 재킷이 굳이 필요 없겠다는 생각이 들었다. 차를 타고 가서 주차하고 바로 건물로 들어갔다가, 면접이 끝나고 나와서 바로 차에 올라타면 되니까. 이게 그날 내가 내린 멍청한 결정들 중에서도 가장 멍청한 결정이 될 거라는 걸 그 누가 알았으랴.

내가 저지른 두 번째 실수는 회계 법인에 면접을 보러 갈 때는 정장을 입고 넥타이를 매야 한다는 사실을 몰랐다는 거다. 내 생각은 이랬다. 제출한 이력서에 대학생이라고 기재했으니 저들도 내가 대학생이라는 사실을 당연히 알고 있을 테고, 그렇다면 대학생처럼 옷을 입고 가는 게 맞지 않을까 싶었던 거였다. 그래, 내가 그 정도로 뭘 모르는 사람이었다. 단지 이 점만 알아주기 바란다. 당시 내 주위에는 화이트칼라가 단 한 명도 없었다. 나는 정장은 물론이고 넥타이도 없었다.

면접관이 나를 흘깃 쳐다보더니 이렇게 말했다. 기본이 안 돼 있다고. 나를 문까지 안내하며 다른 면접에 갈 계획이 있다면 정장을 입는 게 좋을 거라는 조언을 덧붙였다. 참담했다. 하지만 비참했던 나의 그날은 그게 끝이 아니었다. 그때까지는 단지 나의 무지와 멍청함을 깨닫는 것으로 하루가 끝날 줄 알았지만, 그보다 더한 불운이 기다리고 있었다.

집으로 돌아오는 길에 나는 새로 생긴 고속도로를 타기로 했다. 캣스킬 산맥Catskill Mountains을 따라 드문드문 자리한 마을 외에는 아무것도 보이지 않는 고속도로. 한창 달리던 중 갑자기 엔진이 털털거리더니 급기야 멈추기 시작했고, 나는 가까스로 차를 도로 한편 눈더미 가까이에 세웠다. 지나가는 차는 한 대도 없었다. 날은 어둑했고 그나마 참을 만하던 기온마저 급격히 떨어져 영하 18도를 밑돌았다. 근처에 보이는 인가도 없었다. 하필, 하필 이런 날 집에 재킷을 두고 오다니. 당시는 휴대전화도 없을 때였다. 최악의 상황이 벌어졌다.

나는 차 안에서 버틸 수 있는 시간이 많지 않다는 걸 알고 있었다. 엔진이 꺼지자 내부 온도가 떨어지기 시작했다. 그렇다고 왔던 길을 돌아서 뛰어갈 수도 없는 노릇이었다. 마지막으로 눈에 띈 집도 꽤나 멀리 떨어져 있었다. 그렇게 멀리까지 살아서 갈 가능성은 없어 보였다. 가던 방향으로 계속 뛰어가는 수밖에 없었다. 저 앞 도로가 꺾어지는 지점이나 언덕 너머에 집이 있을 수 있다는 희망을 안은 채, 결국 나는 뛰기 시작했다.

몇 걸음 옮기자마자 얼음장처럼 차디찬 한기가 몸속으로 들어와 체내에 남아있는 온기마저 빼앗아 갔다. 마치 얼음덩어리로 만든 신발을 신고 꽁꽁 얼어붙은 아스팔트 위를 달리는 것만 같았다. 숨을 쉴 때마다 내뿜는 김이 뭉게구름처럼 머리 위로 피어올랐다. 손에 감각이 거의 남아있지 않았다. 다리는 후들거리고 발목은 굳어갔다. 더이상은 무리라는 생각에 달리기를 멈췄다. 계속 달리다가는 추위에 무릎을 꿇고 생을 마감하게 될 것 같았다.

어떻게든 쓰러지지 않고 움직이기 위해 애를 쓰면서 나 자신과 약속했다. 여기서 살아남기만 한다면 저 똥차를 팔아치우고 캘리포니아로 이사해서 다시는 이 망할 눈보라를 보지 않고 살겠노라고.

저쪽 지평선에서 전조등 불빛이 보이기 시작했다. 나는 도로 한가운데에 꽁꽁 얼어붙은 허수아비처럼 서서 차량이 멈춰주길 바라며 신호를 보냈다. 낡아빠진 스테이션왜건을 타고 출장을 다니던 신발 업체 외판원. 그가 내 목숨을 구해주었다.

몇 달 뒤, 스스로 했던 약속을 실행에 옮겼다. 나는 생기가 넘치고 따뜻한 기후의 캘리포니아 북부행 편도 항공 티켓을 구매했다. 얼마나 현명한 결정이었는지 모른다. 뉴욕 북부의 눈보라 속에서 얼어 죽다 살아난 경험 덕분에 캘리포니아로 옮겨야겠다는 마음이 생겼으니. **실패야 고마워. 덕분에 이제는 밖에서 얼어 죽을 걱정은 하지 않고 살아.**

실패를 불러들여라.
실패를 견뎌라.

실패의 가치를
인정하라.

실패에서
배울 점을
뽑아먹어라.

06

패자는 목표를 설계하고
승자는 시스템을 만든다

21살의 나는 대학 졸업장을 손에 쥐고 캘리포니아행 비행기에 올랐다. 살면서 처음으로 탄 비행기였다. 당시 성공에 대해 잘은 몰라도 한 가지는 확실히 알고 있었다. 주민 2천 명에 불과한 우리 동네, 뉴욕 주 윈덤Windham에서는 성공을 거두기 힘들다는 점이었다. 당시 나보다 몇 년 앞서 모험심이 더 강한 나의 형, 데이브가 폭스바겐 비틀을 직접 몰고 대륙을 가로질렀다. 따뜻한 날씨와 매력적인 여인을 찾아가겠다면서. 자동차에서 숙식을 해결하며 LA에 도착한 형은 지금도 그곳에 살고 있다. 당시 나는 LA에 도착하면 은행 취직에 성공하고 기회의 땅 캘리포니아에 내 집을 장만할 때까지 형의 낡아빠진 소파를 침대 삼아 지낼 계획이었다.

LA로 출발하기 며칠 전, 차를 여동생에게 넘기고 받은 돈으로 표를 예약했다. 나는 부모님이 졸업 기념으로 장만해 주신 스리피스 정장을 뿌듯한 마음으로 입었다. 나의 유일한 정장이었다. 당시 나는 모든 사람이 정장을 입고 비행기를 타는 줄로만 알고 있었다. 소도시에서 태어나고 자란 내 주위에는 비행기를 타본 사람이 많지 않았다. 아버지가 20여 년 전에 비행기를 탄 적이 있다고 하긴 했지만 별다른 말씀을 하신 적은 없었다. 원래 비행기뿐만 아니라 어떤 주제에 대해서도 말이 많은 분은 아니었다. 입이 무겁다고 해야 하나. 근처에 친척들이 몇 명 살긴 했지만 비행기를 타본 사람은 한 명도 없었다. 내가 비행기에 대해서 아는 것도 여기저기서 조금씩 주워들은 내용뿐이었다. 그러니 아무 옷이나 입고 갔다가 복장 불량으로 탑승을 거절당하는 불상사를 미연에 방지해야겠다는 마음이었다. 내가 이런 식의 실수를 종종 저지른다.

게다가 다림질도 할 줄 몰랐던 터라, 혹여 정장이 구겨질까 봐 가방 안에 넣을 수도 없었다. 캘리포니아에 도착하면 바로 면접을 보러 가야 하니 노숙자처럼 보이지 않으려면 나의 유일한 정장을 이렇게 입고 가는 수밖에 없다는 계산이 나왔다. 여러모로 최선의 방법이라 여겼다.

나는 60대 초반으로 보이는 남자의 옆자리에 앉게 됐다. 촌스러운 헤어스타일에 싸구려 정장을 걸치고, 오지 말아야 할 곳에 온 사람처럼 부자연스러운 행동을 하던 내가 그 사람 눈에는 꽤나 이상해 보였을 것이다. 그는 내게 캘리포니아행 비행기를 타게 된 사정을 물었고, 나는 그의 질문에 대답했다. 나는 그에게 하는 일을 물었고, 그는 자신이 나사 만드는 회사의 CEO라고 답했다. 회사 오너는 아니고 고용된 월급 사장이라고 말했다. 그러더니 내게 진로에 관한 조언을 하기 시작했다. 젊은 시절의 그는 새로운 직장을 구하는 즉시 더 나은 일자리를 찾기 시작했다고 했다. 구직이란 게 당장 필요할 때만 하는 활동이 아니라고 생각한다면서. 생각해보면 정말 맞는 말이다. 당신이 완벽히 이직 준비를 마쳤다고 생각하는 순간 멋진 일자리가 당신을 기다렸다는 듯이 불쑥 다가올 일은 없잖은가. 나는 그의 조언을 지금 내가 하는 일이 전부가 아니며 더 나은 일을 찾아야 한다는 뜻으로 받아들였다.

목표가 아니라 시스템을 지녀야 한다는 말을 들은 건 그때가 처음이었다. 그는 더 나은 조건을 찾는 시스템을 통해 여러 회사들을 거치며 경험을 쌓았고, 마침내 CEO의 자리에 올랐다고 했다. 만약 그가 구체적인 목표나 승진을 염두에 두고 진로를 선택했다면, 그의 선택지는 매우 제한적이었을 것이다. 하지만 그의 시스템에서는 전 세계가 잠재적인 직장이었다. 지난번 일자리보다 좋고, 또 한 번의 성장을 위한 일이라면 무엇이든 새로운 직업이 될 수 있었다.

그렇다면 그는 자신이 일하는 회사의 고용주에게 충성심을 지니고 있었을까? 그렇지 않았다. 단지 자본주의 규칙에 맞게 행동할 뿐이었다. 회사 고용주도 사업상 필요하다고 판단되면 언제고 어떤 이유를 들어서라도 자신을 주저 없이 해고했을 테니까. 그 역시 고용주의 방식대로 했을 뿐이었다.

그날 기내에서 내가 확인한 두 번째 교훈은 겉모습이 중요하다는 사실이다. 목적지에 도착할 즈음, 그 CEO는 내게 명함을 주며 내가 원하기만 한다면 지금 회사에 자리를 마련해 주겠노라고 장담하듯이 말했다. 만약 그날 내가 해진 청바지에 허접한 티셔츠를 걸치고 낡아빠진 운동화를 신고 있었다면 내게 그런 제안을 하지 않았을지 모른다.

나는 사회생활 내내 촉각을 곤두세운 채, 목표가 아니라 시스템을 활용하는 사람들의 사례를 찾고자 했다. 내가 본 바로는 시스템을 활용하는 사람이 더 나은 성과를 거두는 경우가 대부분이었다. 시스템 지향적인 사람은 이미 익숙한 것들도 더욱 새롭고 더욱 유용하게 활용하는 길을 찾아내는 방법을 터득했다.

막말로, 목표 설정은 패배자들이나 하는 짓이다. 거의 그렇다. 예를 들어, 당신의 목표가 10kg 감량이라고 하자. 당신은 그 목표를 달성한다는 보장도 없지만, 달성할 때까지 늘 목표치에 미치지 못한다는 생각을 하게 된다. 즉, 목표 지향적인 사람은 항상 실패의 순간들을 안고 살아가야 한다는 말이다. 이런 생각은 사람을 짜증나고 지치게 한다. 점점 목표 달성이 힘들어지고 불편하게 느껴진다. 심하면 목표를 포기하기도 한다.

물론 목표를 달성하는 순간의 기분은 그야말로 끝내준다. 하지만 목표 달성이란 곧 자신에게 목적의식과 방향성을 제시하던 무언가를 잃어버렸다는 말이기도 하다. 이제 남은 건, 짧은 성공의 만끽 후에 찾아오는 공허함과 허무함뿐이다. 공허함을 느낀 당신은 또다시 새로운 목표를 세우고, 성공하기 전의 실패 상태로 되돌아가는 상황을 반복한다.

시스템이냐 목표냐, 이 모든 게 말장난이라고 생각할 수도 있다. 설사 목표가 없는 듯 보일 수는 있지만 그래도 아무 목표도 없는 시스템이 어디 있느냐고 할 수도 있다. 그 말도 어느 정도는 맞다. 반대로, 목표를 추구하는 사람들이 목표 달성을 위해 시스템을 활용한다고 말할 수도 있다. 뭐, 원한다면 목표와 시스템이라는 단어를 함께 사용해도 무방하다. 단지 내 말은 시스템과 목표가 서로 다른 개념이라는 사실을 깨달으라는 것이다. 목표 지향적인 사람은 아무리 잘 해도 목표를 달성하기 이전에는 실패 상태에 머물러 있거나, 최악의 경우에는 영원한 실패의 늪에 빠져 살아야 한다. 시스템 지향적인 사람은 자신이 의도하는 바를 실행한다는 점에서 시스템을 적용할 때마다 성공한다. 목표 지향적인 사람은 시도할 때마다 좌절감과 싸워야 한다. 시스템 지향적인 사람은 자신의 시스템을 적용할 때마다 기분이 좋아진다. 개인의 에너지를 긍정적인 방향으로 유지한다는 점에서 시스템과 목표에는 큰 차이가 있다.

목표가 아닌 시스템 모델은 인간이 하고자 하는 거의 모든 일에 적용할 수 있다. 다이어트를 예로 들면, '20kg 감량'은 목표지만 '올바른 식습관'은 시스템이다. 운동은 어떤가. '4시간 이내 마라톤 완주'는 목표지만 '매일 운동하기'는 시스템이다. 사업에서 '100만 달러 벌기'가 목표라면, '지속적으로 혁신적인 가치를 만들어내는 기업가 활동'은 시스템이다.

당신이 장기적으로 행복해지기 위해 무언가를 매일 꼬박꼬박 하는

것은 시스템이다. 반면에 특정한 어느 시기에 무언가를 달성하고자 기다리고 있다면, 그것은 목표다.

원래 말이라는 게 코에 걸면 코걸이, 귀에 걸면 귀걸이처럼 들린다. 매일 운동한다는 것 자체가 결국 목표가 아니냐 이 말이다. 목표라는 단어의 일반적인 의미를 생각하면 충분히 그렇게 생각할 수 있다. 하지만 여기서는, 목표란 한 번 달성하면 끝나는 무언가인 반면에 시스템은 더 나은 인생을 위해 규칙적으로 행하는 무언가라고 해두자. 시스템에는 마감 시간이나 한계가 없다. 그리고 시스템을 따라가는 자신이 올바른 방향으로 나아가고 있는 건지 아닌지 당장은 확인이 어려울 수 있다.

내 말을 들어보라. 성공한 사람들을 연구해보면 그들 대부분이 목표가 아니라 시스템을 따랐다는 사실을 발견할 수 있다. 목표 지향적인 사람이 큰 성공을 거두면 언론에서는 흥미로운 기삿거리를 만들어낸다. 그로 인해 사람들은 목표 지향적인 사람들이 자주 성공을 거두는 걸로 오해하게 된다. 하지만 당신의 주위 사람들을 살펴보라. 실제로는 시스템이 목표보다 더 낫다는 진실을 알 수 있다. 혹시 큰 성공을 거둔 사람이 있거든 그가 어떻게 성공에 이르렀는지 면밀하게 물어보고 확인해보라. 아마 당신도 그 성공의 기저에 깔린 시스템, 그리고 그와 함께 찾아오는 특별한 행운을 발견할 수 있을 것이다(이 책의 후반부에서 행운의 가능성을 높이는 방법에 대해서 알려주겠다).

시스템이라고 하면 페이스북 창업자 마크 저커버그Mark Zuckerberg가 생각난다. 저커버그를 보면, 성공을 향한 그의 시스템에는 열심히 공부하기, 뛰어난 학점 받기, 명문대-하버드 대학교-에 입학하기 그리고 부를 보장받을 수 있는 기술 개발하기가 포함되어 있는 듯하다. 결과적으로 그는 페이스북의 폭발적인 성장을 통해 순식간에 부를 쌓았다. 설사 페이스북이 아니었어도, 이런 시스템을 갖춘 사람이라면 다른 스타트업을 시작했든 아니면 기존 기업에서 능력을 발휘하여 많은 연봉을 받았든, 어떻게든 백만장자가 됐을 가능성이 높다. 다만 저커버그의 시스템(내가 생각하는 그의 시스템)이 제대로 작동할 거라는 사실을 누구도 의심하지 않았다 해도, 이 정도로 큰 성공을 거둘 줄은 아무도 상상하지 못했을 뿐이다.

워런 버핏Warren Buffett은 투자에 이런 시스템을 적용한다. 저평가 주식 매입하기, 그리고 주식을 평생 또는 중요한 변화가 발생하기 전까지 보유하는 것이 그의 시스템이다. 내가 극도로 간소화해서 설명했지만, 이 시스템은 수십 년에 걸쳐 대단한 효력을 발휘하고 있다. 이듬해 20퍼센트 상승을 꿈꾸며 주식을 사들이는 개인 투자자와 비교해보라. 개인 투자자의 행위에 목표는 있지만 시스템은 없다. 개인 투자자의 수익률이 일반적으로 시장 평균에도 미치지 못한다는 것은 별로 놀랄 일도 아니다.

내 친구 중 하나가 천부적 소질을 지닌 영업사원이다. 주택부터 토스터까지 마음만 먹으면 무엇이든 팔 수 있는 능력을 지닌 친구인데, 주로 계속해서 구독할 수밖에 없는 서비스-여기서 업종을 밝히면 경쟁이 치열해져 친구가 좋아하지 않을 것 같아 말할 수 없다-를 선택해 일하고 있다. 다시 말해서, 서비스를 한 번 판매하면 고객이 사망하거나 사업이 망하지 않는 이상은 계약이 자동 연장되어 수수료가 계속 입금된다는 뜻이다. 그 친구 인생의 최대 고민거리라면 요트를 점점 더 큰 걸로 바꾸는 바람에 신경 쓸 게 많아진다는 정도다. 주위에서는 그를 행운아라고 한다. 하지만 내가 보는 그는 자신의 재능이나 능력을 정확하게 판단해서 '행운'이라는 벼락을 맞을 가능성을 크게 높인 시스템을 가진 사람이다. 실제로 그 친구가 구축한 시스템은 경기나 운이 좋지 않은 시기에도 크게 흔들리지 않을 정도로 견고하다. 그렇다면 그 친구는 자신이 선택한 분야에 무한한 열정을 품고 있을까? 답은 이렇다, 그럴 가능성 전무함. 대신 그는 시스템을 지니고 있다. 그리고 그 시스템은 열정을 압도적으로 능가한다.

07

나만의 시스템을 구축하다

나는 여섯 살 때 피너츠Peanuts(찰리 브라운과 스누피 캐릭터가 등장하는 연재만화-옮긴이)에 푹 빠져들었다. 그림이 매혹적이었다. 자세히 설명할 수는 없지만, 아주 단순하면서도 완벽한 그림이었다고 할까. 글을 배우기 시작하면서부터 피너츠라고 하면 손에 닿는 대로 다 읽어치웠다. 그러던 어느 날, 부모님 앞에서 피너츠를 그린 찰스 슐츠Charles Schulz처럼 유명한 만화가가 되겠다고 선언했다. 목표가 생긴 것이다. 더이상의 말은 필요 없었다. 나는 크레용, 연필, 마커 그리고 종이를 붙들고 살다시피 했다. 연습에 연습을 거듭했다. 하지만 실력은 나아지지 않았다. 우리 반 40명 중에서도 내 그림 실력은 최고라고 할 수 없었다. 그럼에도 나는 포기하지 않았다.

11살 때 재능 있는 청소년을 위한 예술 학교 강좌Famous Artists School

Course for Talented Young People를 신청했다. 다행히 학교에 가지 않고 집에서 편하게 들을 수 있는 강좌였기에 내게는 완벽한 기회였다. 나는 신청서를 작성하고 과제로 나온 그림을 그린 다음, 디자인에 관한 객관식 문제에 답을 적어 보냈다. 슬프게도 나는 탈락 통보를 받았다. 강좌 선택은 12세 이상부터 가능하다는 답변을 받았다. 나는 무너질 듯 실망했다.

당시 어머니들이 그랬듯, 우리 어머니도 내게 목표를 확실히 정하면 무엇이든 할 수 있다고 말씀하셨다. 내가 대통령이나 우주비행사는 물론이고 제2의 찰스 슐츠도 될 수 있다고 하셨다. 그때는 어머니의 달콤한 거짓말을 깨닫지 못하던 시기였기에, 나는 어머니 말씀을 그대로 믿었다. 어머니의 거짓말에는 산타클로스와 이빨요정, 부활절 토끼를 비롯해서 남을 속여서는 절대 성공할 수 없다는 이야기도 들어있었다.

시간이 흐르며 나는 '가능성odds'이라는 단어를 이해하기 시작했다. 애초부터 될 성싶은 일이 있는 반면에 가능성이 요원해 보이는 일도 있었다. 나는 관찰을 통해 가능성이 극히 낮은 목표에 매달리는 사람들이 좋게 말하자면 몹시 긍정적이고 나쁘게 말하자면 망상에 빠져 멍청히 시간을 보낸다는 사실을 발견했다. 공화당 지지자가 압도적이던 내가 살던 작은 동네에서도 영리한 사람은 실제적인 계획을 세우고 그 계획을 밀고 나갔다. 경험을 쌓고 교육을 받을 기회를 얻기 위해 해병대에 입대한 사람도 있었다. 진짜 잘나가던 사람들은 열심히 공부해서 의료계나 법조계로 진출했다. 물론 당시에 누군가가 내게 알고 있는 직업 20개만 대보라고 했다면 나는 기껏해야 15개 남짓 말했을까 싶을 정도로 아는 게 없긴 했다. 내가 아는 직업이라고는 작은 동네의 이웃들에게 들었거나 텔레비전에서 보았던 게 전부였다. 게다가 텔레비전이라고 해봐야 제대로 나오는 채널은 딱 하나뿐이었다.

아버지는 낮에 우체국에서 근무하시고 밤에는 부업으로 페인트칠을 하셨다. 아버지는 형과 내게 우체국 일을 하라고 권하셨다. 미국의 우체국은 안정적인 직장이었다. 외근도 거의 없었고 복리후생 제도도 뛰어났다. 가끔 어머니가 바쁠 때는 형, 동생과 함께 아버지가 근무하시는 우체국에 가서 놀기도 했다. 당시 손만 뻗으면 닿을 거리에 장전된 권총이 놓여있었는데 그때는 꽤나 멋있어 보였다. 혹시 무장 강도라도 들면 직원들이 바로 총을 들어 날려버릴 수 있도록 정부에서 허가한 총이었다. 지금과는 매우 다른 시절이었다.

어머니는 세 아이가 알아서 밥을 챙겨 먹을 수 있는 나이가 되자 부동산 중개인 일을 시작하셨다. 중개인이 된 어머니는 자녀들의 대학 학자금 일부를 저축할 만큼 수완이 좋았다. 어머니는 우리가 어릴 적부터 줄곧 무조건 대학에 가야 한다고 말씀하셨다. 우리 가족 중 대졸자는 이모 한 명뿐이었고, 어머니는 당신의 자녀들은 부모 세대와 다른 삶을 살기를 바랐다. 나중에 부동산 중개업자가 포화 상태에 이르자 어머니는 중개업을 그만두고 공장에서 최저임금을 받으며 일하셨다. 스피커에 들어가는 자석에 구리선을 감는 일을 하루에 8시간씩 하셨다. 그렇게 번 돈 역시 우리 학자금을 위한 것이었다. 충분치는 않았지만 당신이 옳다고 믿는 방향으로 한 걸음 한 걸음 내딛는 게 어머니의 방식이었다.

어머니는 내가 변호사가 되기를 바랐다. 변호사가 얼마나 좋은 직업인지 나를 설득하는 데 많은 노력을 기울이셨다. 우리 동네에는 두 명의 변호사가 있었는데, 둘 다 벌이가 꽤 좋았고 마침 내 성적도 변호사가 되기에 충분했다. 변호사가 주로 뭘 하는 사람인지 별로 아는 것은 없었지만, 변호사가 되면 돈을 많이 벌어서 언젠가 이 작은 동네를 떠날 수도 있다는 점이 마음에 들었다. 나도 어머니 의견에 찬성했고 법조계에서 경력을 쌓기로 목표를 정했다. 대학 학자금만 해결할 수 있다면 다른 문제는 없어 보였다.

11학년(고등학교 2학년-옮긴이)에 다니던 어느 날, 체육 선생님이 우리처럼 작은 학교-학년 당 40여 명-에서 장학금을 받고 대학에 진학한 학생은 단 한 명도 없었다는 말씀을 하셨다. 유달리 키 크고 운동 신경이 뛰어났던 한 학생이 농구 특기생으로 장학금을 받고 대학에 진학했다가 1학년 때 무릎이 나가는 바람에 그만둔 적이 있긴 하지만, 그 외에 학교 성적만으로 장학금을 받고 대학에 진학한 학생은 하나도 없다고 했다. 그러면서 이런 전통 아닌 전통이 깨질 수도 있다고 말씀하셨다. 우리 학년에서 한 명이 성적 장학금을 받고 대학에 갈 가능성이 있다는 거였다. 놀랄 만한 얘기였다. 나는 많지도 않은 친구들을 둘러봤지만 도대체 선생님이 누구를 염두에 두고 말씀하시는 건지 감을 잡을 수가 없었다. 궁금해서 참을 수가 없었던 나는 손을 들고 선생님께 물었다. "누굴 말씀하시는 건가요?" 선생님은 질문이 황당하다는 표정으로 나를 바라보셨다. 그러고는 대답하셨다.

"너야 인마."

나는 그 말을 믿지 않았다. 그저 선생님의 개인적 의견으로 받아들였다. 여하튼 어머니는 내게 장학금 수여에 관계없이 무조건 대학에 가야 한다고 말씀하셨고, 나는 그 방법을 알아내는 일에 착수했다. 당시만 해도 지금처럼 학부모들의 치맛바람이 세지 않았고, 학생스스로 모든 일을 알아서 해야 했다. 학교 상담 선생님도 예외가 아니었다. 선생님은 내게 상담실 벽 선반에 가득한 대학 안내 책자들을 가리키며 그중 괜찮아 보이는 대학 몇 군데를 골라서 지원서를 쓰라고 했다. 그뿐이었다. 책자 몇 권을 훑어보던 나는 맥이 빠졌다. 그런 내가 어느 대학이 최선의 선택일지 어떻게 알 수 있을까?

운 좋게도 1년 전 피터가 전학을 왔다. 동급생 40명 중에 35명이 나와 같은 유치원에 다녔고, 우리의 거의 모든 수업이 같은 건물에서 진행됐다. 피터는 우리 동네와 사뭇 분위기가 다른 곳에서 왔는데, 세상 이치에 밝은 사람들이 많은 그런 도시 출신이었다. 나는 피터의 조언을 따랐다. 피터가 로스쿨에 가기 전에 경제학을 배워두면 좋을 거라고 말해서 경제학을 공부하기로 결심했다. 피터를 졸졸 따라다니며 상담실에 있는 대학 안내 책자들을 다시 살펴보다가 대학마다 지원 과정이 다르다는 사실을 알았다. 나는 마침내 좋아 보이는 학교 두 곳을 골랐다. 내가 좋아 보였다는 말은 집에서 운전해서 갈만한 거리에 있고 경제학과가 있었으며 사진 속 캠퍼스가 끝내줬다는 뜻이다.

내가 선택한 대학 중 하나인 코넬대학교는 두 가지의 결격 사유가 있었다. 첫째, 남녀 학생 성비가 비극적일 정도로 차이가 나서 내가 졸업할 때까지 연애는커녕 모태솔로로 남을 가능성이 농후했다. 둘째, 내가 너무 늦게 신청하는 바람에 마감 기한을 지키지 못했다. 코넬대학교는 나를 대기 명단에 올려놓았다. 말이 대기 명단이지, 전염병이라도 돌아서 명단 앞 순위에 있는 학생들이 모두 죽지 않는 이상 내게 입학 기회가 주어질 확률은 전무했다.

내가 입학 지원서를 보낸 또 다른 대학은 뉴욕 주 오니온타_{Oneonta}에 있는 하트위크 칼리지_{Hartwick College}였다. 집에서 차로 한 시간 거리라 통학에 무리가 없었다. 간호학과가 꽤 유명해서 남자보다 여자가 많았다. 그리고 하트위크 대학은 나를 받아주었다. 내겐 선택의 여지가 없었다. 그때 한 가지 교훈을 얻었다. 향후 인생을 좌우할 중대할 결정을 앞두고 출신이 불분명한 어린 친구에게서 조언을 구해서는 안 된다는 것이다. 그 많은 대학 중에서 두 군데에만 지원서를 보낸다는 것도 잘못된 생각이었고 심지어 그 두 대학마저 안내서에 실린 캠퍼스 사진이 마음에 들어 선택한다는 것은 더더욱 잘못된 생각이었다(솔직히 고백하자면, 학생 성비를 따져 대학을 고른 것은 탁월한 선택이었다).

이제 문제는 부모님이 나를 돈 먹는 하마 같은 사립대학에 보낼 만큼 넉넉한 사정이 아니었다는 사실이다. 그래서 나는 성적 장학금을 신청했다. 놀랍게도, 체육 선생님께는 그리 놀랄 일이 아니었지만 하트위크에서는 내게 성적 장학금 일부를 제공했다. 여기에 뉴욕 주에서 주는 약간의 장학금과 부모님의 적금 그리고 내가 몇 년 동안 잔디를 깎고 눈을 치우며 받아 모은 돈을 더하니 얼추 등록금을 맞출 수 있었다. 그래도 부족한 부분은 학교에서 아르바이트로 메울 심산이었다. 그렇게 나의 대학 생활이 시작되었다. 먼저 경제학을 공부하고, 졸업하면 로스쿨에 가는 거다. 나는 드디어 우리 동네를 반쯤 벗어나게 되었다. 그게 그렇게 내 맘대로 되는 일이 아닐 줄이야.

대학 첫 학기를 맞이하고 얼마 지나지 않아 성인에게 어울릴 만한 유흥거리들을 찾아냈다. 당시 18세부터 음주가 가능했고, 나는 막 고삐에서 풀려난 인간 망아지였다. 다양한 유흥에 빠져 지내는 만큼 성적도 늪에 빠져들었다. 대학에서는 내 성적이 장학금 수령 기준에 미달된다는 경고장을 보내왔다. 성적을 올리지 않으면 장학금이 취소될 판이었다. 그런데 하필 그때 단핵증mononucleosis에 된통 걸리고 말았다. 대학 간호사들은 나를 반겼다. 단핵증을 그렇게 심하게 앓는 경우는 처음이라 신기하다면서. 편도가 얼마나 부어올랐는지 목구멍이 꽉 막힌 듯했다. 아무것도 삼킬 수가 없었다. 의사는 내게 힘이 빠지고 졸음이 쏟아지는 증상 때문에 학업은 무리라고 했다. 선택은 내게 달렸지만 자신의 의학적 소견으로는 집에서 몸과 마음을 가다듬고 완전히 회복한 후에 복학하는 게 좋을 것 같다고 조언했다. 이제 겨우 한 학기밖에 되지 않았는데 벌써 눈앞에 완벽한 실패가 어른거렸다.

살다 보면 바라는 것과 결정하는 것이 다를 때가 있는데, 그때 내가 그런 상황이었다. 나는 학교에 남기를 '바랐다'기보다 남기로 '결정'했다. 나는 학교 양호실에 머무르는 2주 동안, 침대에서도 어떻게든 잠에 빠지지 않고 교재를 읽으며 강의 진도를 따라가고자 기를 썼다. 나중에 퇴원하고 보니 내가 공부한 내용이 오히려 강의 진도보다 한 달 정도 앞서 있었다. 내 성적은 장학금을 받기 충분할 정도로 올랐고 생활도 정상으로 돌아왔다.

나는 우체국에서 일하라는 아버지의 권유를 무시했다. 결과적으로 잘한 결정이었다. 나는 대학에 갈 때도 상담 선생님의 도움을 별로 받지 못했고 대학에서 아플 때도 의사의 조언을 받아들이지 않고 학교에 남았다. 이런 과정을 거치면서, 소위 권위에 빛나는 전문가의 의견에 대한 나의 신뢰는 한 계단씩 하락했고 요즘도 그다지 달라진 건 없다.

법률 업무에 대해 알아가면서 이 일이 내 성격과는 어울리지 않는다는 것을 깨달았다. 나는 내 의뢰인이 승소함으로써 상대방이 무언가를 잃게 되는 것에 마음이 불편한 사람이었다. 혹여 내 의뢰인이 죗값을 치러야 할 쓰레기임에도 내 교묘한 화법과 술수로 승소를 이끌어낸다면 영 마음이 찜찜할 사람이었다. 나는 합당한 일을 했을 때에만 대가를 바라야 한다고 배우며 자랐다. 나는 다른 사람을 행복하게 해주는 직업이 필요한 사람이었다. 거기다가 나를 부유하고 유명하게 만들어주는 일이라면 금상첨화일 것이다. 그런 일을 하기 위해서는 시스템이 필요했다.

나는 나의 재능이 회사 설립과 경영에 가장 적합하다는 판단을 내리며 다음과 같이 생각했다. 음… **필요한 기술을 습득하려면, 먼저 경**

제학 학위를 받은 후에 대형 은행에 신입사원으로 들어가야겠군. 일단 입사해서는 회사가 지원하는 훈련 과정에 최대한 많이 참가해서 사업에 필요한 금융 관련 지식을 몽땅 터득하자고. 퇴근 후 저녁 시간에는 회사 돈으로 경영학 석사 과정까지 마치면 좋겠군. 당시에는 나중에 구체적으로 어떤 종류의 사업을 운영하겠다는 생각은 전혀 없었다. 다만 적절한 시기가 왔을 때 이미 준비를 마친 상태여야 한다는 것만은 확신했다.

이런 소신이 나만의 시스템을 구축하게 만들었다. 나는 대학교 졸업 시절에 작성한 일기를 아직도 갖고 있다. 일기에는 기업가가 되기 위한 계획이 개략적으로 적혀 있는데, 당시 내 아이디어는 가치 있는 무언가를 만들어내는 것이었다. 그다음이 중요한 부분인데, 내가 만들 상품은 무한하게 생산할 수 있어야 했다. 즉, 생산에 내 시간을 직접 쏟지 않는 일이어야 했다. 자동차 공장 같은 것에는 관심이 없었다. 개인이 생산하기 쉽지 않기 때문이다. 집짓기처럼 힘쓰는 일도 내 관심 밖의 일이었다. 많은 사람들이 원하고 생산이 쉬운 무언가를 만들거나, 창작하거나, 발명해내고 싶었다.

이것이 성공을 향한 유일한 계획은 아니었다. 진귀한 예술품이나 비행기, 아니면 오피스 빌딩처럼 대단히 비싼 품목을 다루는 업계에서 수수료를 받고 일하는 영업사원이 되는 것도 꽤 괜찮은 계획이다. 물론 그 정도 위치에 오르기까지 제법 오랜 시간이 걸리겠지만, 성공이 쉽고 빠르다고 말하는 사람은 아무도 없잖은가. 더구나 내게는 영업사원의 피가 흐르지 않기 때문에 값비싼 물건을 파는 일은 좋은 계획이 아니었다. 나의 경쟁력은 창의력이었다. 나는 창의적인 무언가를 만들어낼 때까지 시도할 의지가 있었다. 그러다가 대중이 이해하고 받아들일 수 있는 무언가를 만들어내면, 미친 듯이 그걸 생산할 터였다. 한동안은 고난의 연속이 되겠지. 하지만 길게 보고, 행운이 나를 찾아오도록 하는 환경을 만들려고 했다.

개략적으로라도 어느 정도 전략을 세우고 집중할 범위를 정하면 큰 도움이 된다. 세상에는 수많은 선택지가 있기 때문에 자신이 버려야 할 것과 관심을 놓지 말아야 할 것을 신속하게 걸러내야 한다. 다만, 어떤 계획을 세우든 당신은 '집중'이라는 단어를 늘 기억해야 한다.

대중이 원하는 걸 새로이 만들어내고 대량생산하기 위한 나의 시스템 앞에는 수많은 실패가 기다리고 있었다. 승산이 없는 게임처럼 보이기도 했다. 만약 내가 시스템이 아니라 목표 지향적인 사람이었다면 아마도 몇 번의 실패를 맛본 후에 포기했을지도 모른다. 마치 계란으로 바위를 치는 느낌이었을 테니까. 하지만 시스템을 고수하면서, 나는 프로젝트의 성공 여부에 관계없이 날마다 내 능력이 성장하고 있음을 느꼈다. 그리고 매일 아침 눈을 비벼 잠을 쫓고 알람을 끄며 항상 똑같은 생각을 했다.

오늘이 바로 그날이야.

08

회사를 그만두기로
결심하다

1979년 봄, 나는 캘리포니아행 비행기에서 입었던 그 싸구려 정장을 걸치고 크로커 내셔널 뱅크Crocker National Bank 샌프란시스코 지점으로 들어갔다. 그리고 창구 직원으로 일하게 해달라고 했다. 관리자는 대학을 막 졸업한 나를 그 자리에서 바로 채용했다. 가진 거라곤 어울리지도 않는 옷 몇 벌, 플라스틱 알람시계, 세면용품 가방, 반쯤 맛이 간 손목시계 그리고 부모님이 있는 돈 없는 돈 싹싹 긁어 마련해 주신 2천 달러가 전부였으므로 나는 일자리가 간절했다. 나는 그 은행에서 밑바닥부터 시작해 이를 악물고 정상까지 올라갈 계획이었다.

경제학을 전공했으니 창구 직원치고 가방끈은 긴 편이었지만 실무 능력은 형편없었다. 사람을 상대하는 능력은 괜찮았지만 돈을 엉뚱한 곳에 두거나 숫자를 옮겨 적을 때마다 엉뚱한 자릿수에 적는 실수를 저질렀다. 처음부터 잘해야 하는 일에는 원래 서투른 사람이다, 내가. 일단 저질러놓고 점차 고쳐가는 유형이다.

다행히 상사는 나를 마음에 들어 했다. 하지만 종이에 수기로 숫자를 작성하던 당시에 엉뚱한 숫자를 적던 나는 창구 업무에 어울리지 않았다. 상사는 내 업무 능력이 빨리 향상되지 않으면 나를 해고할 수밖에 없다고 경고했다. 나는 내가 더 이상 꼼꼼해질 가능성이 희박하다는 걸 알고 있었다. 첫 업무에서 실패한 것이었다.

하던 일을 그만두는 데는 두 가지 방법이 있었다. 하나는 해고당하는 것이었다. 그게 아니라면, 이게 참으로 긍정적인 발상이긴 한데, 승진하는 거였다. 나는 직급이 나보다 8단계쯤 높은 상무에게 편지를 쓰면서 은행 업무 개선을 위해 필요한 유치하기 그지없는 제안을 적었다. 자기가 뭔 소리를 하는지도 모르는 21살짜리 신입 사원의 제안이 오죽했겠는가. 어쨌든 나는 편지 말미에 모두가 탐내는 관리자 훈련 프로그램에 가고 싶다고 적으며 편지를 마무리했다. 인사 기록부에 "숫자 하나 제대로 옮겨 적지 못할 정도로 능력이 부족함"이라는 평가를 받은 사람이 탐내기에는 무리였지만 말이다.

운이 좋았는지 상무는 유머 감각이 매우 뛰어났다. 186cm의 키에 빨간 머리였고, 영화에서 막 튀어나온 듯한 수염을 기른 사람이었다. 내 편지를 읽은 상무는 면접을 보자며 나를 자기 사무실로 불렀다.

상무는 내 제안이 전혀 와닿지 않지만 유머 감각은 마음에 든다고 했다. 그리고 그 유머에서 잠재력이 엿보인다고 했다. 한 달 후, 나는 관리자 훈련 프로그램 업무를 담당하기 시작했다. 어찌 된 일인지 첫 업무에서 실패했음에도 더 좋은 업무를 맡은 것이다.

은행에서 8년 동안 일하면서, 나는 맡은 업무마다 무능했다. 은행 업무 연수, 프로젝트 관리, 컴퓨터 프로그램, 은행 상품 관리, 대출 담당, 예산 관리를 비롯해 기억도 나지 않는 여러 업무를 거쳤다. 특정 능력을 쌓을 만큼 한자리에 오래 있었던 적은 없다. 그렇다고 한자리에서 오래 있었으면 도움이 됐을 거라고 장담할 수도 없다. 마치 나의 유일한 능력은 다음에 옮겨갈 업무 면접에서만 빛을 발하는 듯했다. 실제로 나는 은행에서 내가 원하는 모든 업무를 맡을 수 있었다. 자리를 옮길 때마다 승진을 했고 연봉도 올랐다. 이러다가 잘하면 내무능력이 들통나기 전에 면접만으로 임원 자리까지 올라갈 수도 있겠다는 생각이 들기 시작했다.

그러던 어느 날 상사가 나를 자기 사무실로 불러 나의 은행 생활이 끝났음을 알렸다. 윗선에서 백인 남성 위주의 승진 관행을 멈추라는 명령이 떨어졌다는 것이었다. 언론에서 임원 중에 백인 남성 비율이 너무 높은 점을 다루기 시작했고, 조직은 소위 말하는 다양성을 달성해야 했다. 언제까지 그 방침이 이어질지 아무도 몰랐다. 나는 이력서를 다시 꺼내들어 지역의 몇몇 대기업에 보냈다. 그렇게 나의 은행 경력은 종지부를 찍게 되었다. 그래도, 믿기 힘들겠지만, 그건 나의 무능력 때문이 아니었다.

지역 통신사 퍼시픽 벨Pacific Bell에서 어리석게도 내게 자리를 제안했고, 나는 그 제안을 받아들였다. 또 다시 연봉이 상승했다. 내가 뛰어난 면접 기술을 선보인 데다 버클리에서 경영학 석사 야간 과정을 거의 마쳤다는 사실 덕분이었다. 나는 서류상으로는 훌륭했다. 단지 퍼시픽 벨에서는 그게 내 능력의 한계라는 점을 알아채지 못했을 뿐이다.

내가 크로커 은행을 떠나고 몇 주 지나지 않아, 크로커는 다른 은행에 인수되고 남아 있던 직원들은 모두 해고되었다. 내 경우에는 은행에서의 실패가 오히려 해고당하기 전에 새로운 회사로 탈출하는 계기가 된 셈이다. 회사에서 보이는 업무 수행 능력과 그 결과물 사이에는 딱히 연관성이 없다는 세상의 이치를 보여주는 사례이다.

내가 퍼시픽 벨에서 하는 일의 60퍼센트 정도는 바쁘게 일하는 듯 보이는 거였다. 이곳에서는 예산 담당자로 일했는데 나 같은 사람에게도 전혀 힘든 일이 아니었다. 내가 만든 예산 프로그램에는 갖가지 오류가 있었지만 별문제가 되진 않았다. 여러 부서에서 올라오는 자료들이 워낙 말도 안 되는 쓰레기 같았기 때문이다. 오히려 그런 쓰레기들을 취합하여 다듬다 보니 내 자료가 더 좋아 보였다. 정말 말도 안 되는 일이었다.

내가 새 직장에 가장 불만이었던 점은 담배 냄새였다. 당시는 사무실 흡연을 허용하던 시기였는데, 칸막이 하나를 사이에 둔 동료가 지독한 골초였다. 나는 늘 담배 연기와 쩐내 속에서 살아야 했다. 옆 동료에게 금연을 부탁해 보았지만 상황이 나아지기는커녕 그나마 상냥했던 성격마저 사나운 성격으로 변했을 뿐이다. 상사에게 부탁해서 자리를 옮기기도 했지만 어딜 가나 담배 연기가 안개처럼 자욱했다.

그런데 운이 좋은 건지, 회사에서 '건강하고 안전한 직장 만들기 프로그램'을 실시하게 됐다. 직장 내 위험 요소 목록을 만들어 직원들에게 읽고 서명하도록 했는데, 목록에 있던 위험 요소 중 하나가 간접흡연이었다. 회사에서는 직원들의 안전을 도모하기 위해 적극적인 행동을 취하라고 권했고, 나는 회사의 권유에 그대로 따랐다. 상사에게 사무실의 흡연 문제를 언급하면서 문제가 해결되기까지 출근하지 않겠다고 선언한 것이다. 상사는 내 말을 심각하게 받아들이지 않는 듯했다.

다음날 출근하는 대신 회사에 전화를 걸어 위험 요소가 제거되었는지를 물었다. 아직 아니라는 상사의 대답에 나는 즐거운 목소리로 알려줘서 고맙고 다시 전화해서 확인하겠노라고 했다. 내가 직장을 안전한 장소로 만드는 역할을 담당하고 있다는 사실에 기뻤다. 그때는 인터넷이 태동 단계에 불과했던 시기라 재택근무란 개념이 없었다. 따라서 집에서 일할 필요도 없었다. 그저 유급휴가와 깨끗한 공기를 즐기기만 하면 된다니. 내 계획대로 일이 돌아가고 있었다.

그 이튿날 내 상사의 상사가 전화를 걸어와 뭐가 문제인지 물었다. 공대 출신이었던 그분은 내 말이 논리에 어긋나는 점이 없다고 여겼다. 게다가 나와 같은 비흡연자라 내 말의 요점을 이해한 듯했다. 나는 내 말을 들어줘서 고맙다는 말과 함께 내가 돌아갈 수 있을 만큼 사무실이 안전해졌는지 주기적으로 확인하겠다는 말을 전했다. 나는 전화상으로 정중하고도 매끄럽게 분위기를 이끌어가고 있었다. 이 상황이 꽤 재미있다는 생각이 들었다.

솔직히 해고당할 줄 알았다. 그래서 해고 통보를 받으면 지역 신문사에 전화해서 회사에 관한 흥미로운 이야기를 제보할 심산이었다. 이때 처음으로 내게 문제아 기질이 있다는 것을 깨달았다.

자발적 재택근무가 사흘째 되던 날, 내 기억으로는 상사의 상사가 전화를 하더니 경영진과 흡연 문제에 대해 대화를 나눴다면서 개인 집무실 외에서는 흡연을 금지하기로 결정했다고 말했다. 그리고 개인 집무실에서도 흡연 시에는 문을 닫기로 했다고 알려줬다. 나는 즐거운 마음으로 회사에 복귀했다. 깨끗한 공기를 맡으며 일할 수 있다는 사실도 좋았지만 발암물질이 가득한 문 닫힌 집무실에 갇혀있는 중역들을 상상하는 것도 즐거웠다. 그보다 더 좋을 순 없었다.

나는 퍼시픽 벨에서 탄탄대로에 올라섰다고 생각했다. 버클리에서 경영학 석사 야간 과정도 모두 마쳤고 다른 동료들보다 앞서가고 있었다. 어느 날, 지역 관리자 자리 하나가 공석이 됐고 나도 후보 대상이 되었다. 아니, 적어도 그렇다고 생각했다. 내 상사의 상사의 상사가 나를 사무실로 호출하기 전까지는. 그는 내게 백인 남성을 승진 대상에서 제외하라는 명령이 떨어졌다고 했다. 퍼시픽 벨은 다양성 문제에 휩싸였고 문제가 해결되기까지 시간이 얼마나 걸릴지, 아예 문제가 해결되기는 할지 그 누구도 알 수 없다고 했다. 퍼시픽 벨에서 고위 임원진으로 승진하겠다는 내 계획은 공식적으로 실패로 돌아갔다.

긍정적으로 보자면, 더 이상 상사를 위해 애쓸 필요도 없고 별도 수당도 없으니 야근을 할 필요도 없어졌다. 내가 원한 자유는 아니었지만 어쨌든 자유를 얻었다. 나는 테니스 게임을 만드는 데 시간을 할애하면서 진지하게 생각하기 시작했다. 새로운 일, 이상적으로는 더 이상 상사를 두지 않아도 되는 그런 일을 해야겠다고 결심했다.

　나는 오랫동안 잊고 지냈던, 한때 나의 관심사이기도 했던 만화 그리기를 시작했다. 실현 가능성은 크지 않은 꿈이었다. 나는 예술가 기질도 많이 부족했고, 당시에는 만화 업계에서 성공을 거둔 사람도 드물었기 때문이다. 그래서 어퍼메이션affirmation, 즉 긍정 선언을 해보기로 마음먹었다. '긍정 선언'에 관해서는 뒤에서 좀 더 자세하게 설명하겠다. 나는 그림도구를 준비하고 매일 아침 출근 전에 그림 그리기를 연습했다. 그리고 하루에 열다섯 번씩 긍정적 다짐을 적었다. "나, 스콧 애덤스는 유명한 만화가가 될 것이다."

'20kg 감량'은
목표지만

'올바른 식습관'은
시스템이다.

'4시간 이내
마라톤 완주'는
목표지만

'매일 운동하기'는
시스템이다.

나는 성공하기로
결정했다

현실의 억압에서 벗어나라

당신이 상상하고

느끼는 것이 당신의 현실이다

01

성 공 을 결 정 하 라
원 하 지 말 고

내가 살면서 들은 조언 중에서 가장 마음에 드는 것은 "성공하고 싶다면, 그에 따르는 대가를 치러라."라는 말이다. 진부한 말을 새삼스럽게 꺼내느냐고 할 사람도 있겠지만, 알고 보면 저 말 안에는 엄청난 힘이 숨겨져 있다.

내 주위에는 부자가 되거나 유명해지거나 멋지게 살기를 바라는 사람이 많다. 이들은 집사를 두고 성 같은 집에 살면서 바다에서 요트를 타고, 전용기로 세계여행을 다니고 싶어 한다. 하지만 대부분 소망에 그치고 만다. 극소수만이 자신의 소망을 이루기로 '결정'한다. 이게 가장 중요한 차이점이다. 일단 '결정'한 사람들은 행동을 취하지만, 마음속에 소망을 간직하는('원하는') 사람들은 보통 그 자리에 머물기만 한다.

당신이 크게 성공하기로 결정했다면, 이는 성공에 따르는 대가를 인지하고 기꺼이 그 대가를 치르겠다는 뜻이다. 여기서 말하는 성공의 대가는 당신의 개인시간을 학교에서 좋은 성적을 얻는 데 쏟고, 심하게 따분하지만 벌이가 쏠쏠한 전공을 택하고, 아이 갖기를 미루고, 가족과 보내는 시간을 놓치고, 어쩌면 망신을 당하거나 이혼, 파산에 이를지도 모를 사업상 위험을 받아들이는 형태일 수 있다.

성공하는 사람들은 성공을 희망하지 않는다. 성공하기로 결심한다. 그리고 효과적으로 달성하기 위해서는 시스템이 필요하다. 성공에는 늘 대가가 따르지만, 그 대가에는 협상의 여지가 있다. 당신이 올바른 시스템을 선택한다면, 생각보다 적은 대가로도 충분하다.

성공하기 위해 많은 노력을 해야 한다는 사실을 바꿀 수는 없다. 하지만 당신이 목표보다 시스템이 지닌 힘을 제대로 깨닫는다면, 성공에 따르는 대가는 적어질 것이다. 한번 해볼 만한 정도로 말이다.

02

차라리 이기적인
사람이 되어라

성공을 향해 나아갈 때, 아마도 당신은 자신의 욕구와 다른 사람의 바람 사이에서 균형을 맞추고자 노력하는 자신의 모습을 발견할 것이다. 너무 타인에게 맞추며 사는 건 아닌지 아니면 좀 더 이기적으로 굴어야 하는지 늘 궁금할 것이다. 내가 기쁜 마음으로 답을 찾는 데 도움을 주겠다.

자, 당신이 이 방면에 초보자라면 이것만 알면 된다. 세상에 대한 기여도를 기준으로 보자면, 이 세상에는 3가지 유형의 사람이 있다.

이기석인 사람

멍청한 사람

타인에게 짐이 되는 사람

이 셋뿐이다. 그러니 이기적인 사람이 되는 것이 최상의 선택이다. 멍청한 사람이나 사회에 짐이 되는 사람은 그 누구에게도 도움이 되지 않기 때문이다. 사회는 당신이 적당한 우아함과 연민을 갖고 이기심을 표출하길 바란다. 당신이 올바른 이기심을 표출한다면 이는 사회적으로도 이득이 된다. 성공한 사람은 대개 세상에 짐이 되지 않는다. 기업사냥꾼, 지나치게 많은 연봉을 받는 CEO, 독재자는 예외다. 성공한 사람 대부분은 자신이 개인적으로 소비하는 것보다 더 많은 것을 세금, 자선활동, 일자리 창출 형태로 사회에 환원한다. 나도 일하면서 번 수입 중에서 개인 소비는 기껏해야 10퍼센트에 불과하다. 나머지 90퍼센트는 세금, 미래 세대, 스타트업 투자, 자선 단체, 경제 활성화를 위해 사용한다.

당신이 현재 부자라면 다소 부담스러운 세금을 내고 있을지도 모른다. 당신이 이기적으로 소득을 추구하기 때문이다. 이기적으로 성공한 사람은 그들을 아끼는 주변인들에게 걱정거리나 스트레스를 주지 않는다. 이기적으로 성공한 사람은 다른 이의 롤모델이 될 수 있다. 이기적으로 성공한 사람은 자신이 필요한 것을 얻어내면서도 불만을 듣지 않는 재미있는 동료가 될 수 있다.

여기서 말하는 '이기심'은 동료의 마지막 도넛을 낚아채는 그런 행동이 아니다. 이런 행동은 언젠가 자신에게 해가 되는 옹졸한 행동일 뿐이다. 죄책감을 느끼거나 발각될까 불안한 행동은 오히려 에너지를 갉아먹는다.

가장 이상적인 이기심은 시간을 들여 운동하고, 올바른 식사를 하고, 탄탄한 경력을 쌓으면서도 가족들, 친구들과 즐거운 시간을 보내는 것이다. 자신의 건강과 경력을 등한시하는 사람은 두 번째 유형, 멍청한 사람으로 떨어지게 된다. 그리고 머지않아 사회에 짐이 되는 사람으로 전락하게 된다.

나는 서구 사회의 성인 건강 문제가 이 지경에 이르게 된 데에는 사회의 잘못이 크다고 본다. 우리는 이타적인 삶이 고귀하고 선한 삶이라 배우며 자랐다. 종교가 있는 사람이라면, 이타적으로 살아야 한다는 압박감이 두 배는 강했을 것이다. 우리는 받는 것보다 주는 게 더 훌륭하다는 말을 내내 들어왔다. 사회와 부모님 그리고 어느 정도는 유전자에 의해서, 우리는 이타적인 행동을 해야 한다고 설계되었다. 문제는 덜 이기적인 삶에 대한 강박이 우리를 근시안적으로 생각하게 한다는 점이다. 우리는 여유 시간에 집안일을 돕느라 운동을 빼먹는다. 동료에게 생긴 문제를 도우려고 패스트푸드를 사 먹으며 시간을 절약한다. 우리는 매일, 덜 이기적으로 보이기 위해 자신의 미래를 속인다.

그렇다면 일상적인 선택에서 이기적으로 보이지 않으면서도 장기적으로 나 자신과 다른 사람 모두에게 도움이 될 수 있는 방법은 무엇일까? 지름길은 없다. 하지만 허락permission의 힘을 빌려 올바른 방향으로 한 걸음 다가갈 수는 있다. 따라서 나는 당신이 자신을 먼저 돌볼 수 있도록 '허락'하겠다. 장기적으로 당신이 더욱 세상에 도움이 되는 사람이 되도록 말이다.

대체 뭔 소리냐고?

일개 만화가가 '이기적으로 굴어도 좋다'고 허락해 주는 게 대체 당신 삶에 무슨 도움이 될까 의문이 들 것이다. 일단 답을 하자면, 놀랍게도 도움이 된다. 당신이 이 책을 여기까지 읽었다면 우리 사이에 일종의 관계가 형성되었다는 것이다. 물론 저자와 독자의 관계에 불과하지만 이 정도면 충분하다. 우리 인간은 자신과 관계있는 사람에 의해 쉽사리 영향받도록 만들어졌다. 이러한 영향력을 또래 집단의 압력 또는 모델링modeling, 모방이라 부른다. 어떤 식으로 영향을 받는지는 중요하지 않다. 그냥 영향을 받으면 깊이 생각하지 않고도 나도 모르게 따라서 행동하게 된다.

다행히도 대부분의 사람들은 확실한 위험이 감지되는 영향은 따르지 않고 걸러내는 여과기가 있다. 내가 당신에게 망원 조준기가 달린 라이플총을 사서 다리 위에서 다음 지시를 내릴 때까지 기다리라고 해도 당신은 그렇게 할 리가 없다. 영향력은 자기 자신의 생각과 같을 때 제대로 된 효력을 발휘하기 때문이다.

종종 누군가가 변화하기 위해 필요한 것은 '허락'이 전부일 때가 있다. 그 허락을 누가 어떻게 하느냐는 중요하지 않다. 심지어 그 허락이 타당한지도 중요치 않다. 확신컨대, 당신도 이미 건강하고 성공적이며 행복한 삶을 바라고 있다. 당신도 이미 하찮은 집안일이나 동료의 문제를 제쳐두고 당신의 욕구를 처리하고 싶어 한다. 나는 그저 당신의 만화가 친구로서, 관대하고 여유로운 사람들은 자신의 욕구를 먼저 해결한다는 점을 말해주는 것뿐이다. 실제로 그렇게 하는 것이 맞다. 세상도 건강하고 행복한 상태의 당신을 원한다.

아직까지 이기심이란 단어의 의미에서 벗어나지 못한 독자를 위해 다시 한번 설명하자면, 내가 말하는 이기심은 보호자가 놓친 유모차가 도로로 굴러가는 걸 보고도 회사에 지각할까 봐 그냥 지나치는 그런 행동을 말하는 게 아니다. 인간은 타인과 매우 감정적으로 그리고 사회적으로 연결되어 있기 때문에 타인을 돕는 행동이 자신을 위한 최선의 일인 경우가 많다. 정상적인 사람이라면 누구나 상황에 따라 판단할 수 있으리라 믿는다. 이기적이 되라는 말은 반사회적 인간이 되라는 뜻이 아니다. 단지 상황을 장기적인 관점으로 바라보아야 한다는 말이다.

평생 쓸 돈보다 더 많은 돈을 벌게 되면서, 내게 놀라우면서도 흥미로운 일이 일어났다. 나의 우선순위가 자동적으로 바뀌게 된 것이다. 원하는 차는 무엇이든 살 수 있는 상황이 되자 갑자기 자동차 본연의 역할 외의 것들을 신경 쓰지 않게 됐다는 뜻이다. 일단 개인적 욕구가 충족되자, 내 생각은 더 나은 세상을 만들 수 있는 방법에 대한 고민으로 자연스레 쏠렸다. 이 변화는 내가 계획한 게 아니었다. 생각해보지도 않았고 그렇게 해야겠다고 마음먹지도 않았다. 그냥 저절로 그런 생각이 생겨났다. 아마도 사람은 가장 먼저 자신의 욕구를 충족한 다음에 가족과 집단, 국가, 그리고 세상을 생각하기 시작하는 듯하다. 대략적으로 말이다.

물론 수십억씩 벌어들이는 돈으로 기껏 헬리콥터나 별장 구입만 신경 쓰고 타인의 안위에는 눈곱만큼도 관심 없는 이기적인 인간도 많다. 내가 사는 샌프란시스코 고급 주택가에는 슈퍼리치들이 많은 데, 그들 중 비속하게 이기적인 사람은 보기 힘들다. 어쩌면 그들도 처음에는 이기심으로 시작했을지 모른다. 하지만 성공은 사람을 변화시킨다. 브래드 피트가 허리케인 카트리나 피해 지역의 재건 활동에 힘쓰거나 빌 게이츠가 세계 최고의 자선 사업 활동을 펼치는 것을 우연으로만 치부할 수는 없다. 성공이 그들을 그렇게 만든 것이다.

건강한 시각으로 바라본다면, 이기심은 힘겹게 노력하는 당신에게 반드시 필요한 전략이다. 이 사회가, 적어도 한 명의 만화가가 어려운 시기를 보내고 있는 당신이 무엇보다 스스로를 살피길 바라고 있다. 당신이 이기적인 목표를 밀고 나가고, 그리고 목표를 달성한다면 그때 당신의 관심도 외부를 향하게 될 것이다. 나는 당신도 그 비범한 기분을 느끼게 되길 바란다.

03

에 너 지 레 벨 을
높 이 는 7 가 지 비 밀

우리 인간은 많은 것을 원한다. 건강, 경제적 자유, 성취감, 멋진 사회생활, 사랑, 섹스, 여가, 여행, 가족, 경력 등등. 문제는 이 많은 것들 중 하나를 좇는데 시간을 쓰다 보면 다른 일을 위해 사용할 시간이 없어진다는 것이다. 그렇다면 최적의 결과를 얻기 위해 제한된 시간을 어떻게 효율적으로 사용해야 할까?

내가 여러 개의 사항들을 두고 우선순위를 정할 때 사용하는 방식이 있다. 에너지라는 단 하나의 기준에 집중하는 것이다. 나는 개인적 에너지를 최대화하는 방향으로 선택을 내리는데, 그러면 나머지 다른 일들을 관리하기가 더욱 쉽기 때문이나.

개인적 에너지를 극대화한다는 말은 올바른 식사를 하고 운동을 하면서 불필요한 스트레스를 피하고 충분한 수면을 취하는 등 당연한 일을 한다는 뜻이다. 거기에 하나를 더하자면, 아침에 눈을 뜰 때 나를 신나게 해줄 무언가가 있다는 뜻도 있다. 개인적 에너지를 올바르게 이해하면 업무의 질이 향상되고 일을 더 빨리 마무리할 수 있다. 일이 순조롭게 진행된다. 그리고 이렇게 모든 것이 어우러질 때 편안하고 활기찬 느낌을 받으며 개인 생활도 더 나아진다.

텔레비전에서 도그 위스퍼러Dog Whisperer라는 프로그램을 본 적이 있나 모르겠다. 거기서 애견 행동 전문가인 시저 밀란Cesar Millan은 문제가 많아 보이는 강아지를 길들일 수 있도록 주인을 도와준다. 그런데 시저 밀란이 내리는 처방의 핵심은 개가 아니라 견주로 하여금 자신의 감정 상태를 조절할 수 있도록 교육하는 데 있다. 널뛰는 견주의 기분을 반려견도 느끼기 때문이다. 견주가 스스로 자신의 감정을 조절할 줄 알게 되면 반려견도 차분해진다. 나는 타인과 교류하는 우리 인간에게도 이와 똑같은 방식이 적용된다고 생각한다. 당신도 잘 알고 있지 않은가. 슬픔에 빠진 사람이 방 안으로 들어오는 순간 그 방 전체 분위기가 가라앉는다는 것을. 반면에 에너지가 가득하고 명랑한 사람과 대화를 나누면 마치 전염당한 것처럼 당신의 기분도 유쾌하고 활발해진다. 기왕이면 당신 스스로가 긍정적인 에너지를 내뿜는 사람이 되어 주변 사람들의 기분을 북돋아주는 편이 바람직하다. 그렇게 발생하는 긍정적 변화가 당신의 사회적 관계, 연애 생활, 가족 관계 그리고 일에도 도움이 된다.

내가 개인적 에너지를 끌어올리라고 하는 것은 카페인을 과다 복용한 사람처럼 흥분하거나 극도의 긴장을 유지하라는 의미가 아니다. 내가 말하는 에너지는 침착하게 집중된 에너지를 뜻한다. 그 에너지는 다른 사람들로 하여금 당신이 기분 좋은 상태임을 느끼게 해줄 것이다. 그러면 당신의 기분도 실제로 좋아질 것이다.

나는 만화가가 되기 전에 여러 회사에서 끔찍하게 지루한 업무를 많이 맡았다. 하지만 출근길은 여전히 즐거웠다. 퇴근 후 저녁 운동을 했고, 아침에는 기쁜 마음으로 일어날 수 있었기 때문이다. 언젠가 나를 회사의 굴레에서 벗어나게 해줄 한두 가지 일들을 부수적으로 했던 것도 도움이 됐다. 만화 그리기 역시 회사에 다니면서 내가 해보고자 했던 사업 구상 중 하나였다. 오랫동안 '나만의 일'을 시작한다는 기대감과 언젠가 사무실 칸막이 생활에서 벗어난다는 생각이 나에게 엄청난 에너지를 주었다.

내가 블로그를 하는 주된 이유도 에너지를 얻을 수 있기 때문이다. 그 밖에도 블로그에 글을 쓰면 딜버트 웹사이트 트래픽이 10퍼센트 증가하거나 글쓰기를 통해 생각을 가다듬는다거나 더 많은 아이디어를 통해 더 좋은 세상을 만들 수 있다는 이유도 있다. 하지만 뭐니 뭐니 해도 진짜 이유는 블로그 활동이 나를 충전시켜주기 때문이다. 블로그는 내가 앞으로 나아갈 수 있도록 해준다. 그 외에 뭐가 더 중요하단 말인가.

이 책 또한 내게 에너지를 충전시켜주는 활동 중의 하나다. 이 책을 누군가가 읽고 도움이 되는 내용을 찾을 수 있다는 생각을 하면 기분이 좋다. 그런 생각만으로도 엄청난 동기부여가 된다. 글쓰기는 어쩔 수 없이 나를 가족이나 친구들과 잠시 떼어놓지만, 마치고 난 뒤 그들과 다시 어울릴 때 나는 좀 더 괜찮은 사람이 된다. 글쓰기를 통해 나는 전보다 더 행복해지고 삶에 대한 만족도가 높아진다. 에너지를 기준으로 삼으면 복잡한 선택도 한결 수월해진다.

내가 말하는 에너지는 신체적이거나 정신적으로 당신의 기운을 북돋아주고 즐겁게 해주는 무언가를 뜻한다. 특정 그림이나 음악을 접하는 순간 당신이 느끼는 그 감정, 바로 그것이다. 나를 예로 들자면 쇼핑은 나의 에너지 뱀파이어다. 북적거리는 상점에 들어서는 순간 온몸의 에너지가 빠져나가는 걸 느낀다. 처음에는 정신적으로만 지치다가 이내 마라톤을 완주한 사람처럼 기진맥진해진다. 쇼핑은 내 기를 고갈시킬 뿐이다. 당신은 나와 다를 수도 있다. 어떤 사람들을 쇼핑을 하면 에너지가 솟는다. 쇼핑이 에너지를 불러오는 것이다. 따라서 나 같은 사람은 쇼핑을 최소화해야 하는 반면에(나는 그렇게 한다), 쇼핑을 할 때마다 기운이 솟는 사람들은 다른 우선순위들을 등한시하지 않는 선에서 쇼핑을 마음껏 즐기면 된다.

개인의 에너지를 관리하는 것은 회사에서 예산을 관리하는 것과 비슷하다. 한 부서에서 내리는 예산 관련 결정들은 다른 부서와도 긴밀히 연관되어 있다. 연구개발 부서에서 비용을 절감하기로 결정했다면, 이는 회사 조직 전체에 영향을 끼치고 추후 이윤 감소로 나타날 것이다. 마찬가지로 개인적인 에너지를 관리하고자 한다면, 단기적으로 또는 특정 영역에만 에너지를 쏟는 것은 추천할만한 방식이 아니다. 에너지는 장기적인 관점과 큰 시야를 가지고 관리하는 것이 이상적이다. 한밤중에 한 잔 더 마시는 칵테일이 당장은 당신의 에너지를 끌어올려 주겠지만, 다음날 두 배의 숙취로 돌아온다는 것을 기억하자.

이쯤에서 개인적 에너지를 기준 삼아 인생을 꾸려나가는 것이 중요하다는 내 말에 합리적인 의심의 눈길을 보내는 독자를 위해 한 가지 짚고 넘어가겠다. 일단 당신의 건강한 의심에 박수를 보낸다. 하지만 개인적 에너지 관리를 삶의 기본 원칙으로 활용하면 유용하다는 내 말이 이 책의 뒷부분에서 어떤 설명과 논리로 펼쳐지는지 확인하기 전까지는 선부른 판단을 내리지 않길 바란다.

자, 이렇게 한번 비유해보자. 당신이 자본주의라는 말을 한 번도 들어본 적 없는 사람에게 자본주의에 대해 설명하는 상황이다. 당신의 설명에 극도의 회의심을 품은 그 사람은 다음과 같은 질문들을 할 것이다.

자본주의는 비용을 줄이고 더 나아가 투자를 줄이는 상황을 야기하지 않는가?
자본주의는 고용주가 고용인에게 소위 갑질을 하게 하지 않는가?
자본주의는 틈만 나면 고객들을 속이려들지 않는가?

이런 질문에 정직하게 답하자면, 모두 '그럴 가능성이 충분'하다. 자본주의는 구석구석 부패했다. 그러나 우리 사회에 대단히 유용하게 작용한다. 나쁜 아이디어들을 엮으면 더 나쁘기는커녕 오히려 훨씬 더 좋은 것을 만들어내는 것이 자본주의의 역설이다. 자본주의는 사람들로 하여금 더 열심히 일하고 적절한 위험을 감수하고 고객을 위해 가치를 창출하도록 만든다. 크게 보면 시스템과 패턴을 이용할 줄 아는 일부 탐욕스러운 자본가를 제외하고, 자본주의는 이기심이 문명에 이득이 되는 방향으로 흘러가게 한다.

당신과 에너지 사이에도 동일한 역설이 적용된다. 개인적인 에너지를 북돋우는 행동이 이기적으로 보일 수 있다. "노숙자 쉼터에서 일하지 않고 스키를 타러 가겠다니, 이런 이기적인 놈을 봤나!" 뭐 이럴 수도 있다는 얘기다. 하지만, 나는 자신의 개인적 에너지를 최적화하는 방향으로 인생을 관리한다면 우려와 달리 긍정적인 효과가 크다고 주장한다.

이 부분을 쓰고 있는 동안, 내 아내와 친구들은 내가 왜 화창한 오후의 햇볕을 함께 쐬지 않고 방에 처박히는 이기적인 짓을 하는지 궁금해 하는 중이다. 나도 곧 그들과 합류할 것이다. 나는 에너지가 충만하고 흡족한 상태로 그들과 즐거운 시간을 보낼 것이다. 내가 30분 늦게 나타났다고 해서 나를 나쁘게 생각할 사람은 아무도 없다. 아니, 오히려 기분 좋은 모습으로 나타난 나를 반겨줄 것이다. 균형은 이렇게 유지된다. 자본주의와 마찬가지로 현명한 이기심도 있다.

첫 번째 비밀. 자신만의 리듬을 찾아라

생산성을 극대화할 때 가장 중요한 것 중 하나는 해야 하는 일과 정신 상태를 맞추는 것이다. 예를 들어, 아침에 눈을 뜰 때 내 머리는 편안하고 창의적인 상태를 유지한다. 만화를 그린다는 생각만으로도 즐거워진다. 나의 뇌가 만화 그리기 활동에 적합한 상태라 작업이 비교적 쉽다. 꽤 여러 번, 오후에 창의적인 활동을 해보려고 시도했으나 모두 시간 낭비였다. 오후 2시쯤 내 머리에서 나오는 아이디어는 죄다 어디서 베낀 듯한 수준을 벗어나지 못했다. 오전 6시에 독창적인 나는, 오후 2시에 복사기가 된다. 이건 사람마다 다르긴 하지만, 글 쓰는 사람은 대부분 이른 아침이나 자정 이후에 활동한다. 그때가 창의성이 가장 풍부해지는 시간이기 때문이다.

점심시간이 되면 나는 간단하게 배를 채우고 헬스클럽에 가거나 테니스를 친다. 하루 중 그 시간대가 가장 에너지 넘치는 시간이다. 저녁시간은 신체 에너지가 떨어져 있어 운동하기에 적합하지 않다. 20대에는 한밤중에 운동을 해도 아무 문제 없었지만 이젠 아니다. 연령대에 맞게 당신의 생활 패턴을 조정해야 할 수도 있다는 것을 기억하길 바란다.

나의 만화 창작 활동은 자연스러운 에너지 흐름을 극대화하기 위해 두 단계로 나누어진다. 늦은 오후부터 초저녁에는 기계적인 일들을 한다. 오후 운동을 마치고 와서 〈딜버트〉의 최종 마무리 작업을 하거나 온라인으로 청구서를 처리한다. 그 시간대의 내 에너지는 깊은 생각 없이 할 수 있는 단순한 업무와 완벽하게 맞아떨어진다. 아마 오후에 운동을 하지 않았다면 오후 내내 따분한 작업을 견디기 힘들었을 것이다. 이것저것 손만 대다가 결국 아무 일도 끝내지 못하면서 말이다.

사실 그때그때 일정을 조정하며 일하는 행운아가 몇 명이나 있겠는가. 회사 생활 16년 동안은 나도 마찬가지였다. 그래서 나는 차선책을 택했다. 일찍 잠자리에 들고 새벽 4시에 일어나 내가 원하는 창작 작업을 했다. 그때 했던 여러 작업 중 하나가 〈딜버트〉의 탄생으로 이어졌다.

자신이 아침형 인간이 아니라고 생각할 수도 있겠다. 나 역시 마찬가지였다. 하지만 일단 익숙해지고 나면, 이보다 더 좋을 수는 없다. 당신은 대부분의 사람들이 하루 종일 성취하는 것보다 더 많은 일을 마칠 수 있다. 남들이 일어나기도 전에 말이다.

두 번째 비밀. 단순화 인간 vs 최적화 인간

나는 사람을 '단순화'를 좋아하는 사람과 '최적화'를 좋아하는 사람으로 구분한다. 단순화를 좋아하는 사람은 조금 더 노력하면 더 나은 결과를 얻을 수 있다는 사실을 알면서도 쉬운 길을 택한다. 최적화를 좋아하는 사람은 일이 꼬이면 예상치 못한 문제가 발생할 수도 있다는 사실을 알면서도 최선의 해결책을 찾는 데 힘을 쏟는다. 두 유형의 사람이 어떤 특징을 지니고 있는지 보도록 하자.

내 아내 셸리는 독보적인 최적화 추구형 인간이다. 그 반대로 나는 단순화에 목을 맨다. 이 글을 쓰는 오늘 저녁, 아내와 나는 집에서 30분 정도 떨어진 레스토랑에서 간단하게 저녁을 먹고 근처 극장에서 영화를 볼 예정이다. 우리는 목적지에 가는 길에 친구 둘을 태우기로 했다. 레스토랑에 도착하면 차를 사용할 일이 없다. 주차하기도 쉽고, 혼잡할 시간도 아니어서 여러 면에서 여유 있는 저녁식사를 즐기기에 완벽하다. 이건 단순화를 좋아하는 내가 세운 계획이다.

한 시간 뒤 셸리가 돌아오면 내 계획에서 몇 가지를 수정하려 들 것이 분명하다. 셸리의 계획대로만 된다면 우리는 내 예상보다 훌륭하고 어쩌면 더 생산적이기까지 한 저녁 시간을 보낼 것이다. 그러기만 한다면! 하지만 변화는 늘 혼자 오지 않는다. 예상치 못한 일이나 일이 잘못될 가능성을 동반한다. 강철 심장의 셸리는 그러려니 하며 별 신경을 쓰지 않지만 나는 그런 상상만으로도 간이 떨리다 못해 녹아날 지경이 된다. 나는 최적화 체질이 아니다.

저녁에 집에 돌아온 셸리가 레스토랑으로 출발하기 전에 몇 가지 급한 일부터 처리하려 들지도 몰라. 그럼 출발이 조금 늦어지겠지만 그래도 너무 늦지는 않을 거야. 그 정도야 뭐. 그런데 셸리가 자기 차를 타고 가자고 할지도 모르겠다. 아마 차에 기름이 없을 테니 가는 길에 주유소에 들러야 할 거야. 셸리가 아침에 차를 써야 하는데 그때는 그렇게 여유 부릴 시간이 없잖아. 집을 나서기 전에 셸리가 '가는 길에 있는' 슈퍼마켓에서 환불할 게 있다고 쇼핑백을 챙길 수도 있어. 아마 구매 영수증을 못 찾아서 슈퍼마켓에서 실랑이를 벌일지도 모르겠고. 이런 걸 모두 감안하면 레스토랑에 15분 정도 늦게 도착할 거고 그러면 예약해둔 자리를 다른 사람이 차지할지도 몰라. 이렇게 걱정하다 보면 머리에서 김이 모락모락 올라올 정도로 혈압이 급상승할 거야. 셸리의 최적화 계획이 보통 90퍼센트 정도는 먹히니까 별문제 없을 거라고 생각하자. 침착해, 스콧. 긴장 풀자고.

내 상상력을 펼쳐서, 그 이후로 벌어질 이야기를 펼쳐보겠다. 물론 재미를 위해 약간 과장한 면도 없지 않다는 점을 참고 바란다.

집을 나서는데 셸리가 내가 알지도 못하는 지름길로 가자고 하네. 운전은 내가 하는데? 자기가 알려주는 방향으로만 가면 아무 문제가 없대. 뭐, 그럼 그러자고. 도로를 달리다가 앞에 갈림길이 나와서 어떤 길로 가야 하나 궁금해하는 바로 그때 셸리의 휴대전화가 울리기 시작해. 전화를 받은 아내가 미사일 방어니 기후 변화니 골치 아픈 대화를 나누는데, 통화 중에 하는 말이 통화 상대방에게 하는 건지 내게 하는 건지 모르겠단 말이야. 셸리가 "맞아"라고 하는 게 내가 지금 가는 길이 맞다는 거야 아니면 상대방 말이 맞다는 거야?

곧 나는 길을 잃고 도움의 눈길로 셸리를 바라보지만 기후 변화 문제를 해결하느라 바쁜 셸리는 그저 손만 흔들어대. 아! 내비게이션으로 슈퍼마켓을 찾으면 되겠다는 기발한 생각이 스쳐가. 문제는 내가 슈퍼마켓 위치를 모른다는 거야. 차를 세우고 트렁크에서 쇼핑백을 꺼내 주소를 확인해. 그리고 스마트폰에 주소를 입력하는데 인터넷 연결이 안 되는 거야. 어떡하지. 일단 인터넷 신호가 잡히는 데까지 찾아서 슬슬 운전해 가보는 거야. 제발 신호가 잡히길, 혹시 경찰이 날 발견하지 않길 바라면서 말이지.

드디어 신호가 잡혔어! 스마트폰에 주소 입력을 하긴 했는데 검색이 한참 걸려. 아 드디어 검색이 됐어! 이제 내비게이션에 주소를 입력하고…에구, 지름길이 아니라 고속도로를 경유하는 경로를 선택했나 봐. 차가 고속도로로 막 진입하고 있어. 퇴근 시간에 고속도로로 들어서니까 셸리가 날 보며 팔을 휘젓고 있어. 다른 길로 가라는 뜻인 거 같긴 한데 어찌 보면 장작을 패거나 비행기를 이륙시키라는 것 같기도 해. 도저히 뜻을 모르겠어서 난 길가에 차를 세우고 셸리의 통화가 끝나기만 바라고 있어.

시간은 이미 많이 지체됐어. 아무리 밟아도 레스토랑에 30분은 늦을 텐데 입장이나 시켜줄까 모르겠어. 게다가 더 늦게 시작하는 다른 영화를 봐야 할 텐데, 그 영화를 우리 넷 모두 좋아할까 모르겠네. 이건 정말 내가 결코 좋아할 수 없는 상황이야.

하지만 앞서 말했듯이, 아내의 최적화 계획이 90프로 정도 맞아떨어진다면 레스토랑에 가는 길에 계획한 몇 가지 일들을 처리하고도 완벽하고 좋은 테이블에서 식사할 수 있고, 처음에 고른 것보다 더 재미있는 영화를 보게 될 수도 있다.

하지만 나 같은 사람이 최적화를 좇으면 지치고 스트레스를 받는다. 나는 가끔 최적화에 신경 쓰다가 심장마비에 걸릴지도 모른다는 생각을 한다. 최적화를 위해서는 엄청난 집중이 필요하다. 나는 단순하고 실패할 확률이 없는 계획이 더 좋다. 심장 박동이 빨라질 염려가 없는, 강아지나 장미꽃 정원 따위를 떠올릴 때처럼 행복하고 편안한 계획 말이다.

(추가 설명: 결국 나의 단순한 계획을 따라 평온한 저녁시간을 보냈다. 그날 아내는 최적화를 잠시 포기했고, 우려한 혼란은 일어나지 않았다.)

나는 단순화에 무조건 한 표를 던지는 편이지만 최적화가 더 좋은 효력을 발휘하는 상황도 있다. 그렇다면 주어진 상황에서 단순화와 최적화 중 어떤 방식이 더 좋은 건지 어떻게 알 수 있을까?

다른 사람들과 소통해야 하는 상황에서는 단순화가 무조건 옳다고 해도 과언이 아니다. 혼자 하는 일이나 호흡이 잘 맞는 파트너와 함께 하는 일이라면, 상황 통제가 가능하다는 전제 하에 최적화가 더 좋은 선택일 수 있다. 하지만 현실적으로 3시간짜리 일을 2시간 내에 끝내야 할 때도 있고, 언제나 단순한 길만 선택하는 호사를 누릴 수만은 없는 노릇이다.

나는 언제나 단순화를 선호하며, 사람들 역시 복잡한 것보다 단순한 시스템을 보다 더 쉽게 따른다. 이에 대한 사례는 나중에 건강관리와 식단 관리를 주제로 설명할 때 소개하도록 하겠다. 건강관리와 식단 관리는 최적화를 추구할수록 복잡해진다. 그리고 복잡한 계획을 따를 수 있는 의지를 지닌 사람은 극소수에 불과하다.

단순한 계획과 복잡한 계획 중에서 어떤 것이 더 좋을지 모르겠다면 단순한 계획을 선택하라. 확률이 반반일 때는 무조건 더 쉬운 걸 고르는 편이 낫다.

실패 시 그 대가가 큰 경우에도 단순한 계획을 택하는 게 좋다. 단순한 계획이 관리와 통제가 쉽기 때문이다. 저녁식사 예약을 놓친다고 세상이 끝나지는 않는다. 그러므로 이런 경우에는 최적화를 시도해 볼 만하다. 하지만 사업상 중요한 회의에 가고 있는 '도중에' 이런 저런 잡일을 처리하겠다는 생각은 바람직하지 않다. 괜한 스트레스와 만약의 상황에 노출될 여지가 있기 때문이다.

나는 스스로 일을 요령 있게 단순화시키는 특별한 능력을 지녔다고 생각한다. 예를 들어 〈딜버트〉를 그리면서 칸의 배경은 되도록 비워놓는다. 뭔가를 그려 넣을 때도 간단하게 그린다. 이는 시간을 엄청나게 절약시켜준다. 사실 많은 만화가가 경력 초기에 일을 때려치운다. 나는 이것이 최적화를 추구하기 때문이라고 생각한다. 디테일을 챙기려면 에너지 수준을 높은 상태로 계속 유지해야 하는데, 이게 장기적으로 매우 힘든 일이기 때문이다.

〈딜버트〉를 예술작품으로 받아들이며 감상하는 사람은 없다. 나는 와콤 신티크Wacom Cintiq라는 기기를 사용해 단순한 그림을 손쉽게 컴퓨터에 직접 그려 넣는다. 말풍선에는 내 필체를 본떠 만든 특별 폰트를 사용해 대화를 타이핑한다. 오래전부터 나는 나만의 시스템을 단순화시키고자 했고 이제는 필요하다면 한 시간 내에 만화 한 편을 뚝딱 만들어낼 수 있을 정도가 됐다. 〈딜버트〉는 처음부터 간단하게 그려야 한다는 마음으로 시작했고 나는 계속해서 그 과정을 간소화시키고 있다. 그런 단순화를 통해 시간을 벌었다. 그렇게 번 시간으로 블로그를 하고 책을 쓰며 재미있는 관심거리에 집중하고, 삶을 즐긴다.

최적화는 구체적인 목표가 있고 자기 힘으로 모든 걸 이뤄내야 한다고 생각하는 사람에게 필요한 전략이다. 단순화는 일반적으로 세상을 시스템이라는 관점에서 바라보는 사람에게 어울린다. 가장 좋은 시스템이라고 하는 것들을 보면 간단한데 그럴 만한 이유가 있다. 복잡한 시스템은 실패 확률이 높기 때문이다. 복잡한 시스템보다는 단순한 시스템을 더 잘 따르는 것이 인간의 본성이다. 성공에 이르는 가장 좋은 길은 아마도 단순한 시스템일 것이다. 하지만 일단 성공을 거두고 나면 최적화가 더 중요한 역할을 한다. 성공한 사람이나 사업체는 시간이 흐를수록 완벽을 추구하는 최적화를 활용할 여유가 생긴다. 스타트업은 80퍼센트 정도 완성된 제품을 내놓고 시장의 반응을 살핀다. 시장의 호응만 좋으면 제품의 완성도는 나중에 개선해도 되기 때문이다.

단순화의 또 다른 큰 장점은 시간의 자유가 주어진다는 점이다. 세상에 시간보다 소중한 자원은 없다. 무한한 시간이 주어진다면, 개미한 마리가 태산을 옮길 수도 있다. 똑같은 주 48시간 동안 남들이 한 가지 일을 할 때 나는 만화가, 작가, 기업가, 이렇게 세 가지 다른 일을 해낼 수 있다.

단순화는 에너지의 자유를 선사함으로써 당신이 모든 다른 일들을 좀 더 쉽게 할 수 있도록 해준다. 이건 엄청난 일이다. 면접 보러 가는 길에 여러 복잡한 일을 처리하느라 스트레스를 잔뜩 받은 상태로 면접을 망치고 싶은 사람은 없다. 최적화와 단순화 사이에서 선택이 고민되거든, 해야 할 일들 말고 하루 전체를 놓고 생각하라. 다시 말해서, 일거리만 늘리지 말고 당신의 에너지를 효율적으로 쓰라는 말이다.

앞에서도 언급했지만 우리가 도저히 단순화를 선택하기 어려울 때도 있다. 특히 셸리처럼 하루에 수십 가지 일을 처리해야 하는 경우에는 더더욱 그렇다. 하지만 상황이 허락하는 한, 단순한 시스템을 따르는 게 좋다. 복잡한 부분은 살면서 조금씩 줄여나가면 된다. 장기적으로는 단순화가 가치가 있다. 단순화는 당신의 개인적 에너지를 비축해 언제 어디서든 필요할 때 마음껏 사용할 수 있도록 만든다.

세 번째 비밀. 자세의 중요성

인간의 두뇌는 신체 활동을 신호로 받아들인다. 내 경험상, 소파에 축 늘어진 편안한 상태로 앉아 있으면 뇌가 게으름 모드로 전환하기 시작한다. 하지만 양 발을 바닥에 붙이고 정자세로 앉으면 내 몸이 이제 집중해서 일할 시간이 되었다는 신호를 뇌에 전달한다.

어떤 자세를 취하는가도 중요하지만 자세의 일관성을 유지하는 것이 더 중요하다. 소파에 앉아 무릎에 노트북을 올려놓고 일에 집중해도 된다. 다만 휴식을 취할 때도 일할 때와 똑같은 자세를 취하면 안 된다. 소파에서 낮잠을 자거나 스마트폰을 보는 습관이 있다면, 소파에서 일을 하려 드는 것은 결코 좋은 생각이 아니다.

수면 전문가들은 침대에서 영상을 보는 것이 가장 안 좋다고 말한다. 그런 행동이 습관이 되면 영상을 보지 않고는 잠을 잘 수 없게 된다. 생각이나 감정을 불러일으키는 프로그램을 보는 것도 양질의 수면을 위한 올바른 행동이 아니다. 침대는 사랑을 나누거나 잘 때 말고는 사용을 금하는 게 좋다.[1, 2]

마찬가지로, 일할 때는 특정한 공간에서 특정한 자세로 앉고, 쉬거나 놀 때는 다른 공간을 사용하는 것이 좋다. 그렇게 하면 뇌가 물리적인 환경을 일종의 명령어로 인식하고, 그 환경에 맞춰 에너지와 집중도를 조절할 수 있게 된다.

장소와 자세의 관계는 충분한 시간을 두고 직접 경험하며 깨닫지 않는 이상 그 중요성을 간과하기 쉬운 부분이다. 내가 경험해보니, 앉는 자세에 따라 생산성에 엄청난 차이가 난다.

네 번째 비밀. 방 청소부터 해라

사람마다 청결의 기준이 다르겠지만, 어쨌든 청결함은 에너지에 영향을 끼친다. 어지러운 방을 치워야겠다는 생각은 더 중요한 일에 쏟아야 할 에너지를 흐트러뜨린다.

물론 더럽거나 지저분한 방이 모두에게 똑같은 영향을 주지는 않는다. 물건이 제자리에 있지 않으면 못 견디는 사람이 있는 반면에 돼지우리 같은 환경도 개의치 않는 사람도 있지 않나. 내 경우에는 사무실을 깔끔하게 정리하고 잡다한 일들을 처리하고 나면 머리가 맑아지고 에너지가 넘치는 기분이 든다. 당신의 주변을 깨끗하게 정돈해보길 바란다. 업무 공간을 깨끗하게 청소한 후에 지저분했을 때와 당신의 기분이 어떻게 달라졌는지 느껴보라.

자신의 공간을 청소하고 정리 정돈하는 것은 귀찮은 일이다. 좀 지저분하게 살아도 별문제 없지 않나 생각할 수도 있다. 내가 깨달은 요령이 하나 있는데, 누군가 나를 찾아온다고 할 때마다 나도 모르게 정리 정돈하고 싶은 마음이 샘솟는다는 거였다. 당신에게도 정기적인 손님 초대가 좋은 방법이 될 수 있다. 손님을 초대하면 방을 청소해야겠다는 생각을 행동으로 옮기게 될 테고, 방이 깨끗해지면 당신의 에너지도 올라갈 테니 말이다.

다섯 번째 비밀. 지식으로 두려움을 제거하라

성공을 가로막는 가장 큰 장애물이자 에너지를 갉아먹는 주범은 바로 두려움이다. 이 두려움은 자신이 원하는 성과를 얻기 위해 필요한 일들을 처리할 방법을 모르는 데서 온다. 예를 들어, 당신에게 기가 막힌 소규모 사업 아이디어가 있다고 하자. 회사 이름을 짓고 회계 관리를 하고 웹 사이트를 만들고 업무를 위임하고 싶은데, 당최 아는 게 없다. 아는 게 하나도 없으니, 이런 걸 다 배우려면 얼마나 힘들까 하고 막연하게 느껴질 것이다. 나도 늘 그런 문제에 부딪치는 과정에서 터득한 요령과 우회법이 몇 가지 있는데, 당신에게도 도움이 되었으면 좋겠다.

처음에 함께 일했던 편집자가 신문에 만화를 연재하자고 제안했을 때 나는 그 제안을 즉각 수락했다. 그러면서도 컬러로 실리는 일요일

판 만화를 어떻게 채색해야 할지 몰라 남몰래 걱정이 됐다. 다른 만화가들은 어떻게 그렇게 깔끔하고 완벽하게 색을 채워 넣는지 존경스러울 정도였다.

저 사람들은 도대체 어떤 도구를 쓰는 걸까? 뭔가 특별한 마커나 수채물감을 사용하나? 어떻게 신문에 색이 저리도 완벽하게 나오도록 그리는 거지?

소위 만화가라는 사람이 기본적인 채색 방법이나 도구도 모르고 있다는 게 스스로 얼마나 당황스럽던지. 그렇다고 내가 채색 기술을 단시간에 배울 수 있을 것 같지도 않았다. 그런 기술은 미술학교에서나 가르쳐주는 건가 싶었다.

결국 나는 편집자에게 만화 채색에 대해 아는 게 아무것도 없다고 솔직하게 털어놓았다. 헌데 내 말을 들은 편집자의 답변은 단순했다. "그거 프린터가 하는 거예요." 나는 어느 부분에 어느 색을 쓸지 알려주기만 하면 되는 것이었다. 그게 다였다-요즘은 포토샵에서 페인트통 아이콘을 눌러 원하는 부분에 칠을 한다. 아마도 만화 그리기에서 가장 쉬운 부분이 채색이 아닌가 싶다-.

만화를 그리면서 내가 겁낸 문제들의 90퍼센트는 단지 방법을 몰랐던 것들이었다. 모르면 물어보라. 그러면 너무도 간단히 해결할 수 있는 일이라는 걸 알게 된다. 당신의 궁금증을 다루는 웹 사이트도 있고, 적정 금액에 업무를 대신 처리해 주는 전문가도 있다.

방법을 몰라 고민할 때마다 수백만, 수천만 명이 당신과 같은 고민을 했다는 것을 기억하라. 그 말은 곧 누군가 간단한 해결 방법을 이미 찾아내어 정리해두었고, 당신은 그걸 돈만 주면 구매할 수도 있다는 뜻이기도 하다. 하지만 보통은 질문만으로도 답을 얻을 수 있다. 무료로 말이다. 나는 1분 안에 답을 찾을 수 있는 구글 검색을 무척이나 좋아한다. 너무 복잡하다고 생각하는 일들도 약간의 수고를 들이면 1분 내에 원하는 내용을 알아낼 수 있다. 나는 일주일에도 몇 번씩 그런 과정을 거친다. 얼마나 복잡한 일인지 궁금할 때면 확인해 본다. 그때마다 누군가가 나와 같은 고민을 했었고 또한 그에 대한 답을 설명해 놓았다는 사실에 깜짝깜짝 놀란다. 나는 그저 앞선 사람들이 뿌려놓은 정보를 차근차근 따라가기만 하면 되는 것이다.

나는 사업을 하면서 많은 실수를 저질렀지만, 그중 필요한 정보를 못 찾아서 실수한 경우는 거의 없다. 내가 알고자 했던 정보를 찾지 못해서 실패를 맛본 사례는 단 한 건도 기억나지 않는다. 내가 잘못된 결정을 내렸거나 기술이 부족했거나 아니면 운이 나빠서 문제가 생긴 경우가 대부분이었다. 아마 많은 기업가들도 내 말에 고개를 끄덕일 것이라 생각한다. 무엇보다 중요한 사실은, 방법을 알고 일을 하면 더욱 활기찬 상태가 된다는 것이다.

여섯 번째 비밀. 언행을 조심하라

여러 사람 앞에서 에너지를 낭비하는 가장 좋은 방법이 있다. 진짜 재수 없는 짓을 하는 거다. 남들을 열받게 만들어 놓고도 성공할 수는 있지만, 이는 생산적인 방식은 아니다. 만약 당신이 '멋대로 행동'하거나 '그냥 솔직하게' 굴면서 재수 없는 짓을 하는 걸 마치 라이프 스타일인 양 생각한다면, 이게 자기 자신에게 얼마나 피해가 가는지 모르고 하는 행동이다. 주위 사람들을 열받게 하는 행동은 역풍을 불러오게 되고 당신은 결국 엉망이 된 상황을 정리하느라 헛된 노력을 기울여야 한다. 그래봐야 정신만 산만해지고 에너지만 낭비될 뿐이다. 나는 이렇게 재수 없는 스타일을 고수하면서도 성공할 수 있을 거라 생각하는 사람들을 의외로 많이 봐왔다. 여기서 '재수 없다'라는 말은 성별을 가리지 않는다.

사실 재수 없다는 말이 무슨 뜻인지 한 단어로 명확하게 설명하긴 어렵지만, 이기심, 오만함, 야비함을 비롯해 여러 성격적 결함을 더하면 될 것 같다. 아마 살면서 몇 번쯤 본 경험이 있을 것이다.

이 책에서는 생산적이지도 않고 굳이 그럴 필요도 없는데도 다른 사람의 삶을 불쾌하게 만드는 사람을 재수 없는 놈이라고 하겠다. 재수 없는 행동들은 다음과 같다.

늘 자기 자신에게 화제를 돌린다.

대화를 장악하려 든다.

잘난체한다.

남들을 속이고 거짓말을 한다.

아무리 사소한 일이라도 다른 사람의 제안에는 동의하지 않는다.

잔인한 말을 솔직함으로 정당화하려고 한다.

사회 정의에 대한 삐뚤어진 의식을 갖고 작은 호의도 베풀지 않는다.

인사를 나누거나 눈을 마주치는 등 기본적인 생활 예절을 따르지 않는다.

사람들이 재수 없는 행동을 멈추지 않는 것은 그런 행동을 하면서 쾌감을 느끼기 때문이다. 중독이나 마찬가지다. 그 순간은 짜릿하겠지만 장기적으로는 자신에게 손해다. 제 살만 깎아먹는 꼴이다. 당신이 대우받을 만한 사람이 되어야 다른 사람들이 당신을 대우한다.

일곱 번째 비밀. 우선순위를 세워라

우선순위를 양궁 표적지에 그려진 동심원이라 생각해보자. 원의 중심은 당신의 최우선 순위, 바로 당신이다. 당신이 망가지면 다른 우선순위들은 의미가 없어진다. 따라서 건강을 1순위로 챙겨야 한다.

그다음에 있는 원, 두 번째로 높은 우선순위를 차지하는 것이 자산이다. 자산에는 당신의 직업, 투자를 비롯해 주택도 포함된다. 가족이나 친구들보다 자산을 더 우선순위로 꼽았다는 사실에 깜짝 놀랐을지도 모르지만, 그럴만한 이유가 있다. 당신의 재정 상태가 건전하지 못하면 당신의 가속에서 사회에 이르기까지 모든 사람에게 부담을 주게 되기 때문이다.

일단 건강과 재정 상태가 온전해진 후에는, 다음 우선순위-세 번째 원-인 가족과 친구, 사랑하는 사람들을 생각해볼 차례다. 건강과 재정적 여유가 행복을 이루는 기초이긴 하지만 진정으로 인생을 즐기기 위해서는 가족, 친구, 연인과도 잘 지내야 한다.

그 다음 원이 지역 공동체, 국가 그리고 세계다. 이 순서로 우선순위가 정해진다. 가장 안쪽에 있는 원부터 점점 밖으로 원을 채워나가라. 당신의 건강을 바로 잡고, 안정적인 자산을 쌓은 후에 주변을 돌보고, 마지막으로 세상을 바로잡으려는 노력을 기울여도 늦지 않다.

동심원으로 간단하게 설명하긴 했지만, 당연히 삶은 호락호락하지가 않다. 건강을 위해 오랫동안 산책을 해야 해서 보고서 제출이 늦어질 거라고 상사에게 말할 수 있는 사람이 어디 있겠는가. 이렇듯 우선순위들은 서로 갈등을 빚기도 한다. 그러므로 일어날 수밖에 없는 예외적인 상황을 잘 다뤄가면서도 자신의 우선순위를 제대로 지키려면 시스템이 필요하다. 우선순위를 제대로 지킬 수 있는 방법이 있다. 각각의 선택지들이 개인적 에너지에 어떤 영향을 미칠지 판단하는 것이다. 완벽한 기준이라고 할 수는 없지만, 어떤 일로 인해 스트레스를 받고, 건강을 해치고, 에너지를 빼앗긴다면 그 일은 잘못된 선택이라 할 수 있다. 반면에 힘은 들어도 에너지를 불러일으킨다면 그 일은 좋은 선택이다. 올바른 길을 택하면 말 그대로 '느낌'도 좋다.

예를 들어 상사가 주말 동안 좀 힘들지만 그럴만한 가치 있는 일을 마무리해달라고 요청했다고 하자. 당신의 달콤한 주말을 포기해야 하지만, 그럼에도 당신은 기꺼이 그렇게 할 마음이 생길 수도 있다. 의미 있는 일은 에너지를 불러일으키기 때문이다. 게다가 일이 잘 풀리면 노력의 대가로 승진이라는 보상이 덤으로 따라올 수도 있다. 반대로 상사가 별 의미도 없고 중요하지도 않은 행정업무 처리에 매번 야근을 요구한다면 그때는 다른 직장을 찾아볼 필요가 있다. 두 경우 모두 상사는 당신에게 더욱 중요한 무언가를 희생하고 일을 완수하길 바란다. 하지만 당신의 개인적 에너지를 증가시키는 경우는 한 가지뿐이다.

그렇지만 에너지를 기준삼아 일을 선택하는 것에는 단점이 있다. 나쁜 선택들도 단기적으로 에너지를 줄 수 있기 때문이다. 이를테면 코카인 흡입이 주는 일시적인 흥분 같은 것들 말이다. 당연히 장기적으로 좋은 영향을 주지 못한다. 이렇듯 멍청한 선택이 어떤 결과를 불러올지는 쉽게 알 수 있다.

내가 말하는 우선순위는 자신이 가장 사랑하는 것을 기준으로 삼으라는 뜻이 아니다. 당신은 일보다 가족을 더 사랑하지만, 그럼에도 가족을 먹여 살리고 자녀에게 기회를 주기 위해 하루 종일 일할 수도 있다. 우선순위란 당신이 사랑하는 대상이 더욱 발전할 수 있도록 올바르게 처리해야 하는 일을 뜻한다.

가장 이상적인 이기심은
시간을 들여 운동하고,
올바른 식사를 하고,
탄탄한 경력을
쌓으면서도 가족들,
친구들과 즐거운
시간을 보내는 것이다.

04

당 신 의 상 상 이
현 실 이 된 다

당신의 뇌는 우리의 환경, 생각, 건강 상태를 끊임없이 분석한다. 그리고 거기서 얻은 정보를 마음가짐이라고 부르는 감각을 생성하는데 사용한다. 올바른 마음가짐을 가졌을 때 일이 잘 풀리고 인생을 더욱 즐기게 된다는 것을 당신도 경험을 통해 알고 있다. 환경에 따라 기분이 좌우되지 않고 스스로 마음가짐을 조절할 수 있게 된다면, 작은 초능력을 얻은 기분이 들 것이다. 사실 당신은 이런 초능력을 지니고 있다. 생각과 신체 그리고 환경을 바꿈으로써 마음가짐을 조절할 수 있기 때문이다.

마음가짐은 성공과 행복을 추구하려고 행하는 모든 일들에 영향을 준다. 방금 운동을 마친 사람을 살펴보라. 그들에게선 행복감과 긍정적인 태도가 느껴질 것이다. 방금 식사를 한 사람과 정반대로 굶주린 사람을 관찰해보라. 둘 사이에 큰 차이가 느껴질 것이다. 피곤한 사람들은 까칠하지만, 휴식을 취한 사람들은 상냥하다. 따라서 마음가짐을 긍정적으로 변화시키고 에너지를 끌어올리고 싶다면 가장 먼저 운동, 음식, 수면을 신경 써야 한다. 그런데 만약 신체적으로는 아무 이상 없이 건강한데도 인생이 즐겁지 않다면 어떻게 해야 할까?

간단한 해결책은 불쾌한 생각보다 즐거운 생각을 자주 하는 것이다. 살면서 그리 즐거웠던 순간이 잘 기억나지 않는다면 미래에 일어날 근사한 일을 상상해보라. 공상은 우리를 울고 웃게 만드는 잘 만든 영화와 같다. 무엇을 상상하든, 우리의 몸과 마음은 자신이 골똘히 생각하는 것에 자동적으로 반응한다. 노벨상 수상을 상상하거나, 섬을 사는 모습을 상상하거나, NBA 선수로 활약하는 모습을 상상해도 좋다. 상상 속 자신의 모습에 빠져드는 것만으로도 생기가 솟고 기운이 날 것이다. 이때 실현 가능성도 없는 일을 그려본들 무슨 소용이 있을까 걱정하지 마라. 상상력은 마음가짐에 영향을 준다. 상상과 마음가짐은 서로 유기적으로 정보를 주고받는다. 상상만으로도 더 많은 에너지를 얻을 수 있다.

같은 이유에서, 우울한 뉴스에 자주 노출되지 마라. 우울하게 만드는 음악, 책, 영화를 피하는 것도 좋은 생각이다. 주위에 늘 기분 좋은 사람들을 관찰해보면 그들 역시 크게 다르지 않다. 마음가짐을 조절하는 손쉬운 방법은 기분이 좋아지는 활동들을 가능한 한 많이 즐기는 것이다.

사실 기분이 완전히 바닥인 상태에서는 "행복한 일을 생각해봐"

라는 조언은 듣기 좋은 말이 아니다. 정말 큰 불운을 겪었을 때는 그저 시간과 거리를 두고 회복되기를 기다릴 수밖에 없다. 앞서 언급한 '상상하기' 전략은 일상적인 습관에 가까우며, 깊은 슬럼프에서 벗어나는 데는 큰 도움이 되지 못한다. 정말로 기분이 최악일 때는 운동과 충분한 영양 섭취, 수면, 그리고 시간이 가장 현명한 해결책이다. 그러다가 바닥을 치고 어느 정도 수준에 올라오면 그때는 행복한 상상이 좀 더 효력을 발휘하게 된다.

한편 공상하기 전략이 더 강력한 형태로 발전하면 진짜로 세상을 변화시키고, 인류에 도움을 주고, 수십억 달러를 버는 등 실제 가능성이 있는 일에 힘을 쏟게 된다. 나는 늘 이 중에서 한 가지 일 이상을 하려고 노력한다.

이 책을 쓰는 동안 나는 세계 경제를 완전히 변혁시킬 잠재력을 지닌 아이디어를 실행하고자 투자자를 모집하는 중이다. 과연 이 아이디어가 성공할 수 있을까? 아마도 아닐 거다. 하지만 이런 생각만으로도 나는 신이 나고 에너지가 충전된다. 바로 이런 것이 내 시스템이다.

이 글을 읽으면서, 그런 건 유명한 작가나 만화가에게나 가능한 일이고, 당신에게는 세상을 변화시킬 힘이 없다고 생각할지도 모르겠다. 하지만 나는 그렇게 생각하지 않는다. 아이디어는 우리의 일상을 바꾸고, 대부분의 아이디어는 평범한 사람에게서 나온다. 당신에게도 세상을 변화시킬 특허나 상품 아이디어가 있을 수 있다. 만화가가 되기 전에도, 내겐 원대한 아이디어들이 많았다. 아이디어 하나가 실패하면 또 다른 아이디어로 도전했다. 내 아이디어들은 모두 성공할 공산은 희박했지만 하나같이 현실화될 수 있는 잠재력은 있었다.

당신의 아이디어가 이루어질 가능성이 희박하다고 걱정하지 마라. 그건 당장 중요한 문제가 아니다. 지금은 당신의 아이디어가 큰 성공을 거두고 그것을 만끽하는 모습을 상상하라. 당신의 아이디어가 지금 당신의 에너지에 연료를 공급하도록 하라. 당신이 인생에서 무엇을 이루길 원하든, 한껏 고양된 에너지가 당신을 그곳으로 데려다 줄 것이다.

세상을 바꾸는 원대한 프로젝트의 또 다른 장점은 실패하는 과정에서 소중한 것을 배우게 된다는 점이다. 당신이 거대한 꿈을 꾸는 한, 대부분 실패를 맛보게 될 것이다. 하지만 기억하라, 목표는 패배자에게나 어울리는 것이다. 당신의 원대한 계획들을 목표로 생각하지 마라. 당신의 에너지와 인맥, 그리고 기술을 한 단계 끌어올리기 위한 과정의 일부로 받아들여라. 그 관점에서 바라보아야, 당신이 크고 흥미로운 프로젝트들을 진행하는 동안 매일 승자의 기분을 느낄 수 있게 된다.

나는 대형 프로젝트에 착수할 때마다 내가 아는 사람들 중에 누가 도움을 줄 수 있을지, 누가 동업하기를 원할지, 누가 투자하기를 원할지 아니면 조언이라도 해줄 수 있을지 먼저 스스로에게 물어본다. 내가 살면서 구축한 광범위한 인맥들 중 절반은 여러 차례 실패를 하면서 만난 사람들이다. 그런 나에게, 만약 다음 프로젝트에는 어떤 기술과 지식을 활용할지 묻는다면, 나는 주저하지 않고 그동안의 모든 실패에서 얻은 지식을 활용하겠다고 답할 것이다.

자, 이제 당신이 새롭고 흥미로운 프로젝트 덕분에 충만한 에너지로 하루를 시작하게 된다고 하자. 앞으로 당신은 하루 종일 연구하고 새로운 사람들을 만나며 몇 가지를 배우게 될 것이다. 그것만으로도 당신은 성공의 길로 들어선 것이다. 프로젝트의 결과에 관계없이.

웃음의 힘

웃음은, 설사 진실한 웃음이 아니어도, 사람을 기분 좋게 만들어준다. 이는 우리의 생각이나 동작이 뇌에 영향을 준다는 명확한 증거다. 기분이 나쁠 때 억지 미소라도 지으면 뇌에서는 기분을 좋게 해주는 화학물질이 분비된다.[1, 2]

"Fake it until you make it."이라는 말이 있다. 현실이 될 때까지 이미 현실인 척 행동하란 뜻인데, 억지로 지은 미소가 행복을 느끼게 하는 현상이 이에 해당한다. 이런 현상은 인간의 다양한 활동에서 관찰할 수 있다. 자신감 있게 '행동'하면 더욱 자신감이 붙는 '느낌'이 들고, 운동복을 입으면 운동을 하고 싶은 마음이 생긴다. 활기가 넘치면 운동을 하고 싶어지는데, 역으로 운동을 하면 활기가 넘치게 된다. 누군가를 사랑하면 섹스하고 싶어지고, 섹스를 하면 사랑을 느끼게 하는 호르몬이 솟아난다. 테스토스테론이 높으면 경쟁에서 이기는 데 도움이 되지만 경쟁에서 이기는 것 또한 테스토스테론을 증가시킬 수 있다.[3-7] 피곤하면 눕고 싶어지고, 누운 자세로 쉬다 보면 낮잠을 자고 싶어진다. 배가 고프면 군것질거리가 당기고 군것질거리를 먹으면 배가 고파진다.

이런 양방향 인과관계를 이해하면 개인적 에너지를 끌어올리는 데 꽤 유용하게 사용할 수 있다. 기분이 우울할 때, 길을 가다가 마주친 낯선 사람에게 미소를 지어보라. 얼마나 많은 사람이 반사적으로 미소를 되돌려주는지 알게 되면 깜짝 놀랄 것이다. 당신이 자주 미소를 지으면, 그 행동이 당신 뇌의 행복감을 자극하여 기분 좋은 화학물질이 분비될 것이다.

웃음에는 보너스도 따라온다. 사람들은 미소 짓는 사람을 더 매력적으로 여긴다.[8-10] 당신이 매력을 발산하면 사람들은 당신에게 존중과 배려, 미소와 심지어 욕망까지 내비치며 화답할 것이다. 이 정도면 힘을 내기에 충분하지 않은가.

혹시 억지로 미소 짓기가 불편하다면 천성적으로 재미있는 친구들과 어울려라. 달리 말하자면, 늘 우울하고 처진 사람들과의 만남은 피해야 한다. 물론 친구 사이라면 기쁨과 슬픔을 함께 나누어야겠지만 그렇다고 당신이 항상 우울증 상담 역할을 할 필요는 없다. 당신의 에너지를 빨아먹는 에너지 뱀파이어들에게서 멀어져라. 당신에게는 행복을 추구할 권리뿐만 아니라 그 권리를 인정하지 않는 사람에게서 되도록 빨리, 멀리 도망갈 권리도 있다.

성공의 파급 효과

어떤 일이든 성공하면, 그 성공이 다른 일에도 긍정적인 영향을 미친다. 특히 꾸준한 연습을 필요로 하는 일에서 성공했을 때 그 효과가 더욱 크다. 당신이 취미나 스포츠 등에서 일정 경지에 오르게 되면, 거기서 거둔 성공이 보다 중요한 일을 할 때도 효력을 발휘한다. 성공을 한 번이라도 맛보고 나면 더 많은 성공을 원하게 되어 있다. 그리고 그 욕심은 성공에 대단히 중요한 에너지를 준다. 나의 경우, 남보다 뛰어난 재능을 보이는 사소한 게임이 몇 개 있다.

단어 게임(스크래블Scrabble)

당구

테니스

탁구

사람들은 내가 이 게임들에 재능이 있다고들 하지만, 사실은 재능보단 '미친 듯이 연습에 시간을 쏟은 결과'가 더 정확한 표현이다. 나는 즐길 거리가 많지 않은 작은 동네에서 자랐다. 동네 방공호를 지하 저장고로 바꾼 곳에 당구대가 하나 있었다. 싸구려 티가 물씬 풍기는 최악의 당구대였다. 천 이레에 슬레이트 석판도 깔려있지 않아 바닥이 금방 뒤틀렸고, 공을 웬만큼 세게 치지 않으면 늘 한쪽 방향으로 흘러가서 멈춰버렸다. 게다가 당구대의 양 끝과 벽 사이가 좁아

큐대 손잡이 부분을 늘 천장을 향해 들어 올려 공을 내리쳐야 했다. 멋진 폼이 나올 수가 없었다. 그럼에도 나는 시간을 쏟아가며 혼자 연습을 거듭했고 결국 상당한 실력을 갖추게 되었다. 지금도 당구에서 나를 이길 수 있는 상대는 어렸을 때 나보다 더 많은 연습 시간을 당구에 쏟아 부은 사람들뿐이다.

스크래블과 탁구, 테니스도 마찬가지다. 나는 99퍼센트의 사람들보다 더 많은 연습 시간을 할애했기 때문에 세계 상위 1퍼센트에* 속하는 실력을 자랑한다. 연습 외에는 왕도가 없다.

이렇게 극도로 사소한 성공을 경험한 덕분에, 나는 무언가를 잘하기 위해서는 많은 시간 동안 노력해야 한다는 것을 몸소 깨달았다. 그래서 무슨 일이든 금방 포기하지 않는 사람이 됐다. 하지만 그보다도 중요한 것은 내가 이기는 기분, 진짜 끝내주는 그 기분을 알아버렸다는 거다. 그 기분은 내게 더 많이, 더 깊이 파고들어가고자 하는 에너지를 준다.

성공으로 나아가는 위대한 전략은 무언가를 잘하게 되는 것이다. 그게 어떤 것이라도 상관없다. 뭔가를 잘한다는 그 기분을 발판으로 새롭고 더 멋진 승리를 향해 나아가면 된다. 성공은 습관이 될 수 있다.

---

* 내가 세계 상위 1퍼센트에 속하기까지 상대했던 사람들 중에는 어린아이, 혼수상태에 빠진 환자, 게임 이름을 처음 들어본다는 사람들이 포함되어 있으니 참고 바란다.

상상이 곧 현실이다

내가 기르는 개 이름은 스니커즈다. 스니커즈는 마당에서 공 물어 오기 놀이를 하고 싶으면 내 주위를 얼쩡거리면서 어마어마하게 강렬한 눈빛을 보낸다. 그럴 때 보면 마치 초능력으로 최면을 걸려고 하는 스타워즈의 제다이 같다. 어쨌거나 그 방법은 효과가 있다. 그럴 때마다 나는 하던 일을 잠시 멈추고 놀아준다. 흥미로운 점이 있다. 놀지 말지 결정하는 게 사실 자기가 아니라 나라는 걸 스니커즈는 알까? 매번 자기 뜻대로 이루어지다 보니, 어쩌면 스니커즈는 자기가 간절함을 담은 눈빛으로 나를 뚫어지게 바라보거나 자기가 테니스공을 향해 달려가는 모습을 생생하게 상상하면* 언제든 나를 조종할 수 있다고 생각하는 듯하다.

놀라운 건 스니커즈가 잘못된 관점으로 세상을 이해하고 있음에도 불구하고 그 관점 그대로 완벽하게 이루어진다는 사실이다. 스니커즈는 자신이 원하는 것을 얻어내는 자신만의 시스템이 있고, 비록 스니커즈의 상상과는 다른 이유이긴 하지만, 어쨌든 그 시스템은 작동하는 것처럼 '보인다'. 더 놀라운 건 나를 응시하는 스니커즈의 시선을 이제 테니스공 놀이 시간이 됐다는 뜻으로 내가 받아들이게 됐다는 사실이다. 나는 스니커즈와의 경험으로 더 큰 의문점을 가지게 되었다 잘못된 관점으로 현실을 인식한다는 점에서, 우리 인간이 개와

---

* 나는 개도 개만의 상상력이란 게 있다고 추정한다. 혹시 그게 사실이 아니라도 이 비유에 너무 신경 쓰지 마시길.

크게 다를 바가 있을까? 우리가 이해하지 못하는 어떤 이유로든 잘못된 믿음도 효과가 있지 않을까?

운동선수들은 시합을 앞두고 면도를 하지 않거나 행운을 가져다준다고 생각하는 양말을 신는다. 미신에 불과하지만 이렇게 함으로써 자신감 향상에 도움이 되고, 이 자신감은 승부에 영향을 끼칠 수 있다. 따라서 행운의 양말이 과학적으로 효과가 있느냐 없느냐는 중요치 않다. 설사 잘못된 이유를 믿고 있더라도, 그 양말은 여전히 선수의 기량 향상에 도움을 준다.

우리의 뇌가 현실을 파악하는 능력에는 한계가 있다. 현실을 정확하게 판단하지 못해도 무탈하거나 심지어 도움이 되는 경우도 허다하다. 물론 그렇지 않은 때도 있지만 말이다. 또한 현실에 대한 우리의 생각은 자주 변한다. 우리는 누군가를 첫인상으로 완전히 잘못 판단하기도 한다. 그리고 그 판단에 따라 상대를 대한다. 나중에 그 사람을 좀 더 알게 되면서 당신의 행동도 달라지기 시작한다. 외부 현실은 아무 것도 바뀌지 않았다. 당신의 관점만 바뀌었을 뿐이다. 대부분의 경우 자신의 행동에 영향력을 행사하는 주체는 자신의 관점이다. 기저에 깔린 현실을 바꿀 수는 없지만 자신의 관점을 바꿀 수는 있다.

나는 지난 10년 동안 연재한 〈딜버트〉 덕분에 어느 정도 유명세를 타긴 했지만 여전히 많은 사람들이 나를 모른다. 내가 어떤 사람인지 알리지 않고 누군가를 처음 만나면, 나는 별다를 바 없는 대우를 받는다. 그러다가 내 직업을 알게 되면 마치 오랜 친구를 만난 듯 갑자기 다정한 모습을 보인다. 기저에 깔린 현실은 바뀌지 않지만 나에 대한 사람들의 인식은 바뀐다. 그리고 나를 대하는 행동 방식도 달라진다.

그러니 행복에 대한 인식perceptions을 바꿀 필요가 있다. 당신이 실제 본질에 대해 잘못된 생각을 갖고 있을지도 모르기 때문이다. 나는 인간이 세상을 심도 있게 이해하는 깨우친 존재가 아니라, 초능력으로 내게 공놀이를 하고 싶게 만드는 스니커즈에 가까운 존재라고 생각한다. 우리보다 앞선 세대의 사람들은 스니커즈처럼 자신들이 이 세상을 모두 이해했다고 생각했다. 하지만 우리는 이전 세대가 많은 것을 착각하고 있었다는 걸 안다. 그럼 구시대와 달리 현세대를 사는 우리는 갑자기 세상의 이치를 깨닫고 모든 것을 정확히 이해하는 존재라도 된다는 말일까? 그렇지 않다는 것쯤은 충분히 알 것이다. 이는 우리에게 겸손해야 한다는 교훈을 전달한다. 자신의 인식이 불완전함을 인정하자. 그러면 세상을 새롭고 더 유용한 방식으로 상상할 수 있게 된다.

스니커즈가 하루에 세 번씩 즐겁게 공놀이를 할 수 있는 것은 실제로 '먹히는' 환상을 택했기 때문이다. 내가 확신하건대, 스니커즈는 자기가 공놀이를 시각적으로 그리는 것만으로도 나를 공놀이에 끌어들일 수 있다고 상상한다. 이처럼 우리도 때로는 '먹힐만한' 환상이나 착각을 통해 원하는 바를 얻을 수 있다. 현실을 정확하게 이해하는 것은 불가능한 일이다. 한 가지 확실한 건 세상을 바라보는 방식 중에는 다른 것들보다 효과가 더 좋은 방식이 있다는 사실이다.

그렇게 잘 통하고 효과가 좋은 방식을 골라라. 왜 그래야 하는지 이해가 되지 않더라도.

내가 이 책을 쓰게 된 과정 또한 마찬가지다. 책을 쓰는 것은 힘든 일이다. 대부분의 사람들이 상상하는 것보다 훨씬 더 힘든 작업이다. 이 정도로 엄청나게 힘든 작업을 하려면 나도 스스로 동기 부여가 필요하다. 내가 사람들에게 도움이 될 멋지고 유용한 내용을 알고 있다는 환상을 품는 것이다. 현실은 내 상상과 아주 다를 수도 있지만. 내게 미래를 보는 능력은 없다. 따라서 어떻게든 내게 가장 큰 도움이 되는 방식으로 상상하는 수밖에 없다. 나는 이 책이 사람들에게 동기를 부여하는 내용을 담고 있으니 대성공을 거둘 것이라고 상상한다. 그러면 내 에너지가 증가한다.

최악의 시나리오라고 해봐야 아무도 유용하거나 재미있다고 생각하지 않는 책 한 권을 쓰느라 많은 시간을 들인다는 것 말고는 없다. 그래봐야 처음 있는 일도 아닌데. 하지만 내가 상상하는 미래에서는 수백만 독자가 내 책을 즐겁게 읽고 있다. 그 상상 덕분에 나는 이 책을 쓰면서 어마어마한 만족감을 얻을 수 있다. 미래의 현실이 어떻게 되든, 내 상상 속의 미래는 현재의 나에게 크나큰 도움을 준다.

현실의 억압에서 벗어나라. 당신이 상상하고 느끼는 것이 당신의 현실이다. 당신이 상상을 현명하게 다룬다면 원하는 것을 얻을 수도 있다. 왜 그런지는 이해할 수 없을지도 모르지만.

05

그 런 척 하 라
그 렇 게 된 다

당신은 이미 성공을 향한 첫 관문을 통과했다. 이 책을 읽기 시작함으로써, 당신은 지식의 탐구자로 거듭난 것이다. 가만히 앉아서 기다리는 사람보다 탐구하는 사람이 더 많은 것을 찾아내고 얻어낸다는 사실에는 의심의 여지가 없다. 이 책을 읽기로 결정한 당신은 더욱 효율적인 삶을 바라는 욕망이 있다. 나는 당신이 올바른 길로 들어섰다는 사실을 다시 한번 확인해 주는 바이다.

이 책을 읽으면서 당신은 자동적으로 새로운 사람들과 합류하는 혜택을 얻었다. 구체적으로 말하자면, 당신은 이제 이 책을 완독한 그룹의 한 명이 되어가는 중이다. 새로운 그룹의 일원이 된다는 말은 자동적으로 자신을 다른 구성원들과 동일시하고 해당 그룹의 특성을 받아들인다는 뜻이다.[1,2] 성공하는 방법에 관한 책을 읽는 사람들과 한 그룹에 속하는 것은 매우 탁월한 선택이다. 이 그룹은 성공할 확률이 가장 높은 사람들이다. 성공의 역학을 진지하게 고민하고 연구하기 때문이다.

어딘가에 속하는 것이 그리 대단한 일이냐는 의문을 품을 수 있다. 이 책을 읽는 모든 사람들은 제각기 다른 방식으로 영향을 받을 텐데, 그 정도를 정확하게 측정할 방법도 없고 말이다. 하지만 당신도 살면서 누군가 어떤 집단에 들어가거나 승진하는 등 자신을 다시 정의할만한 일이 벌어지면 극적으로 달라지는 모습을 보았을 것이다.

나도 그런 극적인 경험을 한 적이 있다. 저작권 관리 및 콘텐츠 유통사인 유나이티드 미디어가 〈딜버트〉를 신문 잡지 연맹을 통해 연재하겠다고 제안한 지 일주일 만에 내 그림 실력이 극적으로 향상되었다. 이제 나도 공식적으로 직업 만화가의 대열에 올라섰다고 생각하는 순간, 내면의 잠금장치가 해제되며 갇혀있던 재능이 분출되는 엄청난 효과를 발휘한 것이다.

회사 생활을 하면서도 이런 사례를 목격하고 놀랐던 적이 종종 있다. 말단 직원에서 관리직으로 승진하자마자 사람이 그럴 수 있을까 싶을 정도로 변하는 모습을 보았다. 소심하고 우유부단하던 동료 하나는 승진 후 두 달 만에 자신감과 권위가 넘치는 사람으로 변했다. 물론 연기도 약간 섞여 있었지만, 그렇게라도 행동하면 실제 그런 사람이 된다. '그런 척'이라도 계속하다 보면 진짜 '그렇게' 되는 것이다. 그 사람의 본래 성격은 바뀌지 않겠지만 새로운 지위에 어울리는 행동과 기술에 금세 적응한다.

그러니 성공의 역학을 연구하는 사람이 된 당신에게도 축하를 보내는 바이다. 당신은 스스로 생각하는 것보다 더 대단한 일을 해냈다.

06

위 기 를 기 회 로
삼 는 방 법

90년대 초반까지 〈딜버트〉가 어느 정도 유명세를 타긴 했지만, 그렇다고 다니던 회사를 그만두고 온전히 만화에 뛰어들 정도는 아니었다. 나는 새벽 4시에 일어나 출근하기 전까지 그림을 그렸고, 하루 종일 감옥 같은 회사에서 업무에 시달리다가 집에 돌아와 저녁 내내 그림을 그렸다. 그림을 그릴 수 있는 시간이 늘 한정되어 있던 탓에 그림 그리는 손에 무리가 갔다. 손을 혹사시킨 대가는 컸다. 펜이든 종이든 대기만 하면 새끼손가락이 경련을 일으키기 시작했고, 더 이상 그림을 그릴 수 없는 지경에 이르렀다.

주치의는 내게 그 분야의 전문가를 안다고 했다. 손가락 경련 치료 분야의 세계적 권위자인데, 마침 그의 진료실이 우리 집에서 지척에 있었다. 다시 생각해도 놀랍지 않을 수가 없다. 한번 생각해보라. 세상에 70억이 넘는 인구가 사는데, 그 분야의 세계적 권위자가 코앞에 있다니. 확률적으로 말이 되는 소린가 이 말이다.

나는 그를 찾아갔고, 그 '세계적 권위자'는 몇 분 만에 국소성 근긴 장이상증focal dystonia인가 뭔가 하는 진단을 내렸다. 음악가, 제도사처럼 손으로 반복적인 업무를 하는 사람에게 흔히 나타나는 증상으로 손목터널 증후군과는 다른 병이었다.

"치료법이 뭔가요?" 내가 물었다.

"직업을 바꾸세요." 그가 말했다. "다른 치료법은 없습니다."

하늘이 무너지는 소리였다. 세계 최초로 국소성 근긴장이상증을 이겨내지 않는 한, 여생을 만화가로 살겠다는 내 꿈이 산산조각 날 터였다.

과연 완치될 가능성이 얼마나 되느냐 이 말이다.

나의 낙관주의가 돌아오기까지는 며칠이 걸렸다. 내 낙관주의는 마치 나이 든 고양이처럼 며칠씩 사라지기를 즐긴다. 하지만 나는 언젠간 돌아오리라 기대하며 산다. 좀 더 솔직하게는, 살면서 축적한 여러 경험들을 통해 미루어 보아 내가 다른 사람들과 조금 다르게 산다는 '느낌'이 있다고 해야겠다. 이런 느낌들이 내 낙관주의의 원천이 되었을 거라 생각한다. 좀 더 타당한 설명을 듣고 싶다면 음, 아마도 내가 일의 가능성을 예측하는 데에 서툴러서 의외로 생각보다 더 잘 풀리는 것일지도 모르고, 선택적으로 기억하는 재수가 있어 좋은 기억만 남기고 잘되지 않은 기억을 잊어버리는지도 모르겠다. 당신이 나의 이 느낌을 어떻게 받아들이든, 이 느낌은 내게 희망을 준다.

그리고 희망은 실질적으로 꽤 쓸모가 있다. 어째서 승산 없어 보이는 일들이, 좋지 않은 내 뇌가 예상하는 것보다 더 자주 일어나는지 나는 알 필요가 없다. 정확하게든 아니든, 나는 그저 그런 일이 일어난다는 것을 알면 된다.

현실적으로 세계 최초로 국소성 근긴장이상증이 완치될 확률이 얼마나 되겠는가? 100만 분의 일? 1,000만 분의 일? 그건 중요하지 않았다. 어쨌든 내가 그 사람이 될 것이다. 그동안 살면서 겪었던 이상한 경험들과 별난 유전자 덕분에, 나는 확률적으로 아무리 희박한 일이라도 결국엔 잘될 수밖에 없다는 믿음이 뇌에 새겨져 있는 사람이다.

다음 방문에서 '세계적 권위자'는 내게 다른 인간 기니피그들과 함께 실험적인 치료를 받아볼 의향이 있냐고 물었다. 나는 그러자고 했다. 몇 주에 걸쳐 다양한 손 운동을 시도하고 물리치료를 받고 명상을 하고 피부 전기 반응을 살피고 자기 최면을 하는 등 실낱같은 희망이라도 보이는 치료는 무엇이든 다 해보았다. 하지만 아무것도 효과가 없었다. 조금도.

그러는 와중에 〈딜버트〉를 왼손으로 그려보려고도 해봤다. 나는 왼손도 얼추 사용이 가능한데, 주로 사용하는 쪽이 아닌 손으로 그림을 그린다는 건 매우 힘든 일이었다. 왼손으로 그림 그리기는 장기적인 해결책이 될 수 없었다. 그러잖아도 별로였던 그림 실력이 그 몇 달 사이에 더 형편없어졌기 때문이다.

새끼손가락을 묶어서 고정시키려고도 해봤지만 오히려 나머지 손가락들이 제대로 움직이지 않았고, 손이 너무 아파서 견딜 수가 없었다. 종이에 펜으로 무언가를 적는 간단한 일조차 할 수 없는 지경에 이르자 직장 업무에도 지장이 생겼다. 그런데 한 가지 이상한 점이 있었다. 글을 쓰거나 그림을 그리면서 특정 동작을 할 때만 새끼손가락에 경련이 일어난다는 것이었다. 그 외에는 멀쩡했다. 더 이상한 건, 왼손으로 그림을 그리는데 오른손 새끼손가락에 경련이 일어난다는 점이었다. 내 손이 아니라 뇌에 문제가 있는 게 분명했다. 내 경우는 의사가 진행해온 연구 결과와도 일치했다. 국소성 근긴장이상증에 시달리는 사람들 중 손의 구조가 비정상적인 사람은 없다는 것이었다. 뇌의 어딘가에서 합선이라도 일어났을 가능성이 있었다.

회사에서 언제 끝날지도 모르는 지루한 회의에 참석하는 동안, 종이에 펜을 대고 그림 그리는 동작을 연습하다가 경련이 시작되면 바로 펜을 뗐다. 회의에 참석할 때마다 무릎 위에 메모지를 놓고 톡톡 두드리는 동작을 수백 번씩 했다. 펜을 종이에 갖다 대도 경련이 오지 않는다는 것을 뇌가 재인식할 수 있도록 조금씩 뇌를 재설계하겠다는 생각이었다. 나는 문자 그대로 내 뇌를 '해킹'하려는 노력을 거듭했다. 이런 일종의 최면 학습이 통할지도 모른다고 생각했다.

몇 주 동안 훈련을 반복했더니 펜을 종이에 대고 1초 동안은 새끼손가락에 경련이 일어나지 않았다. 1초가 2초로 늘어나더니, 이내 5초가 됐다. 그렇게 훈련을 계속하던 어느 날, 갑자기 경련이 사라졌다. 내 뇌가 재설계되면서 증상이 한꺼번에 사라진 것이다. 그렇게 나는 국소성 근긴장이상증에서 해방되었다. 분명 내가 경련이 일어나는 주기를 깨버린 것이었다.

내가 아는 한, 국소성 근긴장이상증을 치료한 사람은 세계에서 내가 처음이었다. 다른 사람은 어떻게 하고 있고 어떤 방법을 사용하는지 알 길이 없는 관계로 내가 틀렸을 가능성이 얼마든지 있다는 점을 밝힌다. 어쨌든 내게는 예상치 못한 결과였다.

나는 다시 오른손으로 그림을 그리기 시작했다. 작업량을 조절했으며, 향후 몇 년간 문제가 없었다. 그 전문의는 내가 학술지에 올라갈 만한 사례의 주인공이 될 수 있다고 했다. 물론 학술지에 내 이름은 표기되지 않겠지만 말이다.

2004년, 제한된 시간에 무리하게 그림을 그리던 내게 또 다시 이상증이 발생했다. 이번에는 좀 더 현명하게 대처하기로 했다. 컴퓨터로 그림을 그리면 일반 펜이 종이에 닿을 때와 느낌이 달라서 뇌가 인식을 못하지 않을까 하는 가설을 세웠다. 비록 태블릿에 만화를 그릴 때는 스타일러스라는 전용 펜을 사용해야 하지만 말이다.

구글 검색으로 와콤Wacom에서 만든 아티스트용 컴퓨터 모니터를 발견했고, 바로 그날 제품을 주문했다. 일주일 만에 나는 사용할 준비를 마쳤다. 예상했던 대로, 펜이 화면에 닿는 느낌이 달라서인지 손가락 떨림 증상은 나타나지 않았다. 경련을 일으키는 조건 자체가 사라지자 국소성 근긴장이상증도 사라진 것이었다. 아마 종이에 펜으로 장기간 그림을 그리거나 글을 쓰는 작업을 하면 증상이 다시 나타날지도 모른다. 하지만 그렇더라도 더 이상 문제가 되지 않는다.

그나저나, 와콤을 사용해 만화를 그리면서 작업 시간이 반으로 줄었다. 국소성 근긴장이상증은 만화가에게 끔찍한 불행이었다. 하지만 그 병을 이겨내고 탈탈 털어내니, 정반대로 훨씬 더 효율적인 만화가가 되는 행운으로 바뀌었다. 게다가 와콤으로는 수정 작업이 아주 쉬워서 내 그림의 질도 극적으로 향상되었다. 모든 것을 감안할 때, 예전보다 훨씬 더 발전한 것이다.

07

백 만 불 짜 리 조 언

똑똑한 친구를 두면 자다가도 떡이 생기는 사례를 소개하겠다. 본격적으로 만화가의 길로 접어들고 몇 년이 지났을 무렵, 캐나다 캘거리에 있는 석유 엔지니어 협회에 와서 강연을 해줄 수 있느냐는 전화를 받았다. 내가 강연 같은 건 하지 않는다고 대답했는데도 담당자는 포기하지 않았다. 협회에서 강연자로 나를 콕 집어 지목했다면서 후한 강연료를 지불하겠다며 나를 설득했다. 나는 계속 주저했다. 짬을 낼 여유가 없었기 때문이다. 당시 나는 퍼시픽 벨에서 정규직으로 일했고, 출근 전과 퇴근 후 그리고 주말에는 〈딜버트〉를 그리고 있었다. 그러니 캐나다까지 가서 강연을 하는 건 그리 좋은 생각 같지 않았다.

담당자는 내게 원하는 강연료를 말해보라고 제안했다. 만약 내가 너무 높은 금액을 부르면, 담당자는 최소한 노력은 했지만 성사되지 않았노라고 협회에 말할 변명거리라도 생긴다. 담당자의 말은 내가 강연을 원치 않으면 차라리 높은 금액을 부르는 게 낫다는 식으로 들렸다.

그나저나 강연료를 얼마를 불러야 한단 말인가? 나는 시세를 전혀 몰랐다. 그래서 누구나 당연히 생각할 만한 방법을 사용했다. 강연 분야에 대해 잘 아는 친구를 찾는 것이었다.

당시 〈딜버트〉는 뉴욕에 본사를 둔 유나이티드 미디어에서 연재 업무를 담당하고 있었다. 나는 유나이티드 미디어의 부사장에게 전화를 걸었다. 부사장은 한때 베스트셀러 작가였으며 수십 년 동안의 경험을 통해 나보다 그쪽 분야에 대해 훨씬 더 잘 알고 있는 사람이었다.

내가 물었다. "강연료로 얼마나 받는 게 좋을까요?" 나는 저쪽에서 포기할 정도로 높은 금액을 제시했으면 좋겠다는 말도 덧붙였다. 부사장이 말했다. "5,000달러 달라고 하세요. 안 된다고 하면 캐나다에 안 가면 되죠." 내가 강연으로 그만한 돈을 받을 가치가 없다고 생각한 나는 실소를 터뜨렸다. 하지만 곧 그의 말대로 하기로 했다. 웃음기 없이 자연스럽게 '5,000달러'를 말할 수 있을 때까지 연습했다. 담당자에게 전화를 걸었다. 우리 둘의 대화 내용은 대략 이랬다.

담당자: 강연료는 생각해보셨어요?

나: 네… 오…오천 달러요.

담당자: 그러죠. 거기다가 일등석 항공권하고 호텔도 제공하도록 할게요.

음… 나는 캐나다로 날아갔다.

시간이 지나면서 〈딜버트〉는 더 유명세를 탔고, 덩달아 강연 요청도 쇄도했다. 하루에 몇 군데에서 요청이 오기도 했다. 나는 강연료를 1만 달러로 올렸지만, 요청은 끊이지 않았다. 강연료를 1만 5,000달러로 올리자, 요청이 폭주했다. 강연료를 2만 5,000달러로 올릴 즈음에 강연 단체에서 나를 그 분야의 우량주로 판단했는지 강연료를 3만 5,000달러, 곧이어 4만 5,000달러로 올리라고 충고했다. 지금까지 일정을 도저히 조정할 수 없어 거절해야 했던 강연 중 가장 큰 금액은 내가 원하는 어떤 주제든 1시간 강연에 10만 달러를 주겠다는 조건이었다.

이 모든 일이 가능할 수 있었던 것은 내게 강연 분야에 첫발을 내딛는 방법을 알려준 똑똑한 친구 덕분이다. 내가 한 것이라곤 과하다 싶을 정도의 강연료를 책정한 다음 상황이 어떻게 돌아가는지 두고 본 것뿐이다. 돌이켜 보면 간단하지만, 나 혼자였으면 여기까지 오지 못했을 것이다. 그저 정중하게 강연 요청을 거절하고 끝났을지도 모른다.

흔히 성공하려면 누구를 아느냐가 중요하다고 말한다. 하지만 그 사람이 CEO나 억만장자일 필요는 없다. 가끔은 당신과 다른 것을 알고 있는 친구 하나로도 충분하다. 그리고 누구나 이런 친구 한 명쯤은 찾아낼 수 있다.

08

싸울 상대를 명확히 하다

2005년, 목소리가 안 나오기 시작한 지 6개월이 지났는데도 여전히 원인을 알 수 없었다. 엄청난 좌절감이 밀려왔다. 보이지도 않고 이름마저 없는 문제가 내게 주먹을 날리고 있는데 나는 어느 방향에서 주먹이 날아오는지도 몰랐다. 공정한 싸움까진 바라지도 않고 적어도 상대가 누구인지 이름이라도 알고 싶었다. 결국 병명을 알아야 치료법도 알아낼 수 있다는 결론에 이르게 되었다.

하지만 이비인후과 의사 두 명과, 발성 전문가 두 명, 심리학자, 신경학자 그리고 내 주치의도 모르는 증상의 이름을 내가 어떻게 알아낸단 말인가? 이 전문가 모두를 합친 것보다 더 똑똑한 피조물은 단 하나뿐이다. 바로 인터넷이었다(그렇다. 인터넷은 피조물이다. 몰랐나?).

나는 구글 검색창을 열고 목소리와 관련된 단어들을 이것저것 입력해보았다. 쓸 만한 내용은 전혀 나오지 않았다. 검색 범위가 너무 방대했다. 그러다가 흥미로운 현상이 발생했다. 이런 일은 주로 창의적인 일을 하는 사람들이 종종 겪는 일이다. 갑자기, 난데없이, 연관성이라고는 전혀 찾아볼 수 없는, 내용도 시간적으로도 별개인 두 사건이 뇌리를 스친 것이다. 무슨 이유에서인지는 모르겠지만 불현듯 몇 년 전에 겪었던 새끼손가락 경련 증세가 기억났다. 그때는 새끼손가락이었는데 이제는 목소리가 문제라니. 두 증세 사이에 어떤 연관성이 있을 지도 모른다.

나는 이번에는 검색창에 '목소리 이상증'을 입력해보았다. 지난번 새끼손가락 경련 증세가 국소성 '근긴장이상증'이었기 때문이다. 빙고! 검색 화면에 경련성 발성장애spasmodic dysphonia라는 증상으로 고생하는 환자의 모습을 담은 영상이 떴다. 경련성 발성장애에 걸리면 특정 소리를 발음하려고 할 때 자기도 모르게 성대가 죄어드는 증세가 나타난다. 영상에 나온 환자는 중간중간 말이 끊기고 음절을 잘라먹는 증상을 보였다. 내 증세와 똑같았다. 자, 이제 나는 증상의 이름을 알아냈다. 경련성 발성장애. 경련성 발성장애가 근긴장이상증과 연관된 경우가 자주 있다는 사실도 알아냈다. 좀 더 찾아보니, 한 부분에 이상이 생기면 다른 부분에도 이상이 생기는 경우도 흔하다(운 좋게도 그 이상으로 진행되는 경우는 거의 없다).

마침내 나는 은밀한 암살자의 이름을 알아냈다. 이제 상황이 역전되었다는 생각이 들었다.

나는 경련성 발성장애에 관한 내용을 출력해서 주치의에게 보여주었다. 주치의는 다시 나를 이비인후과 의사에게 보냈고, 이비인후과 의사는 그 증상에 관한 전문가였던 어떤 의사에게 나를 보냈다. 진료실에서 입을 벌린 지 10초 만에 의사는 내가 경련성 발성장애라고 했다. 내 증상은 아주 전형적인 증상이었다.

"치료법이 뭔가요?" 내가 조용히 물었다.

"없습니다." 전문의가 대답했다.

하지만 내 귀에는 이렇게 들렸다. 내 안의 낙관론자가 전문가의 우울한 대답을 이렇게 해석해서 들려주고 있었다. "스콧, 너는 세계 최초로 경련성 발성장애를 고치는 사람이 될 거야." 그리고 마음먹었다. 어떻게든 병을 완치하고 나면 다른 사람들에게도 방법을 알려주겠노라고.

침묵의 감옥에서 나 혼자 빠져나온 것으로는 만족하지 못하겠어. 일단 탈출 계획을 세우고 다른 죄수들에게도 자유를 안겨준 다음에 간수를 쏴버리고 감옥을 불태워버리는 거야.

나는 가끔 이렇게 끝장을 보고야 만다.

이런 정신은 놀라울 정도로 유용하다.

09

방 향 을 잃 고
헤 매 다

기본적으로 경련성 발성장애를 치료하기 위해서는, 의사가 흔히 보톡스라고 하는 보툴리눔 독소를 목 앞쪽에 주사하는 과정이 필요하다. 이때 목을 뚫고 들어간 주삿바늘이 목 뒤쪽에 있는 성대 부위를 제대로 찌르기를 바라는 수밖에 없다. 의사들은 그동안의 임상경험과 감, 그리고 전자 장비를 활용해 적정량의 보톡스를 정확한 지점에 주사해야 한다. 주사 효과가 제대로 먹히면 환자는 몇 주 후에 목소리를 되찾고 보톡스 약효가 떨어지기 전까지 또 몇 주간 정상적으로 말을 할 수 있게 된다. 약효가 사라지면 동일한 과정을 반복한다. 정말 끔찍한 과정이다. 국소마취 주사를 맞아도 보톡스 주삿바늘이 상당히 굵어서 펄쩍 뛸 만큼 아프기 때문이다. 하, 주사 맞는 날은 정말 삶의 모든 재미가 사라지는 날이다.

나는 몇 달 동안 보톡스 치료를 받았다. 처음 주사를 맞았을 때는 셸리와의 결혼식에서 "네, 신부로 맞이하겠습니다."라고 말할 수 있을 정도로 목소리가 많이 호전되었다. 하지만 몇 주가 지나자 약효가 사라져버렸고, 그 뒤로 여러 번의 주사를 맞았지만 별 효과가 없었다. 문제는 이전에 맞은 보톡스가 내 몸 안에 얼마나 남아있는지 알수가 없으니 투입할 주사량을 정확히 측정하기 어려웠고, 주삿바늘이 항상 같은 부위를 찾아 들어가는 것도 아니었다는 것이다. 게다가 주입량은 항상 넘치거나 모자랐다. 딱 알맞은 양이 효과를 내는 기간은 고작 일주일 정도였다.

더 큰 문제는 보톡스 때문에 다른 치료법을 시도하기가 어려웠다는 것이다. 보톡스 효과가 남아있는 한 다른 치료의 효과 유무를 알수 없었기 때문이다. 나는 보톡스 치료를 중단하고 내 나름대로 지속적인 실험을 해보기로 결심했다.

보톡스를 맞으면, 항상은 아니지만 그래도 정상적으로 말할 수 있었다. 보톡스 없이는 거의 세상과 단절된 삶이나 마찬가지였다. 그래도 한번 해보기로 했다. 마치 날아오는 공을 향해 눈을 가리고 크게 방망이를 휘두르는 사람처럼.

10

잘 되 는 일 을 찾 는 방 법

만약 당신이 어떤 분야에서든 세계적인 수준의 재능이 있다면 그걸 모르기가 힘들다. 어릴 적부터 부모가 이리저리 끌고 다니며 재능을 개발시키려 했을 테니 말이다. 하지만 세계적인 수준의 재능은 특별한 경우이므로 여기에서는 언급하지 않겠다. 그 대신, 당신이 갖고 있을 일반적인 재능을 어떻게 특별하게 발전시킬 수 있을지에 집중하려고 한다.

먼저, 당신이 가진 작은 재능을 알아보는 방법이다. 내 경험상 유용한 방법은, 자신이 10살 이전에 집요하게 했던 것이 무엇이었는지 생각해보는 것이다. 흥미를 느끼는 것과 잘하는 것 사이에는 긴밀한 관계가 있다. 사람들은 자연스레 자신이 편안하게 느끼는 일에 끌리기 마련이며, 편안함은 재능의 표식이다.

나는 크레용을 집을 나이가 되면서부터 늘 뭔가를 끄적거리는 일에 몰두했다. 남다른 예술가로서의 재능을 보인 적은 없지만, 그림 그리기에 유별난 흥미를 보였던 것은 훗날 내가 택하게 될 일의 싹수가 보였다고 할 수 있다. 물론 대부분의 아이들이 미술을 좋아하고, 다른 아이들보다 특히 미술을 좋아하는 아이도 꽤 된다. 하지만 나는 유별났다. 수업 내내 끄적거리는 것도 모자라 흙바닥에도 그리고 눈밭에도 그림을 그렸다. 내게 그림 그리기는 하고 싶은 단계를 넘어 억제할 수 없는 충동에 가까웠다. 물론 어릴 시절의 충동이 미래의 재능을 보장하진 않는다. 하지만 내가 본 바로는, 사람은 자기가 특별히 선호하는 무언가를 타고난다. 그렇게 좋아하는 마음이 행동을 이끌어내고, 기꺼이 기술을 연마할 의지가 생겨나게 한다. 몇 년 전, 한 분야의 전문가가 되기 위해서는 최소한 1만 시간 정도의 훈련이 필요하다는 내용을 담은 연구가 주목받았다.[1] 말콤 글래드웰Malcolm Gladwell이 그의 저서 《아웃라이어Outliers》에서 이 연구를 인용하면서 사람들도 '1만 시간의 법칙'이라는 용어를 알게 되었다. 한 가지 기술에 이 정도의 훈련을 쏟아붓는 사람은 거의 없다. 하지만 어릴 적 집착 내지는 집요함을 보인 부분을 보면 그 아이가 나중에 어떤 재능을 보일지 예측할 수는 있다.

재능을 발견할 또 다른 단서는 위험을 얼마나 감수하느냐이다. 나는 초등학교 때 종종 우스꽝스럽게 신생님과 친구들의 모습을 그리곤 했다. 친구들이 내 그림을 보고 웃음을 터뜨리는 모습을 보는 게 좋았다. 선생님께 들키면 꽤 강한 꾸지람을 받았을만한 그림들이었다. 하지만 나는 소위 예술을 위해 상당한 위험을 기꺼이 감수할 의지가 있었다. 평소 위험한 일을 피하는 내 성격과는 완전히 대조적이었다. 사람들은 일반적으로 큰 보상이 기대될 때 큰 위험을 감수한다. 나는 우스꽝스러운 만화를 그리면서 즐거워했다. 위험을 감수할 만큼 행복했다.

10대 때 나는 완전 고물 같은 오토바이를 갖게 됐다. 잔디를 깎고, 눈을 치우고, 농장 일을 도와 모은 150달러를 주고 산 오토바이였다. 당연히 10대가 몰고 다니는 오토바이는 위험 그 자체였다. 오토바이를 타다가 동네 뒷길에서 몇 번이나 넘어졌다. 사슴이나 화가 잔뜩 난 개들, 다른 오토바이와 부딪칠 뻔한 적도 부지기수였다. 어느 날은 부르릉거리며 들판을 달리다가 다람쥣과의 하나인 마멋이 파 놓은 굴에 앞바퀴를 들이받고 몸이 공중으로 붕 날아올랐는데, 다행히도 주변 바위들을 피해 지면이 무른 곳에 떨어졌다. 내가 오토바이 묘기나 레이싱으로 먹고 살 팔자는 아니었던 게 틀림없다. 분명 오토바이를 좋아했지만, 위험과 맞바꿔도 좋을 정도는 아니었다. 결국 위험을 감수할 만큼의 가치는 없었던 것이다. 하지만 만화 그리기는 달랐다. 선생님께 들켜서 퇴학당할 위험도, 덩치 큰 아이들을 우스꽝스럽게 그려서 얻어맞을 위험도 감수할 마음이 있었다. 이는 내 미래를 예견하고 있었다.

유명 배우들의 어린 시절 이야기를 들어보면 한 가지 패턴을 발견하게 된다. 스타가 되기 전부터 거실이나 뒷마당을 무대 삼아 연기를 펼쳤다는 것이다. 아이치고는 배짱 있는 행동이다. 남들 앞에서 연기하는 쑥스러운 상황을 감수하는 것이다.

빌 게이츠Bill Gates와 스티브 잡스Steve Jobs의 전기를 살펴보면, 둘 다 젊은 시절에 테크놀로지 분야에서 불법적인 위험을 감수한 것을 알 수 있다. 빌 게이츠는 학교 단말기에 연결되어 있던 중앙컴퓨터를 해킹하며 기술을 연마했다.[2] 스티브 잡스와 워즈니악Wozniak이 처음 만든 제품은 장거리 통화 네트워킹을 해킹해 무료로 사용할 수 있게 하는 장치였다. 이처럼 위험을 감수하는 사람들은 종종 그 분야에 재능을 갖고 있다.

어릴 시절의 집요함과 위험을 감수하는 태도로는 재능의 싹만 알아볼 수 있을 뿐이다. 성장하면서 여러 재능을 습득하고, 성공 잠재력이 있는 길이 빠르게 다양해진다. 그래서 이들 중 어느 길을 선택해야 가장 경쟁력이 있을지 알아내기가 특히 어려워진다. 사진과 소프트웨어 지식에 연관된 일을 택해야 할까 아니면 대중 앞에서 말하는 능력과 글쓰기 재능에 연관된 일을 택해야 할까?

어떤 길이 가장 생산적이고 유익한 길인지 완벽하게 확인할 방법은 없다. 다만, 성공으로 향하는 가장 좋은 길을 포착하는 가장 영리한 시스템은 있다. 그것은 가능한 한 여러 가지 다양한 일을 하면서 일종의 맛보기Sampling를 하는 방법이다. 벤처 사업의 경우, 단시간에 결과를 얻지 못하면 바로 빠져나와야 한다는 뜻이기도 하다.

이런 접근 방식은 당신이 여태껏 들이왔던 조언과는 선여 다른 말일지도 모른다. 성공하려면 어떤 장애물을 만나더라도 끈질기게 매달려야 한다는 말을 듣고 살아왔을 테니까. 그래, 실제로 장애물 극복은 피할 수 없는 과정이다. 하지만 언제 그만두어야 할지를 알아야 한다. 끈기는 중요하지만, 바보처럼 붙들고 있기만 하면 안 된다.

나는 그동안 실패한 십여 가지 사업 경험을 통해 그만 둘 시기를 결정하는 나만의 지침을 만들었다. 다른 사람들이 계속해야 할지 아니면 그만두어야 할지 고민하는 모습도 유심히 살펴보았다. 나도 끈기가 미덕이라는 착각에 너무 오랫동안 매달려 있었던 적이 있다. 그러다 나는 일정한 패턴을 발견했다. 언젠가 잘 풀릴 일은 '시작부터' 좋다. 시작이 좋지 못하면 그냥 그 상태가 지속될 뿐이다. 애초에 예정된 실패가 눈부신 대성공으로 탈바꿈하는 경우는 거의 없다. 작은 성공이 큰 성공으로 발전할 수는 있지만, 실패가 성공이 되는 경우는 드물다.

부연 설명을 해보겠다. 휴대전화의 역사를 생각해보자. 초기 휴대전화는 통화 품질이 아주 안 좋았다. 통화 도중 끊기는 일이 잦았고 기능도 별로 없었으며 가격도 비싼 데다 주머니에 들어가지도 않을 정도로 컸다. 그럼에도 수요 측면에서는 첫날부터 성공적이었다. 오랫동안 해결하지 못한 결함들이 있음에도 불구하고 휴대전화 수요는 지속적으로 이어졌다. 품질이 예전에 비해 크게 나아지지 않았음에도 수요에 변화는 없다. 휴대전화는 작은 성공으로 시작해서 성장했다.

팩스도 별다를 바 없다. 초기 팩스는 속도도 느린데다 성능도 믿을 수 없었다. 종이가 걸려 구겨지는 일이 많았고, 상대방이 읽을 수 있을 정도로 깨끗하게 전송되는 경우는 어쩌다 한 번이었다. 하지만 팩스는 초기부터 수요가 있었고 컴퓨터가 등장하기 전까지 번영을 누렸다.

처음 출시된 개인용 컴퓨터는 속도가 느렸고 가격은 비쌌으며 사용이 힘들고 중단되기 일쑤였다. 하지만 수요는 폭발적이었다.

각각의 사례에서, 초창기 제품은 품질로는 성공을 점치기 힘들었다. 여기서 예측 변수는 소비자들이 품질이 '좋지 않을' 때부터 열광했다는 것이다. 품질이 개선된 제품이 개발되기도 전에 말이다. 미래에 성공할 싹수를 미리 갖췄다고 밖에 볼 수 없다.

폭스Fox가 1989년에 방영을 시작한 〈심슨 가족The Simpsons〉은 첫날부터 전국적으로 열풍을 불러일으켰다. 어딜 가든 사람들은 모이기만 하면 "그거 봤어?" 하면서 〈심슨 가족〉 이야기를 꺼냈다. 그 못지않게 흥미로운 사실은, 요즘 재방영되는 〈심슨 가족〉의 시즌 1은 보기 힘들다는 점이다. 나도 봐서 하는 얘기지만, 요즘 기준으로 보면 시즌 1이 형편없어서가 아닐까 싶다. 그림은 아마추어가 그린 것 같고 내용은 폭력적이며 미숙한 슬랩스틱 코미디다. 요즘 에피소드와 비교하면, 시즌 1의 에피소드는 완전히 수준 이하다. 다시 강조하지만, 품질로 성공을 예견할 수는 없다. 그보다는 프로그램 질이 떨어짐에도 불구하고 즉각적인 열풍을 불러일으켰다는 것으로 성공을 점칠 수 있다. 〈심슨 가족〉은 말로 표현하기 어려운 미지의 요소X factor가 있었다. 그리고 결국에는 역대 프로그램 중에서도 가장 중요한 의미를 지닌 독창적인 프로그램으로 성장했다.

〈딜버트〉도 같은 패턴을 따랐다. 나는 1988년에 〈딜버트〉의 원본

샘플을 여러 만화 유통회사에 보냈다. 그중 유나이티드 미디어가 계약을 제안했고, 1989년에 처음으로 10여 개의 신문사에 〈딜버트〉를 연재하는 쾌거를 이루었다. 하지만 1년 뒤, 신문사들의 〈딜버트〉에 대한 관심이 뜸해졌고 유나이티드 미디어는 다른 만화가들의 작품에 관심을 돌렸다. 향후 5년 동안, 나는 책을 쓰고 인터넷에서 활동하면서 〈딜버트〉의 인기를 다시 끌어올릴 방법을 고심했다. 그리고 1993년, 내가 만화 여백에 내 이메일 주소를 넣으면서 〈딜버트〉는 큰 전환점을 맞이하게 되었다. 독자들이 보내온 솔직한 의견을 처음으로 보게 된 순간이었다. 이전까지 나는 주로 친구나 관련된 사람들의 의견에만 의존하고 있었는데, 그들은 내게 비판적이지 않았다. 그런데 이건 정말이지, 일반 독자들은 솔직해도 너무 솔직했다. 나의 그림 실력에 -그리 놀랄 일은 아니지만- 신랄한 비판이 쏟아졌다. 사실 그 정도는 빙산의 일각에 불과할 정도였다. 그런데 〈딜버트〉를 좋아하는 사람과 싫어하는 사람들의 공통점이 있었다. 양쪽 모두 사무실이 배경인 〈딜버트〉를 좋아한다는 사실이었다. 그래서 나는 주요 배경을 사무실로 바꾸었고, 이는 〈딜버트〉 열풍에 기름을 부었다.

하지만 〈딜버트〉의 성공을 예견할 수 있었던 것은 바로 첫해부터 쏟아진 소수 독자들의 뜨거운 반응 덕분이었다. 이건 순전히 내 개인적인 의견이지만, 신문 구독자의 98퍼센트는 〈딜버트〉를 싫어한 반면에 2퍼센트는 부족한 점이 많았음에도 〈딜버트〉를 최고의 신문 연재만화라고 생각해 주었다. 다시 말해서, 〈딜버트〉가 '말로 표현하기 힘든 미지의 요소'를 지니고 있었던 것이다. 이것은 내가 할리우드에서, 적어도 할리우드 근처에서 배운 교훈이다.

　90년대 말 나는 〈딜버트〉를 텔레비전 시험 방송용 프로그램으로 만들기 위해 LA에 머무르고 있었다. 결과적으로 비참한 실패를 겪었지만, 처음에는 실제 배우들로 하여금 〈딜버트〉의 등장인물을 연기하도록 했다. 나는 시사회에 참석한 관객들이 시험용 프로그램을 보며 보이는 반응을 실시간으로 관찰할 수 있었다. 나는 프로젝트 담당자에게 관객 반응이 적어도 어느 정도가 되어야 정식 프로그램 제작이 가능한지 물었다. 담당자는 관객의 일반적인 반응은 정식 프로그램 제작에 별 도움이 되지 않는다고 했다. 설령 대부분 관객들이 싫어해도 소수의 관객이 열광하는 반응을 보여야 했다. 〈딜버트〉의 시험용 프로그램을 본 관객들은 괜찮은 반응을 보였지만 열광하는 모습은 보이지 않았다. 프로젝트는 거기서 멈췄다. 하지만 나는 그 과정에서 텔레비전 프로그램에 대해 많은 것을 배웠고, 그 덕분에 다음 번에는 훨씬 더 잘 할 수 있었다. 애니메이션으로 만든 〈딜버트〉는, 지금은 사라진 UPN 방송사에서 두 시즌 반을 방영했고, 작은 방송사에서 소개한 프로그램 치고는 괜찮은 시청률을 기록했다. 이유는 나중에 밝히겠지만, 나중에 프로그램 계약이 취소될 때쯤에는 나도 새로운 기술과 지식 그리고 계약 방법에 대해 배우게 되었고 언젠가는 〈딜버트〉 영화를 만들 가능성에 대해서도 더 많은 희망을 갖게 되었다. 나는 25년 동안 〈딜버트〉를 영화로 만들기 위해 노력하는 과정에서 실패를 거듭하고 있다. 매번 일이 꼬이는 불운을 만났기 때문이다. 하지만 불운도 영원할 수는 없다. 내가 먼저 죽지 않는 한, 반드시

〈딜버트〉의 영화 제작을 마무리할 것이다.

다시 본론으로 돌아가서, 대중들이 열광하는 모델에는 미지의 요소가 있는 경우가 많다. 일부 대중을 열광하게 만드는 것이 무엇인지는 파악하기도 힘들고 예견하기도 힘들다. 하지만 그 필수 요소가 존재하는 한, 대중들-적어도 극소수의 대중-은 바로 알아챈다. 이들에게 품질이라는 일반적인 잣대는 중요하지 않다. 처음에 열광적인 반응을 불러일으킨 제품은 나중에 품질을 보완해서 발전시키면 된다. 시장에서 돈을 벌어들인 다음에 여유 있게 품질 향상에 손을 대도 충분하다.

초창기 아이폰을 생각해보라. 처음 출시된 아이폰은 엉망이었음에도 시장의 뜨거운 관심을 불러일으켰다. 그 관심은 엄청난 판매고로 이어졌고, 그렇게 벌어들인 자금으로 품질 개선에 집중했다. 아이폰은 그렇게 최고가 됐다.

미지의 요소를 감지하는 가장 좋은 방법은 소비자가 당신의 아이디어나 제품에 '보이는' 반응을 보는 것이다. 무슨 '말'을 하는지는 중요하지 않다. 사람들은 당신이 듣고 싶은 말, 당신의 마음을 덜 아프게 하는 말을 한다. 하지만 행동은 말보다 훨씬 더 솔직하다. 예를 들어 어떤 만화의 잠재력을 알아보려면 누군가가 만화를 오려 냉장고에 붙여놓고 본다거나 X(옛 트위터)에 링크를 공유하거나 블로그에 포스팅하거나 뭔가 적극적인 활동을 하는지 살피는 것이다.

굳이 미지의 요소나 열광적인 팬이 없는 아이디어라도 시간을 들이면 결국 통하지 않을까 생각할지도 모른다. 아예 없는 일은 아니겠지만, 나는 살면서 그런 사례를 본 적이 없다. 처음부터 당신의 제품이나 아이디어에 아무도 관심을 보이지 않는다면, 이제 다른 일을 시도할 시간이 되었다는 뜻이다. 친구나 가족의 말에 혹해서 속지 마라. 죄다 거짓말쟁이일 뿐이다.

반대로 당신의 제품이 몇몇 사람들의 열광적인 반응과 행동을 이끌어낸다면, 끝장을 볼 준비를 하라. 그땐 충분히 해볼 만한 가치가 있다는 뜻이니까.

확률적으로 아무리
희박한 일이라도
결국엔 잘될 수밖에 없다는

믿음이
뇌에
새겨져 있는
사람

PART

3

~~~~~~

성공을
찾아서

유용한 기술을 가능한 한
많이 습득하라.

단순화하는 습관을 길러라.
낯선 사람들과 사소한 대화를
나누는 법을 익히고
멍청하게 굴지 않는
법을 배워라.

이런 기본적인 것들을
제대로 한다면
당신은 언제고 성공할
준비가 된 셈이다.

01

연　　　습　　　이
능　사　는　아　니　다

어느 날 내 친구의 3살 난 아들이 우리 집 테니스 코트에서* 놀고 있었다. 주위에는 10대 아이들도 많았는데, 몇몇 아이들은 코트 한쪽 구석에 있는 농구대에서 놀고 있었다. 서로에게 공을 던지며 노는 아이들도 있었고 배구공을 치며 노는 아이들도 있었다. 하지만 이 3살짜리 아이는 오직 라켓으로 테니스공을 치느라 정신이 없었다. 공을 한 번 바닥에 튀겼다가 튀어 오르는 공에 시선을 고정하고 라켓을 휘둘렀다. 그 나이대 아이치고는 공을 맞히는 재주가 있었지만, 나의 흥미를 끈 건 그게 아니었다. 아이는 주변에 전혀 주의를 빼앗기지 않고 혼자 연습에 몰두했다. 평소 친구들과 노는 걸 좋아하는 아이인

---

* 그래, 우리 집 테니스 코트라고 하니까 재수 없는 인간처럼 보일 수 있다는 걸 안다. 그렇지만 실제로 내 소유의 테니스 코트이니 더 이상 겸손하게 말할 방법을 못 찾겠다.

데, 그날만큼은 테니스공에만 모든 신경을 집중하고 있었다. 공을 치고 치고 또 치기만 했다.

그러고 나서 이상한 일이 벌어졌다. 나는 그 아이에게 올바른 라켓 스윙 방법에 대해 즉석 레슨을 해주어야겠다고 마음먹었다. 3살짜리 아이에게 말이다. 3살이면 말도 제대로 못하는 나이다. 내가 어떻게 스윙하는 건지 보여주겠다며 라켓을 달라고 했다. 그랬더니 놀랍게도 그 아이가 -3살짜리 아이가- 내게 라켓을 건넸다. 아이는 나를 쳐다보면서 내가 하는 말을 토씨 하나 빼먹지 않고 그대로 흡수했다. 나는 어떻게 라켓을 쥐고 어떻게 휘둘러야 하는지 동작으로 보여주었다. 아이는 가르쳐준 대로 해보다가 내가 몇 번 자세를 잡아준 이후에는 내 동작을 매우 흡사하게 따라 했다. 3살짜리가 배운 그대로 따르고 있었던 것이다. 일부, 어쩌면 대부분의 성인에게는 이런 능력이 전혀 없다. 내가 자리를 뜨자 아이는 또다시 혼자만의 연습에 몰두했다. 공을 치고, 또 치고, 계속 반복해서 쳤다.

나는 이 아이를 잘 안다. 그런 방식으로 테니스 이전에도 서너 가지 스포츠를 깨우친 아이였다. 텔레비전이나 다른 사람을 통해 어떻게 하는지를 지켜본 다음 흉내를 내면서 끝없이 연습하는데 이 아이가 연습하면서 싫증을 내는 걸 본 적이 없다. 연습의 중요성을 부정하는 것은 아니다. 다만 '무엇을' 연습해야 할지 알아내는 것이 어려울 뿐이다.

나는 어렸을 때 지루한 겨울밤을 견디려고 방에서 몇 시간이고 한 손가락으로 농구공을 돌리는 연습을 했다. 그리고 마침내 기술을 완전히 터득했다. 물론 돈벌이에 아무런 도움이 되지 않는 기술이라는 걸 나중에 깨우쳤지만. 내 상사 중 그 누구도 나의 저글링 기술이나 왼손 탁구 기술에 관심을 보이지 않았다. 나는 오른손으로 펜을 돌리며 위로 휙 던졌다가 그 펜이 공중에서 한 바퀴 돌아 안전하게 손에 도착하기 전에 왼손으로 오른손 위를 휙휙 오가는 기술-실제로 보면 설명보다 상당히 멋있는 기술-도 구사할 수 있다. 하지만 이런 것들은 백날 익혀봤자 아무런 도움이 되지 않았다. 무얼 연습하느냐가 중요하다는 말이다.

내가 관찰한 바에 의하면 뭔가를 연습하고 싶어 하는 충동을 자연스럽게 타고나는 사람이 있는 반면에, 즉시 보상이 주어지지 않는 연습은 고문이나 다름없다고 생각하는 사람도 있다. 어느 쪽이든 타고난 성향은 변하지 않는다. 따라서 평범한 사람들이 미래의 목표를 위해 당장의 끝없는 연습을 견딜 거라고 보는 것은 순진한 생각이다. 그보다는 각자 타고난 성향에 맞게 인생을 설계하는 편이 낫다. 타고난 성향을 올바른 방향으로만 이끌어준다면, 보통은 어떤 유형이든 경제적 가치를 창출하게 되어 있다.

시간을 들일 대상을 결정할 때 처음으로 해야 할 일은 자신의 연습 능력을 정직하게 평가하는 것이다. 당신이 타고난 '연습벌레'가 아니라면 끝없는 연습이 필수적인 일에는 전략을 세우지 마라. 결국 시간 낭비일 뿐이다. 이런 유형이 아니라면 -스스로 더 잘 알겠지만- 당신은 유명한 피아니스트나 NBA 선수가 될 수 없다. 이건 나쁜 뜻이 아니며, 당신이 그저 그런 평범한 운명을 타고났다는 말은 더더욱 아니다. 그보다는 당신은 생각 없이 반복하는 일보다 새로움을 추구하면서 보상이 따르는 인생을 선택해야 한다는 뜻이다. 이런 사람에게는 건축가, 디자이너, 건축업자, 컴퓨터 프로그래머, 기업가, 웹 사이트 디자이너 아니면 의사가 더 잘 어울릴 수 있다.

이런 직업은 모두 체계적인 학습을 필요로 한다. 다만 그 수준은 저마다 다를 것이며 나중에 맡게 될 업무도 달라질 것이다. 당신의 기술은 연습보다 훨씬 재미있는 경험과 더불어 성장할 것이다. 변화무쌍한 경험들을 통해 기술을 쌓는 당신은, 살아있는 삶 그 자체다.

02

성공 확률을
높이는 공식

나는 학교가 아이들이 성인이 되었을 때 성공할 수 있도록 준비시키는 곳이라고 생각한다. 그런 면에서, 학교에 성공한 사람들의 시스템과 습관을 가르치는 필수과목이 없다는 건 이상한 일이다. 성공은 마법이 아니다. 성공은 좋은 시스템을 골라 계속 정진하다가 마침내 운이 더해져 이뤄지는 결과다. 안타깝게도, 학교는 이런 기본적인 내용을 가르칠 만한 준비가 되어 있지 않다. 아이들 스스로 성공을 위해 가장 좋은 시스템이 무엇인지 알아내야 한다.

학교에서 배울 수 없다면, 도대체 아이들은 성공에 필요한 중요한 기술들을 어떻게 배울 수 있단 말인가? 성공한 부모를 둔 아이라면, 부모를 관찰하며 배우거나 부모에게서 직접 가르침을 받을 수 있다. 하지만 크게 성공한 부모를 둔 아이가 과연 몇이나 되겠나. 평범한

아이들은 성공한 사람들과 접할 시간도 없고 성공한 사람들이 직장에서 능력을 발휘하는 모습을 엿볼 기회도 없다. 기껏해야 텔레비전이나 영화에서 성공한 사람을 볼 수 있는데, 그마저도 별 도움이 되지 않는다.

성공에 관한 책들은 어느 정도 도움이 된다. 하지만 마케팅 전략상 책을 더 많이 팔기 위해 한 가지 주제만 집중해서 다루는 경우가 많고, 나머지 부분들은 별로 중요하지 않은 내용으로 채워 넣는다. 왜 독자가 시간을 낭비해가며 쓸 데 없는 내용을 읽고 추려내야 하냐 이 말이다.

나는 젊은이들에게 성공에 대해 강연하는 자리에서, 성공에는 공식이 있다는 말을 자주 한다. 공식의 빈칸에 무엇을 집어넣느냐에 따라 성공 확률은 달라질 수 있다. 간단하게 말하자면, 당신이 습득하는 기술 하나하나가 당신의 성공 확률을 두 배로 높여준다는 것이 공식의 핵심이다.

성공 확률: 당신이 새로운 기술을 습득할 때마다 당신의 성공 확률이 두 배

가 된다

기술과 관련해서 어느 정도의 숙련도를 갖추어야 하는지에 대해서는 아무 언급도 하지 않았다는 사실에 주목하라. 뛰어나거나 세계적인 수준일 필요는 없다. 두 가지 이상의 기술에서 특출나지 않고, 적당히 잘하는 수준에 다다르면 자신의 시장 가치를 높일 수 있다.

예를 들어보자. 캘리포니아에서 기본적인 업무 기술을 갖춘 데다 스페인어를 유창하게 구사할 줄 안다면 직장을 구할 때 남들보다 훨씬 유리한 위치에 설 수 있다. 또 사람들 앞에서 말을 잘하고 파워포인트 프레젠테이션을 잘 다룰 줄 알면, 조직의 사다리 위로 올라가기에 유리하다. 성공 공식을 최대한 간단히 표현하면 다음과 같다.

적당히 잘함 + 적당히 잘함 〉 월등히 잘함

성공에 관해서는 한 가지에서 탁월한 것보다는 두 가지 보완적인 기술에서 적당히 잘하는 편이 더 낫다. 여기서는 당신이 특정 기술에서 세계적으로 손꼽히는 수준에 도달한 사람일 수도 있다는 가능성은 무시하겠다. 물론 그렇게 된다면 좋겠지. 하지만 현실적으로 당신이 시속 100마일로 야구공을 던지거나 머릿속으로 히트곡을 척척 자곡해내는 사람이라면 지금 이 책을 읽고 있겠는가 말이다.

기술을 하나씩 습득할 때마다 성공 확률이 두 배 높아진다는 것은 매우 단순화한 수치다. 당연히 모든 기술의 가치는 다르다. 당신이 열두 번째로 익힌 기술이 앞서 익힌 열한 개의 기술보다 가치가 덜할 수도 있다. 따라서, 논리적으로는 성공 공식이 정확히 맞아떨어지지 않는다면 차라리 없는 게 낫다고 생각할 수도 있다. 하지만 우리 뇌는 그렇게 받아들이지 않는다. 단순함이라는 장점을 갖추고 있으면, 때로는 완전히 틀린 공식이라도 당신을 올바른 방향으로 움직이게 한다. 어차피 설명만으로는 이해가 힘들 수도 있으니 예를 들어보겠다.

이력서를 작성할 때 유용한 방법이 있다. 초안을 작성하고 나서, 단어 하나를 제거할 때마다 100달러를 받을 수 있다고 생각하는 것이다. 단순한 공식으로 치면 이렇다.

불필요한 단어 하나 = 100달러

이력서를 작성할 때 이 공식을 적용해서 글을 다듬으면, 깜짝 놀랄 수준으로 깔끔한 이력서가 탄생한다. 100달러는 임의적인 액수이며 어쩌다 정말 중요한 단어를 지우는 실수를 할 수도 있겠지만, 이는 그리 중요하지 않다. 중요한 것은 이 공식이 당신을 올바른 방향으로 유도한다는 사실이다. 흔히 그렇듯, 단순함은 정확함을 능가한다. 여기서 말하는 100달러는 순전히 상상 속에서 오고 가는 금액이지만 그럼에도 효과가 있다.

이와 마찬가지로, 당신이 기술을 하나씩 습득할 때마다 성공 가능성이 두 배가 된다는 생각 자체가 중요하다는 것이 내 지론이다. 이력서에서 제거하는 단어 하나에 100달러를 받는다는 상상만큼이나 말도 안 되는 소리 같지만, 그럼에도 이 생각은 당신의 행동을 생산적인 방향으로 이끈다. 내가 당신에게 저녁마다 웹 사이트 디자인 수업을 들을 경우 성공 확률이 두 배 높아진다고 하면, 당신은 어떻게든 수업을 들으려고 노력할 것이다. 하지만 내가 새로운 기술을 익히면 언젠가 도움이 될 거라고 애매하게 말한다면, 당신도 구체적인 행동을 취할 만큼 동기 부여가 되지 않을 것이다. 기술을 하나씩 익힐 때마다 성공 가능성이 두 배가 된다는 말을 그냥 받아들이는 것만으로도 뇌를 속임으로써 주도적으로 행복을 추구할 수 있게 된다. 이미 익숙한 것을 새로운 방식으로 바라보면, 비록 그 방식이 상상에 불과하다 해도 행동에 변화가 생길 수 있다.

나야말로 여러 가지 평범한 기술이 합쳐져 얼마나 큰 힘을 만들어낼 수 있는지를 보여주는 완벽한 사례다. 나는 돈도 있고 유명한 만화가이지만 그림은 잘 그리지 못한다. 사교 모임에서도 큰 웃음으로 좌중을 이끌 정도는 아니다. 글쓰기 실력은 그럭저럭 괜찮지만 뛰어나지는 않다. 하지만 내게는 다른 예술가나 만화가에게는 없는 회사 생활 경험과 버클리 MBA 졸업장이 있다. 이런 경험이 없었다면, 〈딜버트〉가 소위 지역구에서 전국구 인기를 얻는 길로 나아갈 수 있었을지 의문이 든다. 나의 평범한 기술들의 조합은 각각의 총합보다 훨씬 더 가치가 있다. 만약 성공에는 비범한 재능과 미친 듯이 탁월함을 추구하는 자세가 필수적이라 생각한다면 맞다, 그것도 한 가지 방법이 될 수 있다. 아마도 가장 힘든 방법이긴 할 것이다. 기술에서는 종종 질보다 양이 중요하다.

이쯤에서 내가 MBA 시절에 어떤 학생이었는지 밝히는 게 좋을 것 같다. 첫 학기에 내 성적은 바닥이었다. 나는 미친 듯이 공부한 후에야 평균 수준에 도달할 수 있었다. 이 과정에서 중요한 것은 내가 남들보다 부족한 나의 재능들을 보완하려고 여러 기술들을 습득하게 되었다는 점이다.

나의 빈약한 회사 업무 기술과 미천한 그림 기술 그리고 평범한 글쓰기 재능을 결합시키자 강력한 힘이 생겨났다. 또 새로운 기술을 익힐 때마다 나의 성공 가능성이 쑥쑥 올랐다. 게다가 퍼시픽 벨에서 습득한 기술이 중요한 역할을 했는데, 대부분 사람들이 인터넷이란 말을 들어보기도 전에 운 좋게도 나는 이미 인터넷을 다룬 경험이 있었다.

퍼시픽 벨 근무 시절, 나는 월드와이드웹(인터넷)을 잠재 고객들에게 설명하는 업무를 맡은 적이 있다. 이때부터 인터넷의 잠재력을 알아본 터라, 나중에 〈딜버트〉의 신문 연재가 정체기를 맞았을 때 인터넷 연재를 시작했다. 노출을 늘리는 일종의 마케팅 전략으로 사용한 것이었다. 온라인으로 〈딜버트〉를 본 독자들이 신문사에 〈딜버트〉 연재를 요청하게 만들려는 의도였는데, 실제로 그렇게 되었다. 당시 인터넷에 무료로 연재된 만화는 〈딜버트〉가 최초였다. 초기에는 신문에 만화를 먼저 싣고 일주일 후에 인터넷에 올리는 방식으로 운영했다. 요즘은 인터넷에 무료로 만화를 올려도 큰 위험으로 보지 않지만 처음에는 걱정하는 사람이 많았다. 해적판이 넘쳐나면 어떡하느냐-

실제로 그렇게 됐다-는 걱정도 있었고 인터넷을 경쟁상대로 여긴 신문사들이 연재를 취소하면 어떡하느냐-그런 일은 없었다-는 우려도 있었다. 당시에는 노출이 많을수록 좋았기 때문에, 해적판으로 입은 손해보다 얻은 혜택이 더 많았다.

기술을 일찍 익힌 덕에 다른 쪽으로도 큰 도움을 받을 수 있었다. 나는 연재만화에 이메일 주소를 처음으로 삽입한 만화가였다. 90년대 초까지만 해도 이메일은 참신하지만 낯선 기술이었다. 게다가 몇몇 동료들은 신문사가 내 이메일 주소를 광고로 여기면 곤란해질 것이라고 우려했다. 하지만 나는 독자들과 직접 소통할 수 있는 통로를 열고 그들이 보내주는 피드백에 따라 만화를 수정해야 한다는 걸 알고 있었다. 그래서 그렇게 했고*, 독자들의 요청에 따라 〈딜버트〉의 배경을 사무실 위주로 바꿨다. 그러면서 〈딜버트〉의 인기가 급격히 상승했다. 내 기술 중에 그 어떤 기술도 세계적인 수준에 도달하지 못했다. 하지만 그저 그런 평범한 나의 기술들이 합쳐지자 시장에서 강력한 힘을 발휘하게 됐다.

나의 기술들을 다시 한번 보자면, 부족한 그림 실력, 그저 그런 업무 경력, 괜찮지만 뛰어나지는 않은 글쓰기 재능 그리고 남보다 일찍 익숙해진 인터넷 관련 지식이 있다. 그리고 쓸 만하지만 대단하지 않은 유머 감각도 있다. 마치 양은 많지만 특별히 맛있지는 않은 수프

---

*고객을 만족시키기 위해 작품을 수정한다는 생각만으로도 치를 떠는 진정한 예술가들도 있을 거다. 하지만 나는 스스로를 예술가가 아니라 사업가라 여긴다. 따라서 소위 예술에 속한다고 하는 내 그림에 수정을 가하는 데 아무 문제가 없다.

같다. <mark>내 기술 중에 그 어떤 기술도 세계적인 수준에 도달하지 못했다. 하지만 그저 그런 평범한 나의 기술들이 합쳐지자 시장에서 강력한 힘을 발휘하게 됐다.</mark>

16년 동안의 회사 생활을 통해 얻은 기술은 이외에도 많다. 인력 관리, 계약 협상, 고객 대출 업무, 사업 계획 작성, 소프트웨어 디자인, 프로젝트 관리, 업무 성과 측정을 위한 시스템 개발, 기술 전략 개발 참여 등 여러 기술을 익혔다. 회사 돈으로 대중 앞에서 연설하기, 시간 관리하기, 까다로운 사람 상대하기, 경청 훈련, 업무용 글쓰기를 비롯해 여러 유용한 주제와 관련한 수업을 들었다. 또 낮에 회사를 다니면서 저녁에는 MBA 과정을 마쳤다. 당시의 나는 공부하는 기계나 다름없었다. 언젠가 쓸모 있겠다는 생각이 들면, 그게 무엇이든 기본이라도 알아두고자 노력했다. 만화가가 되고 나서도 회사 생활에서 배운 거의 모든 기술을 써먹고 있다.

가능한 한 많은 분야에 관해 배워두면 굉장히 유리한 점이 또 있다. 다양한 개념을 이해하면 할수록 새로운 개념을 배우기가 쉬워진다는 사실이다. 만약 외계인에게 달리는 말을 설명한다고 해보자. 아마 시간이 좀 걸릴 것이다. 하지만 일단 말을 설명하고 나면, 얼룩말을 설명하는 데 걸리는 시간은 짧아진다. 검고 흰 줄무늬가 있는 말이 얼룩말이라고만 하면 되니 말이다. 무엇이든 배워두면 다음에 새로운 것을 쉽고 빠르게 이해할 수 있게 된다.

내가 평생 생활화해온 일 중 하나가 매일 적어도 한 번은 전 세계에서 일어나는 사건에 관한 뉴스를 읽는 것이다. 몇 년 전까지는 출근 전에 신문을 읽었다. 지금은 짬이 날 때마다 X를 통해 뉴스를 챙긴다. 경제, 건강, 과학, 기술, 정치를 비롯한 다양한 분야의 기사를 읽다 보면 자동적으로 세상이 돌아가는 패턴을 알 수 있게 되고, 현재 내가 알고 있는 것을 미래에 연결해 생각할 수 있게 된다. 이러한 지식에 관한 공식은 다음과 같다.

지식 공식: 아는 것이 많을수록 더 많은 것을 알 수 있다

뉴스 읽기가 지루하다고 생각하는 사람에게는 방법을 바꿔보라고 권하고 싶다. 뉴스 읽는 습관을 들이는 간단한 방법이 있는데, 자기가 흥미를 느끼는 주제만 읽는 방법이다. 주제는 뭐가 되든 상관없다. 연예나 스포츠 관련 기사만 읽어도 좋다. 그렇게라도 훈련이 되면 뉴스 기사를 읽는 시간이 즐거워지고, 시간이 지나면서 그 즐거움을 더 오래 지속하고 싶은 마음이 생긴다. 그러면 전에는 흥미를 느끼지 못했던 주제와 관련된 기사를 맛만 보는 식으로 시작할 수 있다. 처음에는 기사 제목을 훑어보는 정도에 그칠 것이다. 하지만 시간이 지나면 빠져들게 된다. 편안하고 자연스러운 느낌이 든다면, 그건 좋은 시스템이 작동한다는 뜻이다. 처음부터 '월스트리트저널' 같은 경제 전문지에 실린 기사를 매일 아침마다 읽어야 한다면, 감당하기 힘들어 중간에 포기하게 될 것이다. 학습 또한 시스템이라고 생각하고, 일단 자신이 재미있다고 여기는 주제로 시작해서 새로운 주제를 접하는 것이 현명하다.

뉴스를 읽을 때 한 가지 주의할 것은 그날 읽은 기사가 기분에 영향을 미친다는 것이다. 나는 개인적으로 비극적인 사건들은 피하고 과학, 기술, 경제 분야의 희망을 주는 기사에 집중한다. 나쁜 소식들을 무시하지는 않지만 그에 빠지지 않으려고 노력한다. 슬프거나 비극적인 소식에 노출될수록 마음이 괴로워지고 에너지가 떨어지기 때문이다. 나는 친환경 기술 분야에서 이룬 획기적인 발전 같은 내용이 좋다. 그중 99퍼센트가 헛소리라는 사실을 알면서도 좋아한다. 진실을 찾기 위해 뉴스를 접하는 건 시간 낭비다. 나는 뇌의 효율성을 높이고, 나에게 즐거움을 주는 새로운 주제나 패턴을 찾으려고 뉴스를 읽는다. 흥미로운 것들을 배우다 보면 에너지가 증가하고 긍정적인 기분이 들기 때문이다. 뉴스를 정보라고 생각하지 마라. 뉴스를 에너지의 근원이라고 생각하라.

03

성 공 으 로   이 끄 는
1 5 가 지   기 술

운을 내 맘대로 바꿀 수는 없지만, 성공 확률이 낮은 게임에서 높은 게임으로 갈아탈 수는 있다. 당연한 말이다. 이미 그렇게 하고 있는 사람도 있을 거다. 하지만 문제는 게임의 성공 확률을 어떻게 알 수 있느냐는 점이다. 이게 보기보다 쉽지가 않다.

몇 년 전에 열두 살짜리 학생들을 대상으로 강연을 한 적이 있다. 나는 학생들에게 내가 말하는 문장의 마지막에 어떤 말이 나올지 말해보라고 한 뒤 입을 열었다. "오랜 시간 슬롯머신을 하다 보면, 당신은…" 학생들은 이구동성으로 외쳤다. "돈을 딴다!" 성인이라면 대부분 알겠지만, 완전히 틀린 답이다. 슬롯머신은 장기적으로 카지노를 제외한 모든 사람이 돈을 잃도록 설계되어 있다. 하지만 아이들은 이런 사실을 모른다. 무엇이든 꾸준하게 하면 성공한다는 말을 귀에 못이 박히도록 들어온 아이들이 끈기와 실제 성공 가능성을 혼동한 것이다.

이 책을 읽고 있는 당신은 성인이거나 얼추 성인에 가까운 나이일 것이다. 그리고 슬롯머신에서 돈을 딸 가능성에 대해서도 알고 있을 것이다. 슬롯머신을 해도 재미로 하지, 투자로 여기지는 않을 것이다. 그런데 당신 인생의 다른 영역이 지닌 성공 가능성에 대해서도 그만큼 잘 알고 있는가?

내가 가장 좋아하는 분야인 테니스로 예를 하나 더 들어보겠다. 약 7년 동안 매주 한 번, 늘 같은 친구 하나와 테니스를 쳤다. 나는 단 한 번도 친구를 이겨본 적이 없다. 초창기에는 그럴만하다고 생각했다. 친구의 경기 운영 능력이 모든 면에서 나보다 앞섰기 때문이다. 하지만 이제 이 친구를 이길 만하다고 생각이 들 정도로 나의 실력이 향상되고 나서도 결과는 늘 나의 패배였다. 아깝게 패한 적은 있어도 이긴 적은 단 한 번도 없었다. 그렇다고 정신적 압박감이 원인이라고 할 수도 없었다. 나는 보통 스트레스를 받으면 더 실력을 발휘하는 종류의 사람이기 때문이다. 타고난 낙관주의 덕분에 아무리 어렵고 뒤처진 상황도 헤쳐 나가서 마침내 마법 같은 승리를 이끌어낼 수 있다고 스스로 믿고 있다. 이 정도 근자감이면 정신병 수준이 아닌가 생각할 수도 있지만, 살아오면서 나의 이런 '정신 승리'는 당신이 생각하는 것보다 더 자주 실질적인 효과를 발휘했다.

어쨌든 내가 연전연패의 기록에도 심적으로 동요하지 않았고, 내 스트로크 실력도 좋았다는 말이다. 그런데 왜 이 친구에게만 늘 패하는 걸까? 이 친구와 비슷한 실력을 갖춘 다른 사람들과 경기하면 내가 자주 이기는 편인데. 백전백패에 숨겨진 비밀을 찾아야 한다는 생각이 오랫동안 나를 괴롭혔다. 분명 내게 어떤 맹점이 있는데… 그게 뭘까? 보질 못하는데 어떻게 알아낼 수 있단 말인가? 만약 그걸 보게 되면 이기는 데 도움이 되긴 할까?

우리 둘은 밖에서도 친하게 지내는 사이였고, 만나면 테니스 경기에 관해 이야기도 자주 나눴다. 나는 그 친구가 혹시 실수로라도 비밀을 털어놓지 않을까 호시탐탐 기회를 엿봤다. 경기를 마친 날이면 어떤 플레이가 좋았고 안 좋았는지 얘기를 나누면서 약간이나마 힌트를 얻기도 했다. 테니스 관련 대화가 머릿속을 어지럽게 만들던 어느 날, 마침내 이 친구가 비밀을 털어놓았다.

한마디로 말하자면 나는 테니스를 쳤고, 이 친구는 수학을 했다. 빠진 카드와 남은 카드로 승률을 계산하는 도박사처럼 이 친구는 스트로크의 성공 확률을 계산하면서 플레이를 했다. 수십 년 동안 테니스를 치다보니, 코트 위 모든 상황에서 일어나는 가능성들을 꿰뚫고 있었던 것이다. 그는 테니스 라켓을 든 도박사였다.

테니스에서 승리할 가능성을 학습한다는 것은 생각만큼 쉬운 일이 아니다. 자신의 직관과 다른 행동을 해야 하기 때문이다. 예를 들어, 오른손잡이끼리 서로 대각선으로 샷을 주고받는 상황에서는 왼쪽에 빈 공간이 생긴다. 이때 아마추어 선수는 상대방의 왼쪽 빈 공간으로 샷-다운 더 라인 샷(사이드 라인과 평행하게 네트 너머로 공을 치는 기술-엮은이)-을 날려서 승부를 결정지으려 한다. 나 역시 마찬가지였지만, 그

플레이의 성공률은 20퍼센트 정도에 불과했다. 오른쪽으로 뛰면서 네트 너머 정면으로 공을 날리기는 쉬운 일이 아니다. 보기에만 쉬울 뿐이다. 그런데 왠지 하면 될 것 같은 생각이 든다. 나도 그 샷을 날리고 실패할 때마다 저 쉬운 걸 놓치나 하며 아쉬워했다. 그렇게 몇 번 연속 실패를 거듭하면서도 조금만 더 하면 완벽하게 구사할 수 있겠다는 생각을 떨쳐버리지 못했다. 그 오랜 기간 잘못된 생각을 하며 지냈던 것이다.

상대방이 자신은 성공 가능성이 높은 샷을 날리면서 나는 성공 가능성이 낮은 샷을 날리게끔 영리하게 유도한 사례는 수십 가지나 들 수 있다. 우리 모두는 인생에서 성공할 가능성을 알고 있다고 생각하지만, 사각지대가 있을 가능성은 간과한다. 그 사각지대를 찾아내는 것이 중요하다.

나는 이후로 성공률이 낮은 샷을 피하는 법을 깨우쳤고, 친구와의 경기 결과는 한 번씩 승패를 나눌 정도로 비슷해졌다. 서로 기량이 비슷한데다 이제는 나도 수학을 하기 때문이다.

세상을 마술이 아니라 수학으로 파악하라는 말을 하고 싶다. 내가 경기에서 번번이 지는 이유가 이기고자 하는 의지가 부족해서라고 여겼다면 상황이 쉽게 마무리됐을지 모른다. 또는 연패를 당하는 이유가 창조주께서 내게 겸손함을 유지하며 살라고 내려주신 계시라고 생각하면서 그냥 지나칠 수도 있었다. 하지만 그건 내 의지도, 창조주의 계시도 아니었다. 단지 수학일 뿐이었다.

개인적으로든 일적으로든 거듭되는 실패를 겪다 보면 운이나 팔자를 탓하거나 점을 치면서 일종의 마법에 기댈 수도 있다. 사실은 단순한 수학에 답이 있는데 말이다. 보통은 패턴이라는 게 있지만 이게 미묘해서 감지가 어렵기도 하다. 알다시피, 나는 몇 년 동안이나 못 찾았지만 결국 찾아냈다. 당신도 포기하지 마라.

당신이 앞으로 10년 후에 어떤 일을 하고 어떤 삶을 살고 있을지, 그 미래를 예견할 수는 없다. 당신이 성공할 확률을 높일 수 있는 가장 좋은 방법-다른 사람들은 행운이라 여기겠지만-은 체계적으로 발전하는 것이다. 일이 잘 풀리게 해주는 기술과 거의 모든 일에 아주 유용하게 써먹을 수 있는 기술을 체계적으로 발전시키면 된다. 이는 기술에 기술을 더해 성공 확률을 높인다는 점에서 세상을 수학적으로 바라보는 시각이다.

성인이라면 기본적으로 익혀두어야 할 기술을 목록으로 만들었다. 당신도 알겠지만, 나는 당신이 이 중에 그 어떤 것에도 통달하기를 바라지 않는다. 그럴 필요가 없기 때문이다. 다음에 소개한 목록 대부분에서 그저 괜찮은 수준까지만 도달해도 행운이 알아서 찾아올 확률이 높다. 하나씩 설명하기 전에 먼저 어떤 기술이 있는지 살펴보자.

사람들 앞에서 말하기

심리학의 이해

업무를 위한 글쓰기

회계

디자인

화술

수줍음 극복하기

외국어

골프

설득력

결단력

에너지

'또라이' 기질

테크놀로지(취미 수준)

적절한 발성법

이제부터 각각의 기술이 어떻게 경제적으로 도움이 될 수 있는지 말해주겠다.

성공 기술 1. 사람들 앞에서 말하기

나는 대학 시절 '사람들 앞에서 말하기' 강의를 한 번 들은 적이 있다. 조금 도움이 됐다. 회사 생활을 하면서는 연설 관련 강의를 두 번 더 들었다. 둘 다 회사에서 지원을 받았고 역시 그럭저럭 도움이 되었다. 그러던 어느 날, 사장님이 근무 외 시간에 데일 카네기Dale Carnegie 교육 과정을 수강하는 직원에게 회사에서 수강료를 지원하겠다고 했다. 더 많은 걸 알고 싶은 사람은 대형 강의실에서 열리는 프레젠테이션에 참석하면 된다고 했다. 데일 카네기 과정이 좋다는 평도 들었고 궁금하기도 했던 나는 한번 가서 어떤 내용인지 알아보기로 마음먹었다.

20년이 지난 지금도 그 설명회에서 만난 담당자의 이름이 기억난다. 토니 스노우Tony Snow라는 이름의 담당자는 내가 살면서 들어본 중에 가장 짧고 강렬한 강의 소개를 시작했다. 그의 소개를 요약하자면 이랬다. "데일 카네기 강의를 제가 직접 소개하는 대신 이 강의를 수강한 여러분의 동료 직원 두 분을 모시고 그분들이 이 강의를 어떻게 생각하는지 들어보도록 하겠습니다." 그는 첫 타자를 소개하고는 뒤로 물러났다. 토니 스노우의 영업은 이미 끝난 셈이었다.

소개를 받은 동료 직원이 마치 로또라도 당첨된 듯 무대 위로 뛰어 올라갔다. 그의 에너지와 열정은 엄청났다. 뭘 들고 읽지도 않았다. 그저 무대를 휘저으며 분위기를 장악했다. 청중들은 그에게서 시선을 떼지 못했다. 그는 재미있고, 표현력이 좋았으며, 매력적이고, 자연스러웠다. 나는 그때까지 그렇게 연설을 잘하는 사람은 본 적이 없었다. 그는 무대 위에서 매 순간을 즐기고 있었고, 간단히 말하는 법을 잊지 않았다.

그의 연설이 끝나자 토니 스노우가 감사의 말을 전한 뒤 두 번째 연사를 소개했다. 그는 첫 번째 연사와는 정반대 스타일이었지만, 흠잡을 데 없는 강연을 펼쳤다. 스스로 즐기고 있나는 게 보였다. 그는 독보적이었다. 전하는 주제는 명료하고 간결했으며 청중을 쥐락펴락했다. 마지막 연설까지 끝나자, 토니 스노우는 청중을 향해 수강을 하면 더 많은 것을 배울 수 있다고 했다. 토니 스노우는 얄미울 정도로 엄청난 사람이었다.

나는 그날 바로 수강 신청을 했다.

데일 카네기 강의에서는 말하기를 포함해 광범위한 문제를 다뤘다.

강사가 자신이 활용할 데일 카네기 방식에 대해 설명했다. 첫 번째 규칙은 그 누구에게도 비평이나 수정이 가해지지 않는다는 것이었다. 수업에서는 강사와 학생들 모두 오로지 긍정적인 반응만 보여야 했다. 나는 순간 회의감에 빠졌다. 그러면 내가 뭘 잘못하고 있는지 어떻게 알 수 있단 말이지?

두 번째 규칙은 수업마다 모든 학생이 다른 학생들 앞에 나와 이야기를 해야 하는데, 누가 시켜서가 아니라 자발적으로 나와야만 한다는 것이었다. 이 규칙은 생각보다 중요한 역할을 했다. 이 강좌를 택한 모두가 사람들 앞에 서는 걸 극도로 두려워했기 때문이다. 강사는 자원하는 사람이 없으면 모두 조용히 앉아서 누군가가 나설 때까지 기다려야 한다는 말을 덧붙였다. 그 말은 곧 현실이 됐다.

강의 첫날, 우리 모두는 겁에 질린 다람쥐처럼 앉아서 누군가 먼저 나서기만을 기다리고 있었다. 왠지 모르겠지만 먼저 나서면 괜히 손해 보는 기분이 들었다. 어차피 모두 나갈 수밖에 없다는 사실을 알면서도 말이다. 강사는 얼어붙은 학생들 앞에 서서 참을성 있게 기다렸다. 별말이 없는 걸로 보아 이미 그런 경우를 많이 겪어본 듯했다.

마침내 한 사람이 자원해 나가면서 차례가 이어졌다. 그날 우리의 과제는 간단했다. 그냥 자신에 관한 이야기만 하면 됐다. 나를 포함해서 대부분은 이 정도는 쉽다고 생각했다. 하지만 몇몇 학생에게는 불가능에 가까운 일이었다. 상사의 강요에 못 이겨 강의에 참여한 한 젊은 여성은 말 그대로 한 마디도 못할까 봐 겁에 질렸다. 에어컨이 켜진 강의실은 시원했지만 그 여성의 이마에서 쏟아진 땀은 뺨을 지나 카펫을 적셨다. 그가 입을 떼려 노력하며 내면의 악마와 사투를 벌이는 고통이 우리에게 고스란히 전해졌다. 그는 들릴 듯 말 듯 겨우 몇 마디를 내뱉고 자리로 돌아갔다. 패배감과 굴욕감에 무너져 내린 듯 보였다.

실내는 죽은 듯이 잠잠했다. 그때 재미있는 일이 벌어졌다. 앞으로 나온 강사가 절망에 빠진 여성을 바라보았다. 그리고는 이렇게 말했다. "와, 용감했어요." 나는 그 강사의 말을 지금도 기억한다. 이 순간은 내가 여태껏 본 중에서 손가락에 꼽을 정도로 멋진 장면이었다.

정신이 번쩍 들었다. 그 자리에 있던 나를 포함한 20여 명의 학생은 방금 이 여성이 발표를 완전히 망친 데다 모욕감에 휩싸여 무너지는 중이라고 생각했다. 당사자도 같은 생각이었을 것이다. 그러나 용감하다는 단 한 마디로 강사는 상황을 완전히 뒤집었다. 강사의 말이 옳다는 걸 모두가 알고 있었다. 우리는 방금 좀처럼 보기 드문 한 사람의 용기를 목격했고, 그것이 그날 수업의 핵심이었다.

나는 강사의 말에 반응하는 그의 얼굴을 보았다. 그는 승산 없어 보이는 외로운 싸움을 하고 있었다. 하지만 강사는 그의 내면에서 일어난 일을 이해했고, 그런 그의 마음을 존중했다. 맹세하건대 나는 그의 눈이 반짝이는 걸 분명히 보았다. 그는 바닥으로만 향하던 시선을 들어 올렸다. 여전히 힘든 싸움이 남아 있었지만, 그는 아직 쓰러지지 않았다.

다음 주에도 그는 말하기에 도전했다(스스로 나서는 방식이 얼마나 강력한 힘을 발휘하는지 보이는가? 그는 스스로 앞에 나서기를 선택했다). 이번에도 잘했다고는 할 수 없었지만, 첫날처럼 땀에 흠뻑 젖거나 말문이 막히지는 않았고, 강사도 지난번보다 나아졌다며 그를 칭찬했다.

몇 주가 흘러 강좌가 끝날 무렵이 되자, 모든 사람이 말하는 데 자신감을 갖게 되었다. 말할 때마다 강사나 다른 학생들로부터 칭찬을 들었다. 그때마다 박수를 받았고, 기분이 끝내줬다. 그리고 지금, 무대에 올라 내가 입을 열기만을 기다리는 천여 명의 청중들을 볼 때마다 나는 내 머릿속에서 작은 속삭임을 듣는다. '스콧, 오늘은 아주 좋은 날이야. 나는 끝내주게 행복해. 사람들이 내 이야기를 들으러 왔고, 나는 그들에게 말하며 생생하게 살아있는 기분을 느끼잖아. 날 보러 온 청중들의 에너지를 흡수해서 긍정적인 기운으로 바꾸자고. 그러면 내 강의가 끝났을 때 사람들이 모두 나에 대해 좋은 이야기를 할 거야.'

이 이야기를 통해 몇 가지 배울 점이 있다. 가장 중요한 건 비난이 끼치는 유해한 영향에 비해 칭찬이 지닌 변화의 힘이 얼마나 강한지 알게 되었다는 점이다. 그 이후로도 나는 여러 경험을 통해 칭찬에는 강력한 힘이 있음을 알게 되었다. 특히 어른들에게. 아이들은 잦은 비난과 칭찬에 익숙하지만, 어른들은 가정과 직장에서 비난만 받을 뿐 칭찬을 받는 경우가 거의 없다. 어른들은 다정한 말 한마디에 굶주려있다. 당신이 정직한 칭찬의 힘-아첨이나 아부, 헛소리와 거리가 먼-을 이해한다면, 칭찬을 해야 할 때 하지 않는 것은 부도덕과 다를 바 없다는 사실을 깨닫게 될 것이다. 그러니 당신이 누군가에게 감명을 받게 되면 큰 칭찬으로 표현하라.

"와, 용감했어요." 토니 스노우의 이 말은 내가 여태껏 들어본 중에 가장 명확하고 멋진 방법으로 상황을 급반전시킨 말이었다. 강사의 말 한마디가 그의 어설픈 발표를 용감한 행동으로 바꿔놓았다. 그러자 모든 것이 달라졌다. 긍정은 단지 기분이 좋고 나쁘고의 문제가 아니다. 긍정은 말 그대로 당신의 뇌를 개조하고 당신 주변 사람들을 변화시킨다. 마법과도 같다는 말은 이런 걸 두고 하는 말이다.

강좌를 통해 배운 또 다른 점은 우리가 항상 자신의 잠재력을 제대로 파악하지 못한다는 것이다. 사람들 앞에서 말하는 걸 두려워하는 사람들은 말하기 훈련으로 자신이 바뀔 거라 생각하지 못한다. 당신의 잠재력을 섣불리 판단하지 마라. 당신이 어떤 일을 할 수 있는지 알고 싶다면 때로는 자신을 시험해보는 방법뿐이다.

성공 기술 2. 심리학의 이해

인간의 두뇌가 세상을 인식하는 방식에 대한 기본적인 이해가 없다면, 사업이나 사회활동을 원활히 하기 힘들 것이다. 우리 모두는 우리 자신의 어떤 모습을 팔며 살아간다. 따라서 다른 사람이 나를

어떻게 생각할지 고려해서 대부분의 결정을 내리게 된다. 이때 심리학은 우리가 하는 모든 일의 기저에 깔려 있다.

예를 들어, 부동산 중개인은 손님에게 여러 물건 중에서 가장 안 좋은 물건부터 보여준다. 그래야 그다음에 보는 집이 더 괜찮게 느껴지고, 좋은 집에 상대적으로 큰돈을 쓸 결정을 보다 쉽게 내리게 된다. 자동차 판매업자는 처음부터 일부러 높은 가격을 붙여놓는다. 어차피 협상을 통해 가격을 깎으면 손님은 제 가격을 지불하면서도 싸게 샀다고 기분 좋아할 테니 말이다. 건물을 지을 때 골조를 잡는 단계에서 보면 방이 더 작아 보인다. 공사가 마무리되고 가구까지 비치해야 더 크게 보인다. 영리한 건설업자는 이런 사실을 고객에게 미리 강조한다. 그래야 골조 단계에서 방을 본 고객이 놀라거나 화를 내지 않을 테니 말이다. 이들처럼 물건을 판매하는 직종에서는 비교를 통해 구매자들의 심리를 조종한다. 이런 게 심리학이다.

제품 개발자 역시 상사가 그에 대해 어떻게 느끼고, 고객들이 어떻게 생각하는지, 제품 사용자들이 제품에 대해 어떻게 받아들일지를 이해하고 있어야 한다. 심리학을 기반으로 하지 않은 결정은 없다.

앞서 언급한 사례들은 누구나 이해할 수 있을 정도로 일반적인 것들이며, 여기서 더 나아가 심리학을 깊게 파고들면 어떤 상황에서든 보다 효율적으로 대처할 수 있게 된다.

〈딜버트〉의 성공에도 심리학이 엄청난 역할을 했다. 유나이티드 미디어가 〈딜버트〉 연재 계약을 제안했을 당시, 나는 자신감에 큰 상처를 입은 상태였다. 그전에 접근한 다른 회사들은 나를 단칼에 거절했다. 심지어 한 편집자는 조언이랍시고 나를 대신해 그림을 그릴 만한 사람을 찾는 게 나을 거라고도 했다. 그 말이 얼마나 마음을 아프게 하던지. 그래서 유나이티드 미디어의 편집자 사라 길레스피Sarah Gillespie가 전화를 걸어와 계약을 제안했을 때, 나는 부족한 그림 실력에 대해 사과하면서 혹시 나와 함께 그림 작업을 할 사람을 구해줄 수 있느냐고 물었다. 사라는 심리학에 대해 뭘 좀 알고 있었던 게 분명했다. 그녀는 내 그림 실력에 아무 문제가 없다면서 더 잘 그릴 필요가 없다고 대답했다. 그 말이 내 재능을 발산시키는 예상치 못한 촉매제로 작용했다. 실제로 내 실력이 발전한 것이다. 10점 만점에 3점 수준이던 내 그림 실력이 하루 만에 6점 정도로 올라갔다. 6점이 아주 좋은 점수라고 할 수는 없지만 그 정도면 충분했다. 내 실력이 갑자기 올라갈 수 있었던 것은 순전히 사라의 칭찬 덕분이었다. 나는 더 자신감 넘치고 보다 괜찮은 그림을 그리는 만화가가 되었다. 내가 내 재능에 대해 품고 있던 생각을 사라가 바꿔놓았기 때문이다. 마법 같은 순간이었다.

내가 경험했던 성공과 실패를 들여다보면, 무엇보다 심리학이 큰 역할을 했다. 우연이든 영리하게든, 내가 심리학을 적용한 경우에는 일이 더 잘 풀렸고 반대의 경우에는 일이 꼬였다.

〈딜버트〉가 히트한 뒤 나는 두 번째 만화 샘플을 만들어 딜버트 웹 사이트에 공개했다. 남들과 잘 어울리지 못하는 엘보니안Elbonian 소년 플롭Plop이 주인공이다. 엘보니아는 가상의 나라로, 남녀노소를 불문하고 모두 긴 수염을 기른 사람들만 존재하는 곳이다. 여기서 플롭은 유일하게 수염이 없는 특이한 인물이었다. 〈플롭〉 첫날 반응은 초기 〈딜버트〉보다는 훨씬 나았지만, 당시 〈딜버트〉의 인기에는 미치지 못했다. 내가 간과한 점은 〈플롭〉이 다른 만화가들의 작품이 아니라 〈딜버트〉와 비교될 거라는 사실이었다. 〈플롭〉은 그 해에 새로 등장한 무명 만화가들의 작품들과 비교하면 충분히 경쟁력이 있었지만, 〈딜버트〉와 비교하면 밋밋하고 평범했다. 독자들은 이메일로 "〈딜버트〉가 훨씬 나은데요", "그냥 하던 일이나 잘하쇼" 같은 피드백을 줬다. 유명 만화가라는 사실이 새로운 만화에 걸림돌이 될 줄은 꿈에도 생각 못했는데, 내가 그런 경우였다. 그 점을 진작 알았더라면 많은 시간을 절약할 수 있었을 것이다.

〈딜버트〉는 직장을 집중 조명하는 첫 번째 연재만화였다. 처음 〈딜버트〉를 발표할 당시에는 비교할 만한 만화가 없었다. 덕분에 창피한 그림 실력과 글 솜씨로도 무사히 버틸 수 있었다. 1989년 〈딜버트〉의 발표 이후 많은 만화가들이 직장을 배경으로 하는 만화를 만들어 냈지만, 그들의 작품은 이미 무르익은 〈딜버트〉에 비교되며 완패를 당했다. 만약 내가 지금 이름을 감추고 완전히 새로운 인물을 주인공으로 직장 만화를 그린다면 마찬가지로 독자들은 이를 〈딜버트〉와 비교할 것이고, 그 만화가 〈딜버트〉를 능가할 가능성은 거의 없을 것이다.

지난 20여 년간 나는 〈딜버트〉를 영화화하기 위해 수십 차례 미팅을 가졌다. 나는 〈딜버트〉가 코미디 TV 시리즈 〈오피스The Office〉, 컬트 영화 〈오피스 스페이스Office Space〉와 어떻게 차별화될 수 있을지를 놓고 늘 고민했다. 〈딜버트〉가 영화로 성공하려면 영화 자체의 질적 수준보다는 무의식적으로 다른 직장 배경 작품들과 비교할 관객의 평가가 중요하기 때문이다. 질적 수준이 높다고 해서 반드시 성공하진 않으며, 그 질적 수준은 무엇을 기준으로 하느냐에 따라 평가가 달라진다.

레스토랑 사업을 할 때 이야기다. 나와 동업자는 두 번째 레스토랑을 차리기로 마음먹고, 이번에는 첫 번째 레스토랑보다 좀 더 고급스럽게 만들기로 했다. 약 8km 떨어진 두 레스토랑 사이에 차별화를 두어 제 살 깎아 먹는 꼴이 되지 않도록 하기 위함이었다. 그러나 완벽해 보였던 고급 인테리어 전략은 생각지도 못한 일로 차질을 빚게 되었다. 점심을 먹으러 들어온 여성들이 실내장식을 둘러보더니, 자기들이 옷을 너무 평범하게 입고 왔다며 직원에게 난처한 표정을 짓는 것이었다. 그렇게 '자칭 옷을 너무 평범하게 입고 온' 고객들은 돌아서서 나가버리고 말았다. 이런 일이 한두 번이 아니었다. 그렇게 나가버린 여성 고객들 중 그 누구도 내 눈에는 초라하게 보이지 않았다. 사실 우리 레스토랑이 '그 정도로 고급'도 아니었다. 그저 교외 쇼

평몰에 위치한 동네 레스토랑일 뿐이었다. 하지만 근처 다른 음식점과 비교해서 인테리어는 한 단계 위였다. 그 점이 사람들을 불편하게 만들었다. 설상가상으로 우리 음식 수준은 인테리어 수준을 따라가지 못했다. 그러나 고객들은 인테리어 수준에 맞게 음식도 최고급 수준일 거라 기대했다. 처음에 우리는 꽤 그럴싸한 장소에서 괜찮은 음식을 제공하면 손님들이 좋아할 거라 생각했지만, 이는 잘못된 생각이었다. 고객들은 우리 레스토랑이 편안하게 식사할 만한 장소인지 아니면 고급스러운 인테리어에 맞게 격식을 갖추어야 하는 곳인지 혼란스러워했다. 다른 편안한 분위기의 레스토랑에 비교하면 우리 레스토랑은 평범한 음식을 먹기엔 부담스러운 공간이었다. 반면 샌프란시스코의 고급 레스토랑과 비교하는 사람들에겐 우리 레스토랑의 음식이 눈에 띄게 특별하지 않았다. 우리는 고객들의 비교 대상을 예측하지 못했고 그래서 실패했다.

이 책도 비교당할 수 있다. 내가 유머를 너무 많이 섞으면 독자들은 이 책을 진짜 유머 책과 비교할 테고, 그만큼 유머가 많이 들어있지 않은 탓에 실망할 것이다. 그렇다고 유머를 하나도 싣지 않으면, 독자들은 이 책을 진지한 자기 계발서와 비교할 것이다. 균형을 잡기 위해, 나는 당신이 이 책을 즐겁게 읽을 수 있는 정도로만 유머를 자제하고 있다.

내가 말하는 비교는 단순히 경쟁 상대보다 더 낫고 아니고의 문제가 아니다. 만약 당신의 경쟁 상대가 당신보다 월등히 낫다면, 당신의 문제는 고객들의 인식보다 더 큰 문제다. 여기서 말하는 문제는〈

딜버트〉와 〈심슨 가족〉처럼 상식적으로 비교 대상이 아닌 것들을 비교 대상으로 삼는 걸 말한다. 두 프로그램은 어느 방면에서도 경쟁 상대가 아니었다. 동시간대에 방영되거나 시청자들의 여가 시간을 놓고 경쟁하는 사이도 아니었다. 〈심슨 가족〉과의 비교는 그 자체로 커다란 장애물이었다. 〈심슨 가족〉은 이미 여러 번 방영되면서 경험 많은 스태프와 든든한 자금 지원을 받는 프로그램으로 자리 잡고 있었던 반면, 〈딜버트〉는 자금 지원이 빈약하여 고군분투하는 상황에서 시작한 프로그램이었다. 게다가 애니메이션 프로그램은 실사 프로그램보다 조율에 더 오랜 시간이 걸린다. 애니메이션 작가 입장에서는 제작이 완료되기 전에는 대중에 무엇이 통할지 반응을 예측할 수 없고, 또 제작이 완료된 후에는 내용을 바꾸기가 쉽지 않다. 성공하려면 통하는 부분은 더하고 통하지 않는 부분은 덜어내야 하는데, 애니메이션 프로그램의 경우 보통 세 시즌 정도는 지나야 자리를 잡는다. 하지만 〈딜버트〉는 두 시즌 반 만에 제작이 취소되었다. 나는 만약 당시에 〈심슨 가족〉이 황금시간대 애니메이션 프로그램의 기준이 아니었다면 〈딜버트〉에게도 다음 단계로 도약할 수 있는 시간이 충분히 주어졌으리라 생각한다.

내가 비합리적으로 비교하는 성향 하나를 설명하는데 너무 오랜 시간을 할애했다. 한 사람이 인생에서 성공하기 위해서 알아야 하는 심리학 지식과 요령들은 무수히 많다.

내가 보기엔 심리학과 관련하여 알아야 할 현상들은 100여 가지가 넘는다. 나도 오랜 시간 이 분야를 깊게 공부했지만 아직도 멀었다고 느낀다. 워낙 방대한 분야라 이 책에 모두 실을 수 없어 목록으로 간단히 남겨 보았다. 이 목록을 통해 심리학 지식들을 얼마나 유용하게 사용할 수 있을지 당신이 깨닫게 되면 좋겠다. 만약 이들 중에 당신에게 낯선 목록이 있다면, 언젠가 그 부분 때문에 속임수에 빠질 수 있으니 조심하길 바란다. 어쩌면 당신은 제품을 개발할 기회나 다른 사람들에게 매력적으로 보일 수 있는 기회를 놓치게 될지도 모른다.

다음은 위키피디아에서 검색한 인지 편향 관련 목록이다.[1] 많아 보일 수도 있지만 평생에 걸쳐 배운다고 생각하면 시간은 얼마든지 있다. 다음의 내용을 매년 조금씩 알아가는 시스템으로 생각하라. 당신이 살면서 성취하고 싶은 모든 일에 심리학이 얼마나 중요한 역할을 하는지 이해한다면 좀 더 쉽게 접근할 수 있을 것이다. 심리학을 이해하는 게 얼마나 중요한지 점수를 매겨야 한다면, 나는 10점 만점에 10점으로도 부족하다 하겠다.

모호성 오류Ambiguity effect

닻 내림 효과Anchoring

가용성 발견법Availability heuristic

가용성 폭포Availability cascade

역화 효과Backfire effect

밴드웨건 / 편승 효과Bandwagon effect

바넘 효과Barnum effect

기저율 무시Base rate neglect / 기저율의 오류Base rate fallacy

신념 편향Belief bias

편견에 대한 맹점Bias blind spot

선택 지지 편향Choice-supportive bias

클러스터 착각Clustering illusion

확증 편향Confirmation bias

일치 편향Congruence bias

결합 오류Conjunction fallacy

보수성 / 퇴행 편향Conservatism or Regressive Bias

보수성(베이지언)Conservatism (Bayesian)

대비 효과Contrast effect

지식의 저주Curse of knowledge

미끼 효과Decoy effect

액면가 효과Denomination effect

차별성의 편향Distinction bias

지속기간 무시Duration neglect

공감 간극 효과Empathy gap

소유 효과Endowment effect

본질주의Essentialism

과장된 기대Exaggerated expectation

실험자 또는 기대 편향Experimenter's or Expectation bias

합의성 착각 효과False-consensus effect

기능적 고착화Functional fixedness

초점주의Focalism

초점 효과Focusing effect

포러 효과Forer effect

프레이밍/액자 효과Framing effect

빈도 환상Frequency illusion

도박사의 오류Gambler's fallacy

어려움—쉬움 효과Hard-easy effect

사후 과잉 확신 편향Hindsight bias

적대적 매체 효과Hostile media effect

과도한 가치 폄하 효과Hyperbolic discounting

통제의 환상Illusion of control

정당성 착각Illusion of validity

착각적 상관Illusory correlation

충격 편향Impact bias

정보 편향Information bias

견본 크기 무시Insensitivity to sample size

비이성적 상승효과Irrational escalation

공정한 세상 가설Just-world hypothesis

'적을수록 좋다' 효과Less-is-better effect

손실 회피 성향Loss aversion

루딕 / 헛똑똑이 오류Ludic fallacy

단순노출 효과Mere exposure effect

화폐 착각Money illusion

도덕적 허용 효과Moral credential effect

부정성 편향Negativity bias

개연성 무시Neglect of probability

정상화 편향Normalcy bias

관찰자 기대 효과Observer-expectancy effect

부작위 편향Omission bias

낙관주의 편향Optimism bias

타조 효과Ostrich effect

결과 편향Outcome bias

과신 오류Overconfidence effect

파레이돌리아Pareidolia

비관주의 편향Pessimism bias

계획의 오류Planning fallacy

구매 후 합리화Postpurchase rationalization

친혁신 편향Pro-innovation bias

가확실성 효과Pseudocertainty effect

심리적 반항Reactance

반사적 평가절하Reactive devaluation

최신성 편향Recency bias

최신성 환상Recency illusion

통제 편향Restraint bias

압운의 이성적 설득효과Rhyme as reason effect

선택적 인지Selective perception

제멜바이스 반사작용Semmelweis reflex

선택 편향Selection bias

사회적 비교 편향Social comparison bias

사회적 바람직성 편향Social desirability bias

현상 유지 편향Status quo bias

유형화Stereotyping

저가산성 효과Subadditivity effect

주관적 검증Subjective validation

생존 편향Survivorship bias

텍사스 명사수의 오류Texas sharpshooter fallacy

시간 절약 편향Time-saving bias

단위 편향Unit bias

친숙한 도로 효과Well-traveled road effect

제로리스크 편향Zero-risk bias

제로섬 휴리스틱Zero-sum heuristic

사회적 편향

행위자—관찰자 편향Actor-observer bias

방어적 귀인 가설Defensive attribution hypothesis

더닝 크루거 효과Dunning–Kruger effect

자기중심적 편향Egocentric bias

외적 보상 편향Extrinsic incentives bias

포러 효과Forer effect (바넘 효과Barnum effect)

잘못된 합의 효과False-consensus effect

후광 효과Halo effect

비대칭적 통찰의 착각Illusion of asymmetric insight

외부 동인의 착각Illusion of external agency

투명성 착각Illusion of transparency

기만적 우월감 효과Illusory superiority

내집단 편향Ingroup bias

공정한 세상 현상Just-world phenomenon

도덕적 행운Moral luck

순진한 냉소주의Naive cynicism

외집단 동질성 편향Outgroup homogeneity bias

투사 편향Projection bias

자기 본위 편향Self-serving bias

시스템 정당화System justification

특성 귀속 편향Trait ascription bias

궁극적 귀인 착오Ultimate attribution error

평균 이하 효과Worse-than-average effect

여러 오류들과 편향들

기괴함 효과Bizarreness effect

선택 지원 편향Choice-supportive bias

변화 편향Change bias

아동기 기억상실Childhood amnesia

보수주의 또는 퇴행 편향Conservatism or Regressive bias

일관성 편향Consistency bias

맥락 효과Context effect

동일 인종 인지 편향Cross-race effect

잠복기억Cryptomnesia

자기중심 편향Egocentric bias

정서적 퇴색 편향Fading affect bias

오기억 / 거짓기억False memory

생성 효과Generation effect (자기생성 효과Self-generation effect)

구글 효과Google effect

사후 과잉 확신 편향Hindsight bias

유머 효과Humor effect

환상의 진실 효과Illusion-of-truth effect

착각적 상관Illusory correlation

지연 효과Lag effect

평준화와 각인 효과Leveling and sharpening

처리 수준 효과Levels-of-processing effect

목록 길이 효과List-length effect

오정보 효과Misinformation effect

오귀인Misattribution

양태적 효과Modality effect

기분 일치 기억 편향Mood congruent memory bias

넥스트인라인 효과Next-in-line effect

오스본 효과Osborn effect

특정 단서 제공 효과Part-list cuing effect

절정 대미 법칙Peak-end rule

지속 효과Persistence

그림 우월성 효과Picture superiority effect

배치 편향Placement bias

긍정 효과Positivity effect

초두 효과Primacy effect, 최신 효과Recency effect, 서열 위치 효과Serial position

effects

처리 난이도 효과Processing difficulty effect

회고 절정Reminiscence bump

장밋빛 회상Rosy retrospection

자기 타당성 효과Self-relevance effect

자기 위수 편향Self-serving bias

원천 혼동Source confusion

간격 효과Spacing effect

고정관념 편향Stereotypical bias

접미 효과Suffix effect

피암시성Suggestibility

저가산성 효과Subadditivity effect

망원경 효과Telescoping effect

실험 효과Testing effect

설단 현상Tip of the tongue phenomenon

요점 기억 효과Verbatim effect

폰 레스토프 / 고립 효과Von Restorff effect

자이가르닉 효과Zeigarnik effect

이들 중 일부는 이미 일반 상식으로 통하고, 다른 명칭으로 알려진 것도 있다. 심리학이 얼마나 방대하고 심오한 학문인지 당신이 한번 느껴볼 수 있도록 목록 전체를 그대로 실었다. 이렇게 말하면 건방지게 들릴지 모르지만, 당신이 목록에 있는 어떤 항목을 이해하지 못하고 넘어간다면 미래에 그 대가를 치러야 하는 상황을 맞이할 수도 있다.

아는 것이 힘이라고 했다. 심리학이야말로 그 힘의 핵심이다. 당신이 무슨 일을 하든 그리고 얼마나 잘하든, 우리의 마음이 세상을 해석하는 방식을 깊이 이해할수록 도움이 된다.

나는 20대 때 최면요법 수업을 들은 적이 있다. 흥미로울뿐더러 어쩌면 앞으로 유용하지 않을까 하는 생각이 들었다. 심지어 최면을 부업으로 삼을까도 생각했지만, 내 시간을 잡아먹는 일은 하고 싶지 않았다. 그래도 최면요법을 배우면서 습득한 기술과 통찰력은 이후에 내가 하는 모든 일에 큰 도움이 되었다. 사업부터 개인생활에 이르기까지 모든 일에 대처하는 능력을 향상시켰다. 배울 만한 가치가 충분했다.

최면요법에서는 어떤 기법은 효과가 있는데 왜 다른 기법은 통하지 않는지를 두고 그리 오래 따지지 않는다. 최면은 일종의 시행착오 과정이다. 최면술사는 그동안의 시행과 착오를 되풀이하면서 실패한 동작을 줄여나간다. 그런 점에서, 최면술사는 사람을 일종의 말랑말랑한 기계처럼 대한다. 올바른 값을 입력하면 원하는 출력 결과를 얻을 수 있기 때문이다.

사람마다 뇌의 화학 반응이 제각각이라서 최면요법은 정밀하지 못한 과정이라 할 수 있다. 예를 들어 편안한 자세에서 여름날의 숲을 상상해보라는 이야기를 들으면 대부분은 숲에 대한 즐거운 이미지를 떠올린다. 하지만 곰을 맞닥뜨리거나 길 잃는 것을 두려워하는 사람들은 숲을 생각하는 것만으로도 불안해한다. 최면술사는 자신이 의도한 결과가 나오는지 보기 위해 상대방의 호흡, 자세, 움직임, 피부색 등에 나타나는 미묘한 변화를 읽어야 한다. 그리고 반응에 맞춰 수정하며 바꾼다. 통하지 않는 방법은 줄이고 통하는 방법은 더 많이 실시한다.

최면술은 내가 사람들을 바라보는 방식과 사람들이 내리는 결정을 해석하는 방식을 바꿔놓았다. 나는 더 이상 이성reason이 사람들의 행동을 촉발한다고 보지 않는다. 오히려 기계와 마찬가지로 인간의 행동은 단순한 인과관계를 따른다고 본다. 사람들이 살면서 이성에 따라 중요한 결정을 내린다고 믿는다면, 아마도 당신은 비이성적인 판단을 내리는 수많은 사람을 보며 혼란과 좌절 속에서 세상을 살게 될 것이다. 현실에서 이성은 우리가 결정을 내리게 하는 여러 요인 중 하나일 뿐이며, 대개 아주 작은 요인 중 하나이다.

최근 아내와 함께 새 차를 구입하러 갔다. 우리는 인터넷과 매장에서 여러 모델을 봤지만 눈길을 확 사로잡는 차가 없었다. 그러던 중에 보는 순간 딱 꽂힌 차량을 발견했다. 나는 그 차를 보는 순간 웃음을 터뜨렸다. 구입해야 할 이유, 성능 비교, 가격 협상 같은 자질구레한 일들을 떠올리기도 전에 이미 나의 뇌가 구입 결정을 내렸다. 아내도 나와 비슷한 생각을 하고 있었다. 우리 둘 다 계약도 하기 전에 이미 그 차를 타고 집으로 돌아가는 장면을 상상하고 있었다.

예상대로 이미 마음을 먹은 그 시점부터 우리는 차량의 여러 조건들을 모두 좋게 받아들였다. 우리는 가격도 합리적이고 원하던 기능이 모두 있다며 스스로를 설득했다. 그리고 협상 끝에 좋은 가격에 거래했다고 스스로를 확신시켰다.

사람들은 우리가 어떤 과정을 통해 차를 샀다고 생각할까. 먼저 관심을 끌 정도로 멋진 차량을 인터넷에서 본 다음에 이런저런 정보를 찾아보고 논리적 사고력에 근거해 이성적인 결정을 내렸다고 생각할지 모르겠다만, 현실은 꽤나 달랐다. 내 안의 아마추어 최면술사는 우리가 그 차를 본 순간 보인 반응이 차 구입에 필요한 유일한 '사고' 였음을 알고 있었다. 물론 그나마 살아있는 이성의 힘 덕분에 차바퀴가 네 개 달렸는지 운전대가 붙어있는지 같은 기본 중의 기본은 확인했지만, 과연 그걸 이성적인 사고 덕분이라고 할 수 있을지는 모르겠다. 이성적 사고가 나서서 아무리 노력했지만 결국 우리에게 차량을 판매한 쪽은 비합리적 결정이었다.

사람들이 언제 이성을 사용하고 언제 비합리적인 상황을 합리화하는지 알게 되면 대단히 유용하게 쓸 수 있다. 이성이 결정에 아무런 역할도 하지 못하는 상황에서 상대방에게 이성을 찾으라고 한다면 그건 시간 낭비일 뿐이다. 친구와 정치 관련 대화를 나누다가 당신이 펼치는 논리적인 주장을 친구가 받아들이길 거부한 경험이 있는 사람이라면 내 말이 무슨 뜻인지 알 수 있을 것이다. 물론 그 친구도 당신을 똑같은 관점으로 바라보고 있다는 사실에 유념해야겠지만.

거짓말을 일삼는 정치인도 언젠가는 언론에서 사실을 밝혀내리라는 걸 안다. 하지만 그래도 문제없다는 것 역시 안다. 유권자가 투표할 때 이성이나 사고력이 별 역할을 하지 못한다는 점을 알고 있기 때문이다. 이성적인 논쟁 백 번보다 유권자를 기분 좋게 해주는 거짓말 한 마디가 훨씬 더 효과적이다. 유권자가 정치인의 말이 거짓말이라는 사실을 알고 있어도 결과는 달라지지 않는다. 당신이 뻔뻔한 거짓말을 일삼는 정치인을 사회가 용인한다는 사실에 당혹감을 느낀다면, 그건 당신이 인간을 이성적인 존재로 생각하기 때문이다. 세상을 그런 시각으로 바라보면 좌절감과 한계에 부닛히게 된다. 이성은 가장 부조리한 선택지를 제거할 때를 제외하곤 아무런 역할을 하지 못한다. 이성은 당신이 선거에서 누가 봐도 쓰레기 같은 정치인에게

표를 던지지 않게 막을 수는 있겠지만, 잘생긴 멍청이를 지지하는 당신을 막지는 못할 것이다.

사람들이 중대한 결정을 내릴 때마다 이성을 활용하는 것처럼 보인다면 당신 스스로를 좌절과 혼란에 밀어 넣는 셈이다. 계속해서 사람들과 논쟁을 벌이며 스스로 승리감에 도취될 수는 있겠지만, 실은 그 누구도 이길 수 없다. 사람들이 대부분 이성적이라고 생각하는 것만큼 파괴적이고 제한적인 세계관은 없다.

ABC에서 방영한 〈서바이벌 천생연분The Bachelorette〉이라는 프로그램이 있다. 여러 독신남이 결혼을 원하는 한 여자를 두고 서로 겨루는 내용인데, 그중 한 남자가 장난을 쳤다. 부모님의 집에 여자를 데려가 자신이 아직 부모님 집에 얹혀사는 척 한 것이었다. 가짜로 꾸민 침실은 원래 그런 것처럼 엉망진창이었고, 여자는 제대로 속았다. 그런데 이 남자가 미처 생각하지 못한 게 있다. 설사 나중에 장난으로 밝혀진다 해도, 주인공 여성이 그 상황에서 받았던 느낌은 지워지지 않는다는 사실이다. 그녀의 마음-우리 모두 지닌 합리적인 부분-에선 남자가 그 나이에도 부모님 집에 얹혀사는 패배자라는 기억이 지워지지 않는 얼룩처럼 남는다. 방송은 그 상황이 장난이라는 사실을 알게 된 여자의 호탕한 웃음으로 마무리됐다. 하지만 프로그램을 시청하던 나와 아내는 서로 마주보며 동시에 이렇게 말했다. "저 남자 망했네." 얼마 안 돼서 그 남자는 후보에서 탈락했다. 남자가 했던 장난이 여자의 결정에 어떤 영향을 끼쳤는지 정확히 알 수는 없지만, 최면요법을 훈련한 내 생각에는 엄청난 영향을 끼쳤으리라 본다.

나는 애플이 성공한 요인이 사용자의 제품을 선택하는 '느낌'을 가장 중요시 여긴 스티브 잡스 덕분이라고 본다. 만약 스티브 잡스가 사람들을 이성적인 존재로 생각했다면, 애플은 낮은 가격에 성능 좋은 기기를 판매하는 델Dell과 유사한 길을 걸었을 것이다. 물론 델도 성공을 거두긴 했다. 소비자가 전부 합리적이었다면, 이 세상에는 단 하나의 컴퓨터 판매 업체만 남아 있을 것이다. 그러나 운 좋게도 델을 비롯해 여러 윈도우 기반 컴퓨터 제조업체는 우열을 가리기 힘들 정도로 엇비슷한 성능의 컴퓨터를 제작하면서도 비합리적인 소비자들 덕분에 살아남았다. 결국 윈도우 기반 컴퓨터는 평범한 소비재로 전락한 반면, 스티브 잡스는 자신의 세계관 덕분에 높은 이윤을 남기는 비즈니스 모델을 구축하게 되었다.

내가 사람들을 지나치게 비합리적인 존재로 여긴다고 생각할지도 모르겠다. 그러므로 내 생각을 좀 더 제한적으로 정리해보겠다. 사람들은 합리적인 사고방식으로 사소한 결정을 내린다. 당신도 투자할 때는 아주 신중하게 결정을 내린다. 하지만 2009년 금융위기가 왜 발생했는지 생각해보라. 누구보다 합리적인 판단을 내릴 수 있다고 자부했던 사람들조차 도저히 이해할 수 없는 금융 상품을 비합리적으로 낙관적인 시각으로 바라보았기 때문이다.

특히 이해하기 힘들 정도로 복잡한 상황에서는 합리적인 행동이 아무런 쓸모가 없다. 통신사들이 경쟁사와 비교조차 불가능할 정도로 복잡한 요금제를 내놓는 이유가 뭐라고 생각하는가? 이는 소비자들이 가격과 성능을 제대로 비교할 수 없도록 하려는 의도적인 행위이다. 그러면 소비자는 부족한 정보 속에서 결정을 내리고 자신이 옳은 결정을 내렸다고 확신한다. 통신사를 옮기며 가격과 통신 대역폭, 성능 등을 이유로 들지만, 그게 정말 합리적인 결정이었는지는 아무도 모른다.

이러한 혼돈을 극복하기 위해서라도 심리학을 알아야 한다. 심리학의 기본 지식은 당신의 일과 인생에서 성공하는 데 필수적이다. 심리학을 평생 배워야 할 학문이라 생각하라. 나중에 당신 주변 사람들이 혼란스러워할 상황을 명확하게 이해하고 있을 당신이 초능력자라도 된 기분이 들 테니.

성공 기술 3. 업무를 위한 글쓰기

나는 고등학교나 대학교에서 글쓰기 수업을 들은 적이 없다. 영어 수업 시간에 배운 기본적인 내용으로도 충분하다고 여겼다. 사람들이 이해할 수 있는 문장을 쓸 줄 알았으니, 더 필요한 건 없다 싶었다.

그 후 회사 생활을 하면서 어떤 사람들은 업무 문서조차 명확하고 설득력 있는 수준 높은 글을 쓴다는 것을 알게 되었다. 하지만 그들이 다른 사람들보다 훨씬 똑똑해서 그런 거라 생각했다. 글쓰기에 기술이 필요하고, 그 기술을 나처럼 평범한 사람도 쉽게 배울 수 있다는 사실을 전혀 모르고 지냈다.

그러던 어느 날 회사에서 지원하는 업무를 위한 글쓰기 수업에 등록하게 되었다. 회사에서 비용을 대준다면 나중에 도움이 될 만한 것은 무엇이든 가능한 한 많이 배워두자는 게 나의 전략이었다. 이 수업으로 내 인생이 바뀔 거라는 기대는 없었고, 그저 좀 더 나은 글을 쓰기 위한 비법이나 요령 정도만 익혀도 좋겠다는 생각이었다. 하지만 그건 잘못된 생각이었다. 오후 시간에 단 두 번 진행된 수업이 내 삶을 바꿔놓았다.

결국 업무를 위한 글쓰기의 핵심은 요점을 명확하게 언급하고 불필요한 내용을 제거하는 것이었다. 당신도 글을 쓸 때 이미 그렇게 하고 있다고 생각할지 모르겠으나, 아마도 사실은 그렇지 않을 것이다.

바로 앞 문장을 살펴보라. 내가 일부러 문장 안에 불필요한 단어를 집어넣었다. 알아챘는가? 앞 문장에 '당신도 이미 그렇게 하고 있다'라고 했는데 여기서 '이미'는 불필요한 단어다. '이미'를 없애면 '당신도 그렇게 하고 있다'라는, 정확하게 동일한 의미를 지닌 문장을 만들 수 있다. '하고 있다'고 했으므로 '이미'는 불필요하다. 업무를 위한 글쓰기의 기본은 바로 이런 점을 깨닫는 것이다.

이 수업에서는 개념을 특정 순서로 배열할 때 우리 뇌가 문장을 보다 쉽게 이해한다는 사실도 가르친다. 예를 들어, 우리 뇌는 '그 소년이 공을 친다'를 '그 공은 소년에 의해 더 잘 쳐진다'보다 더 쉽게 이해한다. 첫 번째 문장은 능동문이고, 두 번째 문장은 수동문이다. 작은 차이지만 문서 전체가 수동문으로 이루어져 있으면, 읽는 사람이 피곤해진다.

결국 설득력 있는 문장을 구사하는 사람은 평범한 문장보다 조금 더 나을 뿐이다. 깔끔한 글쓰기는 글쓴이를 더 똑똑한 사람으로 보이게 하며, 글쓴이의 주장을 더욱 설득력 있게 만든다.

업무를 위한 글쓰기는 유머러스한 글을 쓸 때도 도움이 된다. 불필요한 단어와 수동문은 유머가 치고 나올 타이밍을 없앤다. 똑똑하고 설득력 있으며 재미있는 사람으로 보이고 싶다면, 이틀 동안 업무를 위한 글쓰기 과정을 들어보기 바란다. 평생 도움이 될 만한 기술을 이틀 만에 배울 수 있는 수업은 그리 많지 않다.

성공 기술 4. 회계

나는 '회계'라는 단어를 생각만 해도 그 참을 수 없는 존재의 따분함 때문에 배울 엄두도 내지 못했다. 하지만 현대 사회에 필요한 사람이 되려면 회계의 기본은 알아야 한다. 설사 당신이 직접 회계를 하지 않더라도 말이다.

당신이 회계의 기본적인 개념도 이해하지 못한다면 세상은 혼란으로 다가올 것이다. 반대로 스프레드시트에 현금 흐름 계획을 세워 기록할 수 있다면 그 자체로도 도움이 되지만, 세금과 소위 말하는 돈의 시간적 가치*를 이해한다는 자신감이 생긴다. 회계는 경제와 경영에 관련한 전 분야에 걸쳐 있다. 따라서 각 분야에 해당하는 회계 관행을 이해할 필요가 있다.

---

* 간단하게 말해서, 오늘의 1달러는 투자할 수 있기 때문에 내일의 1달러보다 더 많은 가치를 지닌다. 실질적인 계산은 좀 더 복잡하다.

우리 동네에 주인이 여러 번 바뀐 아주 작은 레스토랑이 하나 있다. 주인이 바뀔 때마다 메뉴와 분위기도 늘 따라 바뀌었다. 그때마다 공통점이 하나 있었는데, 테이블 수가 너무 적어서 애초에 수익을 내지 못할 상황이라는 거였다. 아마도 새로운 주인들은 다들 요리 실력은 있지만 회계에는 문외한인 듯했다. 회계에 대해 조금이라도 아는 사람이라면 서류상으로도 수익을 내기 어려워 보이는 사업 모델을 추구하지는 않을 테니 말이다.

물론 사람을 고용해서 회계와 현금 흐름 계획 수립을 맡길 수도 있다. 하지만 이것도 당신이 직접 돌아가는 상황을 제대로 이해할 때만 의미가 있다. 그러므로 당신 스스로 기본적인 회계 지식을 쌓아 스프레드시트를 작성하는 것이 현명한 전략이다.

성공 기술 5. 디자인

현대를 살아가는 우리는 좋든 싫든 모두 디자이너다. 파워포인트 프레젠테이션이나 웹 사이트를 만들기도 하고, 자녀의 학교 행사에 사용할 전단지를 디자인하기도 한다. 집을 꾸미거나 다른 사람에게 멋지게 보일 옷을 구입한다. 과거에 디자인은 예술가나 관련 전문가들만의 영역이었다. 하지만 이제는 누구나 어느 정도는 스스로 디자인을 해야 한다.

나는 애초에 디자인 감각이란 게 없는 사람이었다. 디자인에는 사실상 어떤 패턴이 있다는 사실을 알고 놀라기까지 했다. 디자인을 보는 '눈'이 있어야만 디자인을 할 수 있는 건 아니다. 대부분은 패턴을 아는 것만으로도 충분하다.

예를 들어 조경 디자이너는 마당에 동일한 종류의 덤불을 두 개도, 네 개도 아닌 세 개를 조성하는 게 좋다고 말할 것이다. 홀수 배치가 더 좋아 보이기 때문이다. 덤불 세 개를 세는데 디자인을 보는 '눈'까지는 없어도 된다. 적어도 이 경우에는 전문가와 똑같은 결과물을 얻어낼 수 있다.

잡지 표지나 유화, 파워포인트 슬라이드를 구성할 때는 기본적인 템플릿 몇 가지만 고려하면 충분하다. 가장 널리 쓰이는 템플릿은 L자형 레이아웃이다. 화면에 크게 L자가 배치되어 있다고 생각해보자. 보통 L자 형태를 따라 내용이 촘촘하게 배열되고, L자를 제외한 나머지 공간은 비어있다. 화가들은 이렇게 비어있는 공간을 네거티브 스페이스negative space라고 부른다. 유화를 떠올려보자. 오른쪽에 나무 하나가 솟아있고, 아래에는 가로로 펼쳐진 대지가 있으며, 비어 있는 왼쪽 상단에는 하늘이 펼쳐져 있다. 이 구도에서 L자를 회전시키면 그림이 들어간 공간과 빈 공간의 위치를 바꿀 수 있다. 하지만 여전히 L자 레이아웃은 유지된다.

사진을 찍을 때도 동일한 방식을 적용할 수 있다. 인물을 사진 한가운데 넣는 대신에 L자 형태의 한 부분에 위치하도록 하고, 지면은 아래쪽에 위치하도록 조정한다. 비어있는 공간에는 풍경이나 황혼을 담을 수 있다.

파워포인트 슬라이드나 웹 페이지를 제작할 때도 마찬가지다. 사분면의 한 공간은 다른 세 공간들에 비해 여유를 남겨놓는다. 디자인이 훌륭한 잡지들을 훑어보라. 그림과 사진에서 L자형 디자인이 전체의 80퍼센트를 차지한다는 것을 알게 될 것이다. 나머지 20퍼센트에 대해서는 굳이 언급하지 않겠다. 다만 당신에게 디자인이 중요하다는 것과 디자인에 쓸 만한 툴을 쉽게 얻을 수 있다는 것을 강조하고 싶다. 몇 가지 요령만 배워서 활용해도 사람들은 당신을 왠지 모르게 감각 있는 사람이라고 생각할 것이다.

성공 기술 6. 화술

화술이 뛰어난 사람은 많지 않다. 대부분의 사람들은 그저 말을 할 뿐이다. 하지만 대화와 말하기는 결코 같지 않다. 대화를 잘하는 사람들은 놀랍게도 대부분의 사람들이 모르는 기법을 알고 있다. 나는 대화의 기술을 모르는 채로 인생의 반을 보냈다. 10대의 나는 대화란 시간 낭비에 불과하며 피해야 할 일이라 생각했다. 대화가 필요한 이유를 들어보긴 했지만 굳이 그래야 할 이유를 찾지 못했다. 나는 따분한 사람이었다.

대화를 나누는 이유는 열 가지 정도로 나눌 수 있다. 아마도,

정보를 교환하기 위해서

계획하기 위해서

불평하기 위해서

즐거움을 위해서

교감하기 위해서

친구가 되기 위해서

유혹하기 위해서

설득하기 위해서

예의를 갖추기 위해서

어색한 침묵을 피하기 위해서

잘난 척하며 떠벌리기 위해서

일 것이다. 어떤 이들은 이 항목들 중에서 떠벌리기, 불평하기, 정보 교환하기에만 집중한다. 이런 사람은 대화의 본질을 모르거나 대화의 방법을 전혀 이해하지 못하는 사람이다. 나도 몇십 년간 그렇게 살았다.

내가 대화의 기술을 얼마든지 배울 수 있으며, 내 생각보다 대화의 이점이 훨씬 크다는 사실을 눈치챈 것은 앞서 언급했던 데일 카네기 강좌에서였다. 수업 주제는 사람들 앞에서 말하기였지만, 파티나 사업상 모임에서 만난 낯선 사람들과 대화하는 기술도 배웠다. 이 기술이란 게 웃음이 나올 정도로 단순했지만, 효과는 100퍼센트였다. 핵심은 상대방에게 먼저 자기소개를 하고 공통 관심사를 찾을 때까지 질문을 계속 하는 것이 전부다.

데일 카네기 수업에서 배운 내용을 최대한 되살려 요약하자면 이렇다.

이름이 어떻게 되세요?

어디 사세요?

가족관계는 어떻게 되세요?

무슨 일 하세요?

취미나 좋아하는 운동은 있나요?

어디 여행가실 계획은 있나요?

처음 만난 사람에게 이런 질문을 하기에는 좀 어색하고 너무 개인적인 질문 같다고 생각할지 모른다. 나도 그랬으니까. 데일 카네기 수업을 받기 전까지 나는 처음 만난 사람에게 바로 농담을 던지는 유형이었다. 달리 무슨 말을 해야 할지 몰랐기 때문이다. 나중에 안 사실이지만, 처음 보는 사람과 바로 농담을 주고받는 상황을 좋아하는 사람은 5퍼센트에 불과하다. 그리고 그 5퍼센트의 반만 상대방의 농담이 재미있다고 생각한다. 다시 말해서 평범한 사람들은 만나자마자 바로 농담을 던지는 사람이 자기 앞에서 사라져주기를 바란다. 아무리 유머를 좋아한다 해도 상대방에 대해 알기도 전에 농담부터 시작하는 상황은 대부분 싫어하는 것이다.

위의 여섯 가지 질문들이 상황을 어색하게 만들지 않으면서도 대화가 이어지게 만들 수 있는 것은 나만큼이나 상대방도 어색해하기 때문이다. 상대방은 뭔기 재미있고 박식해 보일만한 이야기를 하고 싶어 한다. 그걸 쉽게 할 수 있도록 해주는 게 당신이 해야 할 일이다. 보통 자기 자신에 대해 이야기하는 것이 가장 쉽다. 감히 말하자면,

세상 사람의 99퍼센트는 자기 자신에 대해 이야기하는 걸 사랑한다고까지 말할 수 있다. 바꿔 말하면 당신이 낯선 이에게 던지는 개인적인 질문이 그 사람을 기쁘게 해준다는 말이다. 이러한 질문은 어색한 침묵에서 오는 스트레스를 날리고 대화를 나누는 첫걸음으로 작용한다. 무엇보다 당신의 질문은 처음 만난 상대방에게 관심이 있다는 신호를 준다. 대부분의 사람들은 이 신호를 당신이 자신에게 호감이 있으며, 자신이 사회적으로 인정받고 있다는 의미로 해석해서 받아들인다. 설사 당신의 질문에 큰 의미가 들어있지 않더라도 말이다.

대화 기술자로서 당신이 해야 할 일은 계속 질문을 던지면서 당신과 낯선 상대방 사이의 공통점이나 서로의 흥미를 유발할 주제를 찾아내는 것이다. 사람은 누구나 멋진 경험을 간직하고 있다. 당신의 질문만 적절하다면 상대방은 당신에게 자신의 이야기를 쏟아낼 것이다. 이때 당신이 처음 만난 사람이란 사실은 중요치 않다. 모든 사람은 알맞은 상황만 주어지면 재미있는 사람이 된다. 대화를 훌륭하게 이어가는 기법을 요약하면 다음과 같다.

질문하라.
(많이) 불평하지 말라.
따분한 경험(TV 프로그램, 식사, 꿈 등)에 대해서는 말하지 마라.
대화를 독차지하지 말라. 상대방이 말하게 하라.
한 주제에만 머무르지 말라. 계속 옮겨가라.
계획을 세우는 건 좋지만 대화는 아니다.

슬픈 이야기, 특히 아파서 고생했던 얘기는 짧게 하라.

대화의 본질은 상대방을 기분 좋게 해주는 것이다. 이렇게 간단한 일 하나만 제대로 해낸다면 다른 혜택들이 부록처럼 따라온다. 상대방이 당신을 맘에 들어 하면 당신의 이야기대로 따르고, 당신에게 좋은 기회를 소개하고, 정보를 나누고, 당신과 관계를 형성하고 싶어 한다. 혹시 당신이 혼자 견디기 힘들어서 결국 누군가에게 불평을 늘어놓아야 한다면, 이왕이면 당신을 좋아하는 사람에게 하는 편이 낫다. 그래야 당신이 원하는 공감을 얻을 수 있을 것이다.

그렇다면 어떻게 낯선 이에게서 호감을 얻을 수 있을까? 알고 보면 간단하다. 미소를 지으며 열린 자세를 보여주는 것에서 출발한다. 그런 다음에는, 상대방에게 질문을 던지고 당신이 관심 있는 자세로 들어주는 것이다. 그러면서 공통 관심사를 찾아낸다. 사람은 누구나 자기가 살아온 이야기를 하는 것을 좋아하며, 그 이야기에 공감하며 들어주는 사람을 좋아한다. 그리고 마침내 공통 관심사를 찾아내게 되면 별다른 노력을 들이지 않고도 서로 연결된 기분을 느낄 것이다.

당신이 외모가 매력적인 사람이라면 말을 많이 하는 건 별로 좋은 생각이 아니다. 사람들은 매력적인 사람을 좋아하는 경향이 있다. 괜히 말을 꺼냈다가 오히려 이미지를 깎아먹을 수 있다. 매력적인 외모를 지녔다면, 동물 해골을 수집하는 괴상한 취미에 대해 이야기를 나누기 전에 견고한 관계가 형성되었는지 확인해야 한다. 적어도 서로를 알아가는 초기 단계에서 말은 적으면 적을수록 좋다.

반대로 당신이 나처럼 별 볼 일 없는 외모의 소유자라면 대화의 기술이 매우 중요하다. 어떤 일을 세계적인 수준으로 해냈다면 모를까, 그게 아니라면 상대방에게 자기 자신을 적극적으로 영업해야 한다. 대화의 기술을 키워야 한다. 그러려면 짧지만 재미있는 이야기에 도사가 되어야 한다.

나는 작가적 본능 덕분에 관찰하는 모든 것을 이야기로 만든다. 이때 도입과 예상 밖의 전개, 마무리로 사용할 핵심적인 한 마디로 이야기를 구성한다. 당신도 똑같이 할 수 있다. 당신의 재미있는 경험을 어떻게 이야기로 바꿀 수 있을지 스스로 묻는 습관을 들이도록 하라. 나는 주변 사람들에게 이야기하는 모습을 상상하며 도움을 받는다. 내용이 어떻게 흘러갈지, 그 내용에 어떤 반응이 나올지 상상하는 것이다. 내용이 너무 길진 않았나? 상대방이 놀랄 만한 반전이었나? 이야기를 마무리하는 멋진 한 마디가 있었나?

상황을 봐서 언제든 꺼낼 수 있는 이야깃거리들을 준비해두는 게 좋다. 그리고 새로운 이야깃거리를 꾸준하게 업데이트해야 한다. 나는 며칠 후 친구들과의 약속이 잡히면 최근에 있었던 일을 이야기로 만들어 기억해둔다. 대화 도중에 써먹을 때가 한 번은 있을 테니까. 가장 인기 좋은 이야기는 물론 '재미있는 이야기'다.

나는 모든 사람이 재미있게 이야기하는 법을 알아야 한다고 생각한다. 스토리텔링은 배울 수 있는 기술이지 타고난 재능이 아니다. 일단 좋은 이야기에 어떤 요소가 필요한지 알게 되면, 그 요소에 따라 일상적인 경험을 소재로 잘 다듬어서 자신만의 이야기를 만들어

내면 된다.

이야기를 잘하려면 준비 과정이 가장 중요하다. 이야기를 하면서 동시에 내용을 만들어내려 해선 안 된다. 이야깃거리로 충분하다 싶은 소재가 있으면 시간을 들여 머릿속으로 이야기 구성을 전개시켜본다. 그리고 익숙해질 때까지 머릿속으로 이야기하는 연습을 해본다.

사람들이 재미있게 즐길 만한 이야기를 구성하는 요소를 다음과 같이 생각해볼 수 있다.

도입: 이야기 도입 단계에서 지켜야 할 중요한 규칙은 단 하나다. '간결할 것'. 간결한 도입부는 이래야 한다. "내가 브레이크 때문에 차를 정비소에 가져갔거든."처럼. 이게 다. 브레이크에 무슨 문제가 있는지 얘기하지 마라. 굳이 이유를 밝힐 필요가 없는 상황이라면, 왜 브레이크에 문제가 있다고 생각하는지도 밝히지 마라. 도입 단계에서는 하나, 많으면 두 개의 문장을 유지하라.

규칙: 당신이 이야기하다가 나중에 깨뜨리게 될 규칙을 설정하라. 예를 들어, "정비소에 차를 가져갈 때마다 너무 비싸서 늘 깜짝 놀라게 돼."라고 할 수 있다. 이걸로 규칙이 설정된다. 이제 우리는 이어질 이야기가 규칙을 깨뜨릴 것이라는 걸 알고 있다. 우리는 그걸 다음과 같이 부른다.

복선: 복선은 이야기가 어디로 흘러갈지 단서를 남기거나 암시를 주는 것을 말한다. 복선은 아예 도입 단계에서부터 등장할 수도 있다. "아칸소에 사

는 우리 친척이 그러는데 그 동네에는 태풍이 닥쳐올 때 사람들이 피하는 '겁쟁이 구멍'이 있대. 근데 거기엔 네 명밖에 못 들어가게 되어 있대." 이걸 복선이 깔린 도입이라 할 수 있다.

인물: 모든 이야기에는 인물이 등장한다. 그리고 당신이 등장인물 중 하나가 될 수도 있다. 당신의 이야기를 듣는 사람이 등장인물의 이상한 습관이나 결점, 좋아하는 것 등 모든 걸 알고 있다면 자세한 설명이 필요 없다. 하지만 당신이 처음 보는 상대나 잘 모르는 사람에게 말할 때는 이야기에 어울리도록 인물의 성격적 특성을 설명해야 한다. 예를 들어, "내 친구 밥은 몇 년 동안이나 나한테 전동 공구를 빌려다 써. 완전히 짠돌이라 사기엔 아깝다는 거야."처럼 인물을 간단하게 묘사할 필요가 있다. 훌륭한 이야기 속에는 모름지기 성격에 대한 언급이 들어가게 되어 있다.

연관성: 사람들은 유독 자기 자신이 주제가 될 때 이야기에 가장 많은 관심을 보인다. 그러니 당신의 이야기를 듣는 사람과 연관 지을 수 있을 만한 주제를 골라라. 예를 들어, 당신이 꽉 막힌 임원에 대해 이야기한다면, 무슨 얘길 하든 듣는 사람들은 직접 보지 않아도 어떤 상황인지 공감할 수 있다. 하지만 고된 누빔 작업에 대해 이야기한다면, 원단이 어쩌고저쩌고 해봐야 상대방은 이해하지 못한다. 그런 얘기는 짧게, 아주 재치 있게 마무리하는 게 낫다. 사람들은 자기와 관련된 이야기가 멈추는 순간, 딴 데 정신을 판다.

반전: 예상 밖의 일이나 평범하지 않은 일이 발생하지 않는 이야기는 좋은 이야기라 할 수 없다. 이야기에는 반전plot twist이 있어야 한다. 반전이 없으면 이야기가 아니다. 그냥 있었던 일을 읊는 것에 불과하다. 당신이 읊는 이야기를 배우자라면 재미있게 들을 수 있으나, 다른 사람들과 함께 하는 자리에서는 피해야 한다.

피해야 할 주제: 재미있는 사건들에 대해 이야기하는 것이 중요하다. 하지만 더욱 중요한 점은 졸음이 밀려올 정도로 지루하거나 우울한 상황에 대해 이야기하지 않는 것이다. 피해야 할 주제 몇 가지는 다음과 같다.

음식: 사람들은 자기도 그 식당에 갈 계획이 있는 사람이 아니고서는 당신이 식당에서 얼마나 멋진 식사를 했는지에 대해 관심이 없다. 물론 음식 맛보는 걸 진정한 즐거움으로 삼는 사람이라면 음식 얘기를 듣고 좋아하겠지만, 설사 그런 경우라 하더라도 음식 얘기는 짧게 하도록 하라.

TV 프로그램 줄거리: 두 사람 모두 좋아하는 프로그램에 대한 대화는 재미있고 즐거울 수 있다. 하지만 아직 보지 않은 프로그램 내용을 미리 듣고 싶어 할 사람은 없다.

꿈: 어젯밤에 당신이 꾼 꿈의 자세한 내용까지 신경 쓸 만한 사람은 없다. 꼭 말해야겠다면 한 문장으로 끝내라. "어제 윈스턴 처칠이랑 똑같이 생긴 원숭이가 내 시리얼 그릇에서 수영하는 꿈을 꿨어." 이렇게.

건강 이야기: 당신이 최근 건강에 문제가 있었거나 회복했다면, 내가 아무리 건강 이야기를 자제하라고 해도 틀림없이 건강 문제에 대해 이야기를 늘어놓을 것이다. 그리고 당신의 상태를 아는 사람이라면 요즘 건강은 좀 어떤지 당신에게 물어올 것이다. 이런 상황에서는 자신의 건강 문제를 얘깃거리에서 완전히 배제하기가 어렵다. 그러니 가볍고 가능하면 재미있게, 짧게 이야기를 마쳐라. 물론 이 책에도 나의 건강과 관련된 이야기가 많다는 걸 나도 안다. 하지만 나는 전문가다. 내가 제대로 썼다면, 지금쯤 당신은 내 목소리 문제가 과연 어떻게 해결됐을지 궁금해 하고 있을 것이다.

미소 짓고, 질문하고, 불평과 슬픈 주제는 피하고, 언제든 할 수 있는 재미있는 이야기를 준비하라. 이것만 하면 당신도 손꼽히는 화술가가 될 수 있다.

성공 기술 7. 수줍음 극복하기

물이라고는 구경도 할 수 없는 산간벽지에 사는 부족민을 데려다가 바다에 집어던지면 그 사람은 아마 겁에 질려 익사하고 말 것이다. 수영은 인간이 타고나는 기술이 아니기 때문이다. 그러나 다행히도, 우리는 조금만 연습하면 제법 쉽게 수영을 배울 수 있다.

수줍음을 극복하는 것도 수영과 다를 바 없다. 우리는 수줍음을 극복하게 해주는 장치를 갖고 태어나지 않는다. 유달리 수줍음이 많은 사람도 있다. 하지만 수영과 마찬가지로 약간만 연습하면 우리는 수줍음을 극복할 수 있다. 그리고 배워둘 만한 가치가 있다. 20대의 나는 수줍음이 너무 많았다. 차를 몰고 파티에 가서 주차를 하고는, 폭포 같은 땀을 흘리며 망설이다가 그 누구와도 마주치지 않은 채 그대로 집에 돌아올 정도였다.

그러다가 대학 친구 덕분에 수줍음을 극복하는 비법을 배웠다. 그 친구는 내게 상대방과 대화하는 연기를 한다고 상상하면 수줍음을 극복할 수 있다고 가르쳐주었다. 말 그대로, 연기를 하라는 것이었다. 알고 보면 수줍음이 많은 사람은 자기 자신으로 행동하기보다 다른 사람처럼 행동하는 걸 훨씬 더 쉽게 생각한다. 이게 말이 되는 이유는 수줍음이 자신이 그 대화에 낄만큼 중요한 사람이 아니라는 내면의 감정에서 비롯되기 때문이다. 그래서 차라리 대화할 때 다른 사람을 연기한다고 생각하면 마음이 더 편해진다.

타고난 수줍음을 자신감으로 포장하기 위해서, 나는 내가 잘 아는 사람 중에 자신감 넘치는 사람을 구체적으로 떠올린다. 서투르게라도 그 사람을 흉내 내다보면 훨씬 나아지는 걸 느낄 수 있다. 식은땀을 뻘뻘 흘리거나, 내가 던진 농담에도 스스로 큰 웃음을 터뜨리거나, 구석진 자리를 찾아가는 일이 줄어든다.

그리고 수줍음이 몰려온다 싶을 때마다 마음속으로 몇 가지를 떠올린다. 먼저, 다른 사람들 역시 가끔은 사람들과 만나는 자리에서 어색함을 겪으며, 지금 나와 대화를 나누고 있는 상대방도 수줍음을 느끼고 있다고 생각하는 것이다. 상대방이나 나나 비슷한 입장이라고 생각하면 도움이 된다. 상대방 역시 사교적인 사람인 것처럼 스스로를 포장하고 있는 것이다. 딱 내가 하고 있는 것처럼.

가장 좋은 팁 하나를 주자면, 다른 사람에게 관심을 보이는 척하는 것만으로도 수줍음을 감추는 데 도움이 된다. 꼬치꼬치 캐물으라는 말이 아니다. 그냥 적당한 수준의 관심으로도 충분하다. 이때 상대방이 '사물형'인지 '관계형'인지 파악하면 도움이 된다. 사물형 인간은 새로운 기술과 기발한 제품에 관한 이야기를 나누거나 정치처럼 과정이나 시스템에 관한 토론을 나누는 것을 좋아한다.

관계형 인간은 재미있는 일을 하는 사람과 관련된 이야기를 좋아한다. 이런 사람들은 주제가 물건으로 바뀌면 금세 지루해 한다. 일단 상대방의 성향을 파악한 다음에는 그 사람이 좋아하는 이야기를 만들어 가면 된다. 이에 따라 상대방의 반응도 달라질 것이며, 상대방이 좋은 반응을 보인다면 당신의 자신감이 높아지고 수줍음이 줄어들 것이다.

외향적인 사람들은 얼핏 자연스러워 보이지만, 사실 학습된 사교술을 사용하는 것이다. 사교술을 타고 나는 사람은 거의 없다. 외향적인 사람의 부모를 보면 보통 적어도 한 사람은 외향적인 성격이다. 외향성은 유전일 수도 있지만 언제 무슨 말을 해야 할지는 학습을 통해 배워야 한다. 희소식은 당신도 그걸 배울 수 있다는 사실이다. 사교술이 좋은 사람들을 관찰하면서 배울 수 있는 기술이라면 빼내라. 나도 예전부터 그렇게 하고 있다. 효과 만점이다.

인간이라면 누구나 내면에 엉망인 구석이 하나쯤은 있다는 사실을 떠올리는 것도 도움이 된다. 말쑥하고 화술이 좋은 사람은 마치 모든 것을 갖춘 사람처럼 보이고, 그래서 당신보다 우월한 사람이라고 여기기 쉽다. 하지만 사실 인간은 누구나 엉망인 부분을 하나 이상 지니고 산다. 가끔 남들에게 문제를 들키지 않고 잘 감추는 사람이 있을 뿐이다. 당신이 누군가를 정상적인 사람이라고 생각한다면, 그건 당신이 그 사람을 잘 몰라서 하는 소리일 뿐이라는 게 나의 대답이다. 어느 누구와 비교해도 자신의 결함이 그리 크지 않다는 사실을 기억하면 도움이 된다.

또한 마치 근육을 단련하는 것처럼 자아를 단련하라고 말해주고 싶다. 무게를 견뎌야 근육이 단련되듯 불편한 환경을 견뎌야 자아도 단련된다. 실수하면 당혹스럽게 느껴질 상황에, 실수하지 않더라도 그 자리에 있다는 자체만으로 어색하고 쑥스러운 상황에 스스로 마주쳐라. 부끄러움을 느낄 수밖에 없는 상황에 자신을 노출시키는 연습을 하다 보면 점차 그런 상황을 좀 더 쉽게 받아들이게 된다.

솔직히 밝히자면, 나는 내가 꽤 유명한 데다 흥미로운 직업을 가진 사람이라는 걸 깨달았을 때 수줍음이 사라졌다. 성공은 자신감을 높여주고, 자신감은 수줍음을 제압한다. 내가 설명한 방법들로도 수줍음이 사라지지 않는다면, 당신이 부유해지고 유명해질 때까지 기다려라. 그러면 수줍음도 자연히 알아서 사라질 테니까.

성공 기술 8. 외국어

나는 오랫동안 노력했지만 외국어를 배우지 못했다. 외국어를 배울 때마다 쓰기 실력은 괜찮았는데 듣기가 도저히 안 됐다. 외국어 음성은 내게 중얼거리는 광대들로 가득한 건조기가 돌아가는 소리처럼 들린다. 내 뇌는 영어 이외의 언어는 전혀 받아들이지 못하도록 설계되어 있는 게 분명하다.

외국어를 할 줄 알면 단일 언어 사용자보다 일자리를 비롯해 여러 분야에서 훨씬 더 많은 기회가 열린다. 내가 사는 캘리포니아에 알맞은 외국어로는 스페인어를 꼽을 수 있다. 나는 사업을 위해 스페인어를 익힌 사람들을 제법 많이 만났다. 캘리포니아에서 많은 사람을 상대하는 직업을 얻고자 한다면 단연 스페인어는 필수다. 사는 지역이나 상황마다 다르겠지만, 어쨌든 모국어 외에 다른 언어를 할 줄 알면 좋은 건 틀림없다. 경쟁자보다 훨씬 유리한 위치를 차지할 수 있다.

너무 당연한 소리를 하고 있다고 생각되거든, 이 책을 읽으면서 이런 소리를 처음 듣는 사람도 있다는 사실을 명심하기 바란다. 나도 젊었을 때는 엄청나게 무식했었다. 사실 주위를 보면 상식을 찾기가 얼마나 힘든지 놀랄 정도다. 캘리포니아에 있는 학교에서 왜 불어를 가르치느냐는 말이다. 뭘 모르는 사람이 많다.

성공 기술 9. 골프

사업은 골프장에서 이루어진다는 말이 있다. 나는 골프를 시작한 지 얼마 되지 않았지만, 내가 본 바로는 아무도 골프장에서 사업 얘기를 하지 않는다. 골프의 좋은 점이라면 사람들, 특히 남성들 사이에 유대감을 형성시킨다는 것이다. 남성들은 활동적으로 어울리면서 유대감을 쌓는다. 특히 일정한 나이에 이른 남성들이 가장 많이 즐기는 스포츠 비슷한 활동이 바로 골프다.

골프가 재미없어 보인다는 이유로 치지 않는다면, 아마도 뭘 잘 몰라서 하는 소리라 할 수 있다. 나도 골프를 시작하기 전에는 골프가 재미있어 봐야 그게 그거지, 그 시간과 돈을 들여가며 칠 정도로 가치 있는 운동은 아니라고 생각했다. 잘못된 생각이었다. 골프를 치는 몇 시간 동안 내 뇌는 시간의 다른 차원으로 이동한다. 마음의 휴가를 얻은 것 같다고 할까. 실력이 형편없는 내 입장에서는 골프가 마음을 느긋하게 해준다고만 할 수는 없다. 하지만 완전히 몰입할 수 있는 장소에서 새로운 일을 하는 단순한 행동 자체가 나를 일상의 걱정에서 해방시킨다. 뇌가 휴가를 떠나는 느낌이다. 정말 뭔가 다른 근사한 기분이다. 물론 골프는 사업을 하는 여성들도 남성들과 같은 이유로 배우길 권한다.

한 가지 더! 30내 이상의 이성과 대화를 나누면서 공통의 관심사를 찾고 있다면, 골프는 언제든 불러올 수 있는 훌륭한 주제다. 나도 "골프 치세요?"라는 질문을 얼마나 많이 받았는지 모른다. 골프를 배우기 전에는 이 질문을 받을 때마다 짜증이 나고 지겨워 죽을 지경이었다. 이제는 골프 얘기만 나오면 공통 관심사로 삼아 즐거운 대화를 나눈다.

성공 기술 10. 설득력

어떤 직업에 종사하든 사람들을 설득하느라 많은 시간을 보내게 된다. 계약을 마무리하려는 판매원이든 누군가의 영혼을 구제하려는 사제든 그 누구든 간에 상사와 가족, 친구를 설득할 일이 많을 것이다. 타인과 관계된 거의 모든 상호적인 행위에는 아주 미약한 정도라도 설득이라는 행위가 포함되어 있다. 그렇다면 상대방을 효과적으로 설득하는 기술을 알아둔다면, 당연히 도움이 되지 않을까?

설득의 기술을 배울 때는 먼저, 당신이 즐겨 찾는 인터넷 서점에서 '설득'을 검색한다. 설득과 관련된 책들은 엄청나게 많다. 똑같은 방법들이 반복해서 나온다는 생각이 들 때까지 계속해서 읽어라. 설득이라는 주제가 얼마나 심오한 내용을 담고 있는지 놀라게 될 것이다. 그렇게 습득한 기술을 앞으로 살아가면서 마주하는 업무 관계나 인간관계에서 사용하면 된다. 설득력이 좋은 사람이 된다는 건 마법의 힘을 갖게 되는 것과 마찬가지다.

물론 설득과 관련해서는 윤리적인 문제를 고려해야 한다. 아마 상대방에게 최선이 아닌 일을 하게끔 설득하고 싶지는 않을 것이다. 그리고 설득을 너무 잘하게 되면 자신이 얼마나 능수능란하게 상대를 다루는지 깨닫고, 소름끼치는 기분이 들 수도 있다. 설득의 기술을 많이 익히다 보니, 가끔은 맨주먹으로 덤비는 상대방에게 몽둥이로 맞서는 기분이 들어 의도적으로 수위를 조절하기도 한다. 그럴 때면 상대방을 조종해서 이길 때보다 기분이 더 좋아진다. 설득의 기술은 이 정도로 강력한 힘을 지니고 있기 때문에 신중하고 현명하게 사용해야 한다.

당신의 이해를 돕기 위해, 살짝 맛보기로 설득의 기술 몇 가지를 소개하도록 하겠다. 유독 설득력이 있는 단어와 구문들도 있으며, 내가 경험을 통해 설득력이 있음을 알게 된 표현도 포함시켰다.

설득력 있는 표현들

왜냐하면

…해도 괜찮을까요?

전 관심 없어요.

전 그런 거 안 해요.

제겐 원칙이 있어요.

그저 명확하게 하고 싶어서 그러는데요.

어떻게 좀 도와주실 수 있는 방법이 없을까요?

고맙습니다.

이건 우리끼리만 아는 거예요.

왜냐하면 심리학자 로버트 치알디니Robert Cialdini의 연구에 따르면,

사람들은 '왜냐하면'이 들어간 문장을 사용해 도움을 청하는 이에게 보다 협조적인 모습을 보인다. 상대방이 제시한 이유가 별로 그럴듯하지 않거나 전혀 말이 되지 않아도 그렇다.[2] '왜냐하면'이라는 단어가 합리적으로 들리기 때문이다. 합리적인 부탁이라고 받아들인 사람은 방어막을 풀고 이의 제기를 철회한다.

이게 과학적으로 옳은 주장이라면, 돈을 빌릴 때는 이렇게 말하는 게 효과적일 것이다. "100달러만 빌릴 수 있을까? 왜냐하면 월급이 다음 주에나 나오거든." 다음 주에 월급을 받기 때문이라는 이유가 돈을 빌릴 수 있다는 정당한 이유는 되지 못한다. 이 말에는 돈을 빌려야 하는 실질적인 이유가 들어있지 않다. 심지어 돈을 빌리려는 사람은 돈이 왜 필요한지에 대해서도 밝히지 않고 있다. 그럼에도 '왜냐하면'이라는 한마디 때문에 정당한 이유가 있는 것처럼 여겨진다. 나는 이 기술을 여러 번 써먹었다. 엄청나게 잘 먹혔다.

…해도 괜찮을까요? '…해도 괜찮을까요?'로 끝나는 말도 효과가 좋다. 내가 생각하기에는, 괜찮겠느냐는 말이 상대방에게 어쩌면 불편할 수도 있다는 의미를 내포한 합리적인 부탁처럼 들리기 때문인 듯하다. 누군가 "…해도 괜찮을까요?"라고 부탁하는데 안 된다고 단칼에 거절하는 사람은 많지 않다. 이 표현에는 상대방에 대한 배려와 함께 말하는 사람의 솔직함이 묻어난다. 강력한 조합이 아닐 수 없다.

전 관심 없어요 가끔은 당신을 계속해서 설득하려는 사람을 그만두도록 해야 할 때가 있다. 텔레마케터의 전화를 받거나 당신이 원하지도 않는 물건을 팔려는 상대를 만날 때가 그런 상황이다. 이런 상황에서 당신이 원하지 않는 이유를 합리적으로 설명하려 드는 건 가장 잘못된 대응이다. 그들에게는 자신이 내세우는 논리로 당신의 논리를 덮어버릴 만한 말솜씨가 있기 때문이다. 실제로 이런 사람들은 어떤 이유에도 대응할 논리로 무장하고 있다. 친구들도 마찬가지다. 당신이 친구들의 의견에 합리적인 이유를 대며 거절해봐야 친구는 포기하지 않고 계속 졸라댈 게 뻔하다.

나는 나를 설득하려는 사람을 멈추게 할 수 있는 가장 좋은 방법은 "전 관심 없어요."라고 말하는 것이라는 사실을 발견했다. 한번 꼭 해보길 바란다. 당신이 관심 없는 이유는 대지 마라. 어떤 것에 누구는 관심이 있는데 왜 다른 사람은 관심이 없는지를 설명할 수 있는 사람은 없다. 관심이 없다는데 따지고들 수도 없다. 그러므로 대화를 끝내고 싶다면 계속해서 관심 없다는 표현을 해라. 얼마나 효과가 좋은 방법인지 알게 되면 놀랄지도 모른다. 나도 이 방법을 오래전부터 사용하고 있다. 대화를 끝내는 데 이보다 좋은 방법은 없다.

전 그런 거 안 해요 설득을 위해 유용하게 사용할 수 있는 또 다른 문장이 있다. "전 그런 거 안 해요." 이 말에는 어떤 이유도 없다. 하지만 당신만의 불변의 원칙처럼 들린다. 누군가 당신에게 아스파라거스 축제에 가자고 조른다고 해보자. 재미없을 것 같다는 이유는 대지 마라. 그 말을 하는 순간 아스파라거스와 사랑에 빠진 상대방은 한 번만 가보면 그 축제가 얼마나 재미있을지 알게 될 거라며 당신에게 끝없이 들러붙을 것이다. 대신에 "전 음식 축제 같은 데 안 가요."라고 해야 한다. 상대방이 이유를 물으면 그냥 "전 관심 없어요."라고 답하면 된다. "전 그런 거 안 해요."와 "전 관심 없어요."를 함께 사용하면 설득 효과는 배가된다.

제겐 원칙이 있어요 위와 비슷하게 상대방의 설득을 단념시키는 표현은 바로 당신에게 '원칙'이 있다고 하는 것이다. 예를 들어, 당신이 잠재 고객과 점심을 먹으러 가는데 평소에 밉살맞은 동료가 같이 가도 되겠느냐고 묻는 상황이다. 함께 지내는 동료에게 가증스러운 놈이라고 솔직하게 말할 수는 없는 노릇이다. 이때 "내겐 고객과의 점심은 일대일로만 한다는 원칙이 있거든."이라고 말하면 된다. 구체적인 이유를 대지 않았음에도 정중하고 그럴싸하다.

그저 명확하게 하고 싶어서 그러는데요 살다 보면 정신이 혼미해질 정도로 멍청하거나 악랄하거나 악의적인 말을 들게 된다. 이런 말에는 대응해봐야 싸움밖에 되지 않는다. 사람들은 자기 잘못과는 관계없이 문제가 생기면 공격적인 태도를 취하는 경향이 있다. 그러므로 인간관계나 사업에서 위험한 상황을 피해가는 효과적인 방법은 "그저 명확하게 하고 싶어서 그러는데요…"로 시작하는 질문을 던지면서 대화를 살짝 비트는 것이다.

예를 들어 이렇게 물어보면 된다. "그저 명확하게 하고 싶어서 그러는데요, 당신이 감옥 갈 확률이 80퍼센트나 되는데도 괜찮다고 하시는 겁니까? 아니면 제가 잘못 들은 건가요?"

이렇게 설명 내지 해명을 요구하는 질문을 정확하게 던지면 상대방도 자신이 뱉은 말에 대해 다시 생각하게 되면서 체면을 살릴 길을 모색한다. 그러면서 완전히 새롭고 보다 합리적인 계획을 내놓게 된다. 자기 말이 틀렸다는 지적을 좋아할 사람은 아무도 없다. 하지만 자기 말을 '명확하게' 수정할 기회가 주어지면, 설사 처음에 했던 주장과 반대가 되더라도 기꺼이 받아들인다. '명확하게 하고 싶다'는 상대방의 기분을 상하게 하지 않으면서 올바른 방향으로 이끄는 표현이다.

어떻게 좀 도와주실 수 있는 방법이 없을까요? 누구나 자기가 보기엔 정당하고 공정한 일을 하려고 하는데 조직이나 다른 사람이 그 일을 하지 못하게 하는 상황에 처할 때가 있다. 상점에서 환불을 거절한다거나 아니면 물건을 잘못 산 경우도 있고, 원하는 물건의 재고가 없는 경우일 수도 있다. 이럴 때는 상대방이 자신의 권한을 넘어서고 원칙을 깨서라도 당신을 만족시킬 방법을 찾아달라고 설득해야 한다.

이 과정에서 화를 내거나 지나친 요구를 한다면 상대방은 계속 원칙을 들먹이며 당신을 무시할 것이다. 대신 이런 상황에서 가장 강력한 효과를 낼 수 있는 방법은 "어떻게 좀 도와주실 수 있는 방법이 없을까요?"라고 묻는 것이다. <mark>이 질문이 얼마나 놀라운 설득력을 발휘하는지 사용해보면 알게 된다.</mark>

이 말은 당신은 힘없는 피해자이고, 당신이 설득하고자 하는 상대방은 영웅이자 문제 해결사라는 뜻을 내포하고 있다. 사람들은 늘 자신이 영웅이자 문제 해결사가 된 모습을 상상한다. 따라서 당신은 그 기회를 제공하기만 하면 된다. 상대방을 당신의 문제 해결사로 임명하면서, 상대방은 자신이 원하던 모습이 될 수 있는 기회를 얻게 된다. 착한 사람들을 도와준다는 건 언제나 기분 좋은 일이다. 당신은 그저 정중하게 직접적인 질문만 하면 된다. "어떻게 좀 도와주실 수 있는 방법이 없을까요?" 이 질문이 얼마나 잘 먹히는지 경험하면 아마 깜짝 놀라게 될 것이다.

고맙습니다 고마움을 표현하는 방법은 고맙다는 간단한 인사에서부터 세세하게 내용을 열거하며 과장되게 고마움을 표현하는 것까지 범위가 다양하다. 어떤 식으로 고마움을 표하느냐에 따라 그 결과도 다르다.

나는 개 훈련법을 배운 적이 있다. 이때 가장 먼저 배운 내용 중 하나는 간식의 질에 따라 개가 훈련에 협조하는 정도가 크게 달라진다는 사실이었다. 훈련사는 맛난 간식을 제공했다. 나는 훈련사가 마음만 먹으면 개들에게 피아노도 가르칠 수 있을 거라 생각했다. 반면 우리가 제공했던 그저 그런 간식으로는 개가 반항만 하지 않아도 다행일 정도였다. 훈련사는 자기의 훈련 결과가 좋은 데는 맛있는 간식이 중요한 역할을 한다고 털어놨다.

고마움의 표시는 사람에게 주는 간식이나 다름없다. 사람은 아량을 베풀거나 좋은 일을 하면 상대방이 고맙게 생각하고 있는지 알고 싶어 한다. 맛있는 간식이 개에게 중요한 역할을 하는 만큼 고마움을 표하는 방법 또한 사람에게 중요한 역할을 한다. 업무상으로든 개인 생활에서든 누군가가 자기를 좋아해주기 바란다면 고마움을 표현할 때 각별하게 신경 쓰도록 하라.

감사의 말이 담긴 손 편지는 언제나 높은 점수를 받는다. 물론 요즘에는 이메일을 더 널리 사용한다. 다만 어떤 방식으로 고마움을 표하든, 무엇에 대해 고마워하는지 구체적으로 작성해야 한다. 상대방이 제공한 선물이나 도움에 대해 뜻밖이어서 놀랐다거나 사려 깊은 행동이었다거나 큰 도움이 되었다거나 하는 식으로 반드시 구체적이어야 한다.

예를 들자면 이렇게 쓸 수 있다. "태워주셔서 고맙습니다. 제 차가 정비소에 있어서 어떻게 일을 보나 하루 종일 걱정하고 있었거든요. 정말 큰 도움이 됐습니다." 이를 "태워주셔서 고맙습니다."라는 표현과 비교해보면 차이를 알 수 있다. 물론 아예 고마움을 표시하지 않는 것보다는 간단하게라도 하는 게 낫지만, 이왕이면 더 잘하는 게 낫지 않은가. 사람들은 함께 일할 사람을 고를 때, 팀원을 뽑을 때, 파티에 초대할 사람을 고를 때, 자신이 받았던 고마움의 표현을 떠올리게 된다. 사소해 보인다고? 전혀 사소하지 않은 일이다.

이건 우리끼리만 아는 거예요 사람들은 자신과 비밀을 공유하는 사람을 자동적으로 친구로 여기게 된다는 연구 결과가 있다.[3] 서로 비밀을 지키는 사이가 되는 길이야말로 상대방에게 호감을 얻고 믿음을 살 수 있는 지름길이다. 여기서 중요한 점은 그 비밀이 위험한 내용이 아니어야 한다는 것이다.

나쁜 예: "내가 상사를 죽여서 뒷마당에 묻었어."

좋은 예: "이거 말해도 되는지 모르겠지만, 다들 제인이 만든 소스를 먹고 둘이 먹다가 하나가 죽어도 모를 정도라고 하니까 나도 그냥 그런 척한 것뿐이야."

비밀을 공유할 때는 작은 것부터 시작하는 게 좋다. 무언가 더 큰 비밀을 털어놓기 전에, 상대방이 작은 비밀을 계속 잘 지키는지 확인하라. 또한 상대방이 제3자의 큰 비밀을 당신에게 털어놓는다는 건 당신의 큰 비밀도 새어나갈 위험이 있다는 뜻이다. 다른 사람의 비밀을 지키지 못하는 사람이 과연 당신의 비밀이라고 잘 지킬 수 있겠는가. 당신의 비밀이라고 예외는 아니다.

성공 기술 11. 결단력

항상 딱 잘라서 판단하고 결정할 수 있는 사람은 없다. 복잡다단한 세상에서 어떤 길이 최상의 길일지 그저 짐작할 수 있을 뿐이다. 거

미줄처럼 얽힌 복잡한 상황을 두고 단정적인 결정을 내리는 사람은 사실 제정신이 아닐지도 모른다.

그럼에도 유독 결단력 있게 '행동'하는 사람들이 있다. 결단력 있는 사람은 리더이자 설득력 있는 사람으로 여겨진다. 대부분의 평범한 사람들은 생소하고 복잡한 상황에 처하면 판단이 흐려진다. 이런 상황에서는 확실하게 믿을 수 있는 무언가나 누군가를 간절히 원하게 된다. 당신이 결단력 있는 인물이라는 인상을 준다면, 다른 사람들은 당신에게서 리더십을 보게 될 것이다.

인위적으로 결단력 있는 모습을 보이다가 잘못된 선택을 내리는 순간이 오면 어떡할까 걱정하지 마라. 어차피 삶은 원래 엉망진창이다. 항상 옳은 결정만 내릴 수는 없다. 설사 약간의 회의감이 들더라도, 과감하고 결단력 있는 모습에 사람들이 호감을 품는다는 것을 기억하라.

성공 기술 12. 에너지

사람은 다른 사람의 에너지에 호응한다. 당신이 어떤 일에 얼마나 빠져있는지를 보여주면, 상대방에게 직접 그 일을 해보도록 설득하기가 쉬워진다. 에너지는 전염성이 있다. 사람들은 에너지를 느끼고 싶어 한다. 무언가에 대한 당신의 열정을 보여준다면 사람들도 당신과 같은 강도로 경험해보고자 할 것이다.

성공 기술 13. '또라이' 기질

광기 혹은 또라이 기질이 있는 사람은 필요 이상으로 위험을 감수하고 더 자신 있게 행동한다. 광기와 자신감의 조합은 엄청난 힘을 발휘한다. 장담하는데, 이 조합보다 사람들에게 피해를 주는 성격은 없다. 하지만 광기와 자신감이 제대로만 작동한다면 대단한 설득력을 발휘할 수 있다.

당신이 제정신으로 사는 사람이라고 하자. 그런 당신에게도 또라이 기질이 도움이 된다. 종종 협상에서 합리적으로 구는 것이 최선이라 생각하는데, 실은 반대의 결과가 더 많다. 일반적으로 합리적인 사람은 비합리적인 사람의 요구에 굴복하고 만다. 그것이 상대방의 저항을 줄이는 길이라고 생각하기 때문이다.

협상에서 '가짜' 광기를 적당히 사용하는 방법은 다음과 같다. 예를 들어 당신이 가족에게 크리스마스 선물로 좋은 소식을 알릴 수 있도록, 그 이전에 거래를 마무리하자고 상대방에게 요구하는 것이다. 이렇게 정서적인 면을 부각시키면 상대방은 더 이상 당신을 설득할 수 없을 거라는 것을 알아차린다. 감성은 이성에 굴하지 않는다. 따라서 상대방에게 영향을 미치고자 할 때는 당신의 주장에 감성적인 이유를 더하라. 때로는 약간의 비합리적인 광기, 또라이 기질이 강력한 힘을 발휘한다.

성공 기술 14. 테크놀로지(취미 수준)

테크놀로지는 한때 외로운 괴짜들만의 영역으로 여겨졌다. 이제 그런 시대는 끝났다. 성인이라면 인터넷이 어떻게 돌아가는지, 웹 사이트는 어떻게 구축하는지, '클라우드'가 뭔지 대강이라도 이해해야 한다. 그리고 당연히 컴퓨터나 스마트폰, 태블릿 정도는 어떻게 사용하는지 알아야 한다. 오늘날 이 정도 기술을 전혀 필요로 하지 않는 직종은 쉽게 떠올리기 어렵다. 납품처 관리, 위탁 관리, 인력 관리 같은 직종에서도 마찬가지다. 취미 수준에서라도 이런 테크놀로지를 숙달하는 것이 좋다. 특정 테크놀로지에 대해 전문가가 될 필요는 없지만, 그렇다고 사람들이 모인 자리에서 대화에 끼지 못하는 유일한 사람이 되어선 곤란하다.

이 또한 개인적 에너지와 연관이 있다. 당신이 이해하지 못하는 기술에 관해 다른 사람들끼리 대화를 나누고 있다면 기분이 어떨지 상상해보라. 재미도 없고, 기운도 나지 않는다. 양말 사이로 영혼이 빠져나가는 기분이 든다. 반대로 당신도 대화에 참여해서 뭔가 할 얘기가 있다면 늘 에너지가 넘치게 된다. 이제 테크놀로지는 문명 발전의 한 축을 담당하고 있다. 당신이 아직 그 일원이 되지 못했다면 이제라도 되어야 한다. 기본을 익혀두면 인생이 더 즐거워진다.

성공 기술 15. 적절한 발성법

상황에 따라 각기 다른 발성 전략을 갖추는 것도 도움이 된다. 재미있는 이야기를 할 때는 고음에 빠른 속도의 목소리로 이야기하고, 반면 진지한 이야기를 할 때는 낮고 신중한 목소리를 내는 것이다. 상대방을 웃기는 목소리와 설득하는 목소리는 확실하게 구분해서 사용해야 한다. 당신을 아는 사람들에게는 당신의 진지한 목소리를 통해 지금 중요한 얘기를 하고 있고 협상할 의사가 전혀 없음을 나타내는 것이다.

내가 보기에 일반인 중에 올바르게 발성하는 사람은 20퍼센트 미만에 불과하다. 여기서 말하는 올바른 발성법이란 호흡 조절, 높낮이, 입 모양을 적절히 조절하는 것을 뜻한다. 발성법을 익히는 게 과연 얼마나 도움이 될까 의심스러울 수도 있다. 한 연구에 따르면, 목소리는 당신의 건강과 행복 전반에 걸쳐 생각 이상으로 훨씬 큰 영향을 미친다.[4-9] 연구 결과는 위엄 있는 목소리가 성공과 관련이 깊다고 한다. 다른 연구 결과에 따르면, 남녀 모두 매력적인 목소리를 지닌 사람이 그렇지 못한 사람보다 파트너를 더 빨리 찾는다고 한다.[10] 우리가 아무리 훈련해도 모건 프리먼Morgan Freeman처럼 목소리를 내기는 힘들겠지만, 그럼에도 노력해볼 만한 가치가 있다고 본다.

회사 생활을 하면서 발견한 이상한 패턴이 있다. 고위 관리자들 중에는 특색 있고 흥미로운 목소리를 지닌 사람이 많았는데, 그들이 하는 말에는 설명하기 힘든 무게감이 실려 있었고 사람들의 주의를 끌어당겼다. 여러 신입 직원들의 목소리를 녹음해서 모르는 사람들에게 들려주는 실험을 한다고 생각해보자. 장담하건데, 실험에 참가한 사람들은 녹음된 목소리만 듣고도 누가 임원이 되고 누가 말단 직원으로 남게 될지를 정확하게 예측할 수 있을 것이다. 어느 연구에 의하면, 수간호사들 중에 힘 있는 목소리를 지닌 사람이 많다고 한다. 그리고 이는 실제로 환자들을 더욱 잘 돌보고 관리하는 능력과 관련 있었다.[11]

나는 회사 생활 내내 '프로답게' 보여야 할 때마다 진중한 톤의 목소리를 사용했다. 말 그대로 연기였지만, 회사 생활이란 게 연극 무대와 크게 다를 바 없다고 생각하기 때문에 거짓말을 한다는 기분은 들지 않았다. 은행에서 창구 직원으로 근무할 때는 고객에게 아부하는 목소리를 사용했고, 인력 관리 업무를 담당했을 때는 권위적이면서 합리적으로 들리는 목소리로 이야기하고자 했다. 고위급 중역들과의 미팅 자리에서는 낮은 어조에 자신감 있는 목소리를 사용했는데, 솔직히 제정신으로 내기 힘들 만큼 뻔뻔한 목소리였다. 낮은 어조와 꾸며낸 자신감이 적절히 어우러진 목소리가 나를 더욱 능력 있는 사람으로 보이게 했다. 맡은 업무마다 부족한 능력을 드러냈음에도 거의 모든 상사들은 나를 미래의 임원감이라 평가했다.

나는 패션 감각도 없는 데다 170cm가 조금 넘는 키에 20대부터 머리가 벗겨지기 시작한 사람이었다. 내 외모는 일빈직인 CEO의 모습과는 거리가 있었다. 물론 내 내면의 영특함이 때로 빛을 발하기는 했지만 그래도 그게 상사들의 마음에 든 이유는 아닌 것 같다. 나의 가짜 목소리와 몸짓이 나를 장래 임원으로 여기게끔 만드는 데 적어도 50퍼센트의 역할을 했다는 게 내 생각이다.

한편 나를 한 번도 만난 적이 없는 여성들이 나랑 통화만 하면 그렇게 추파를 던졌다. 지도자의 장래가 엿보이는 -가짜- 목소리 덕에 나를 배우자 감으로 점찍으려 한 건 아닐까 싶다. 비록 가짜였지만 낮은 목소리에 묻어난 자신감은 남성성의 상징 그 자체였다. 여성들은 캣닢catnip 냄새를 맡은 고양이처럼 내게 말을 걸어왔다. 안타깝게도 나를 직접 본 여성들은 바로 말투를 바꿨다. 슬프게도, 가짜 목소리가 중요한 역할을 했다고 생각하는 이유가 그 때문이다.

여기서 발성법에 대해 강의할 마음은 없지만, 당신이 '성공하는 목소리'를 만드는 데 필요한, 널리 알려진 훈련 방법 몇 가지를 알려주도록 하겠다. 먼저, 가슴 윗부분이 아니라 폐 아래에서부터 호흡하는 법을 배우면 좋다. 올바른 호흡법은 스트레스를 감소시키고, 신진대사와 정력을 증진시키는 등 여러 장점이 있다.[12-16] 배꼽 부근에 손을 올려놓고 숨을 쉴 때 상체에서 배꼽 부분만 오르락내리락한다면, 그게 바로 올바른 호흡이다. 숨을 쉴 때 윗가슴이 확장된다면 호흡법이 올바르지 못하다는 뜻이다. 호흡을 바로잡으면 당신의 목소리에 더 많은 자신감이 실려 나올 것이다.

다음은 목소리 어조를 선택해야 한다. 일부 전문가들은 사람들이 평소 말하는 것보다 좀 더 높은 톤으로 말하는 게 가장 자연스럽고 좋은 어조라고 한다. 실제로 많은 사람들이 사람보다 반려동물에게 말할 때 높은 어조로 말한다. 한편 낮은 목소리는 하려는 말에 무게감이 더 실린다.

　낮은 목소리의 단점이라면 주위가 시끄러울 때는 목소리가 소음에 묻혀 잘 안 들린다는 점이다. 나 역시 낮은 목소리를 사용하던 때에는 내 목소리가 다른 사람들이 떠드는 소리에 묻혀 사라지는 경험을 했다. 주위가 시끄러운 술집 같은 곳에서는 술 한 잔 주문하기도 힘들고 대화를 나누기도 힘들었다. 그래서 높은 목소리로 주위 소음을 뚫고 말하는 법을 배웠다. 대화할 때는 이편이 낫다. 하지만 최고경영자 자리를 노리는 사람에게는 추천하지 않는다. 얻는 것보다 잃는 게 더 많다.

　흔히들 사용하는 비법이 하나 더 있다. '생일 축하합니다Happy Birthday' 노래의 첫 소절을 허밍으로 부르고 바로 평소 목소리로 말하는 방법이다. 그러면 신기하게도 부드럽고 완벽한 소리가 나온다. 효과가 오래 지속되지는 않지만, 연습하면 이런 목소리를 낼 수 있게 된다.

　<mark>좋은 목소리를 내기 위해서는 자세도 중요하다.</mark> 똑바로 앉았거나 서지 않으면 성대가 쪼그라든다. 그러면 자신도 모르게 귀에 거슬리는 목소리가 나온다.

　만약 가짜로라도 자신감 있는 모습을 표출하고 싶다면 스스로 연기 중이라고 생각하는 게 도움이 된다. 자신감 넘치는 사람이 이야기하는 모습을 상상하면서 그대로 띠리 한다고 생각하면 쉽다. "음…"이나 "어…"처럼 더듬거리거나 우물거리는 말투를 비롯해 말의 흐름을 방해하는 습관은 고쳐야 한다. 그러려면 연습이 필요하다. 이 문

제를 가장 빠르게 고칠 수 있는 방법은 예전에 "음…"이나 "어…"하며 중얼거리던 부분을 차라리 침묵으로 대신하는 것이다. 처음에는 불편하지만 곧 익숙해진다. 나 같은 경우에는 말을 꺼내기 전에 가능한 한 머릿속으로 완전한 문장을 만들어본다. 그리고 어떤 대화 주제가 등장할지 예측할 수 있는 경우에는 내 생각을 부드럽게 풀어낼 수 있을 때까지 머릿속으로 전체적인 대화를 연습한다.

이번 장에서 소개한 기술들이 모든 사람에게 필수적인 것은 아니다. 사람은 저마다 사정이 다르기 때문이다. 당신에게 필요한 기술은 사진술이나 식물학일 수도 있다. 당신에게 어떤 기술이 필요한지 생각해보라. 그리고 파고들어라.

04

패　　　턴　　　을
찾　　　아　　　라

내가 채택한 시스템 중 하나는 삶에서 끊임없이 패턴을 찾아 나서는 것이다. 얼마 전 나는 양아버지 노릇 좀 해보겠다고 고등학교 배구 시합을 보러 다니다가 패턴 하나를 찾아냈다. 배구는 25점이 한 세트로 총 5세트의 경기에서 3세트를 따낸 팀이 승리한다. 내가 찾은 패턴은 먼저 17점에 도달한 팀이 거의 언제나 세트에서 이긴다는 것이었다. 배구 시합에서는 상대팀과 엎치락뒤치락 하며 주도권을 뺏고 뺏기는 경우가 흔히 발생한다. 그럼에도 먼저 17점을 달성한 팀이 그 세트를 따낸다는 것은 신기한 일이 아닐 수 없다.

만약 내가 발견한 게 사실이라면, 거기엔 뭔가 그럴 반한 이유가 있어야 한다. 25점 중에서 17점을 먼저 낸 팀은 자신감이 더욱 치솟게 되고, 반면에 17점을 먼저 내준 팀은 기회가 거의 남지 않았다는 생각에 사기가 꺾이는 것일 수도 있다. 프로 리그가 아닌 고등학교 시합이니까 뒤처진 팀의 감독이 어차피 질 세트, 공평하게 벤치 선수들에게도 기회를 주자고 생각해서 결과가 뒤집히지 않는 것일지도 모르겠다. 이유야 어찌 됐든, 내가 찾아낸 패턴은 아직까지 관찰된다. 어쩌면 이 책이 출판될 즈음에는 패턴이 달라졌을 수도 있다. 아무튼 나는 계속 관찰해볼 생각이다.

아마추어 테니스 경기에서도 5대 2의 저주라는 이상한 패턴이 있다. 테니스에서는 6게임을 적어도 2게임 차이로 먼저 이긴 선수가 그 세트를 따낸다. 따라서 먼저 5게임을 따낸 선수가 그 세트를 가져갈 확률이 다분하게 여겨진다. 그런데 현실에서는 예측과 다른 결과가 생각보다 많이 일어난다. 먼저 5세트를 따낸 선수는 플레이를 설렁설렁해도 되겠다는 마음이 드는 반면에 뒤처진 선수는 어차피 질 게 뻔하다는 생각에 편한 마음으로 플레이를 하게 된다. 이런 생각이 뒤처진 선수의 심리에 유리하게 작용해서 크게 힘 들이지 않고 5대 3으로 점수 차를 좁힌다. 그러면 앞서던 선수는 이제 안전한 상황이 아니라는 생각을 하게 된다. 어쩌면 게임의 흐름이 바뀌었다는 생각을 할 수도 있다. 상대방이 좋은 샷을 몇 번 날리기만 하면 이런 생각은 더욱 굳어진다. 실력이 비슷한 아마추어 선수끼리 플레이할 때, 먼저 5게임을 따낸 선수가 대부분 시합에서 이기지만, 일반적인 예상보다는 그 승리 확률이 적다. 아마추어인 당신이 5대 2로 뒤처지는 상황이라 해도 여전히 뒤집을 수 있는 확률이 40퍼센트는 된다고 생각하는 것이 큰 도움이 된다. 패턴을 알면 자신에게 주어진 기회를 인지하는 방식에 변화가 일어나고, 그러한 사고의 변화는 경기력 향상으로 나타난다.

성공하는 사람들의 공통점

수없이 쏟아져 나오는 자기 계발서와 비즈니스 관련 서적들은 저마다 당신을 성공으로 이끄는 행동 패턴들을 찾아내려 애쓴다. 성공한 사람들이 어떻게 하는지를 알아내면, 우리도 그 행동을 따라 함으로써 성공할 수 있기 때문이다.

'패턴을 따르면 성공한다'는 주장을 펼치는 사람들 중 가장 유명한 사람으로 스티븐 코비Stephen Covey를 들 수 있다. 그의 저서《성공하는 사람들의 7가지 습관The Seven Habits of Highly Effective People》은 2,500만 부가 넘게 팔렸다. 그 책에도 사람들이 따라야 할 훌륭한 패턴들이 나오지만, 그 정도는 시작에 불과하다는 게 내 생각이다. 코비가 제안하는 7가지 습관은 다음과 같이 요약할 수 있다. 더 자세한 내용을 알고 싶은 사람은 그의 책을 읽어보기를 권하는 바이다.

자신의 삶을 주도하라

끝을 염두에 두고 시작하라(좋은 결과를 상상하라)

소중한 일을 먼저 하라(우선순위를 설정하라)

윈윈 전략을 모색하라(너무 욕심부리지 마라)

먼저 이해하고 다음에 이해시켜라

시너지를 내라(팀워크를 활용하라)

끊임없이 쇄신하라(계속 배워라)

모든 사람이 따라 하기만 하면 성공에 이르는 공식이 있다면 얼마나 좋을까. 내가 아는 한, 스티븐 코비의 7가지 습관도 빈곤 퇴치에는 아무런 도움이 되지 못했다. 따라서 무언가 더 심오한 공식이 작용하고 있을지도 모른다.

내가 오랜 기간에 걸쳐 발견한, 성공을 위한 중요한 패턴들은 다음과 같다. 이 목록은 순전히 내 개인적인 경험을 기반으로 만들었다. 유전적, 환경적 요인들에 해당하는 항목은 제외했다.

부끄러움을 두려워하지 않기

올바른 방식의 교육

운동

부끄러움을 두려워하지 않는 사람은 능동적으로 행동한다. 다른 사람들이 너무 위험-여기서 말하는 위험은 신체적인 위험이 아니다-하다고 포기하는 일에 도전한다. 이런 사람들은 그다음 단계를 생각하지 않고 일에 뛰어든다. 만약 창피함, 거절당함, 실패라는 두려움을 제어하지 못한다면 이를 제어할 방법을 배워야 한다. 그리고 한 연구에 의하면 이런 기술은 학습이 가능한 것으로 밝혀졌다.[1]

그다음으로는 교육이다. 엔지니어 실업률이 얼마나 되는지 알고 있는가? 거의 0퍼센트에 가깝다. 엔지니어 중에 자기 일에 만족하는 사람이 얼마나 되는지는 아는가? 〈딜버트〉에서는 그렇게 그리지 않지만, 엔지니어 대부분은 자기 일에 만족스러워한다. 게다가 엔지니어들은 업무가 마음에 들지 않으면 꽤 쉽게 자리를 옮길 수 있다. 달리 말해서, 올바른 교육을 받은 사람은 실업에 처할 위험이 거의 없다는 말이다.

'심리적인 용기'와 '교육'은 상호 호환 가능하다. 어느 한 부분이 충분하지 않다면 다른 부분으로 보완이 가능하다는 뜻이다. 요즘으로 치면, 대학 교육을 받지 않았는데도 성공한 사람은 보기 드물게 두려움이 없는 사람이라 할 수 있겠다.

내가 찾아낸 마지막 패턴은 운동이다. 건강은 성공의 기본 요건이다. 몸이 아프면 큰 성과를 거두기 어렵다는 뻔한 이야기를 하자는 것이 아니다. 건강한 신체에는 에너지와 활력이 깃든다는 것을 말하고 싶다. 성공하고 싶다는 마음이 운동으로 몸을 관리하고 싶다는 마음을 불러일으키는 것인지, 아니면 아예 전후 관계가 없는 것인지는 모르겠다. 다만 확실한 것은, 이 두 가지가 서로 영향을 미친다는 사실이다. 나는 운동이 사람을 더 똑똑하게, 심리적으로 더 용감하게, 더 창의적으로 만들고 더 많은 에너지와 영향력을 불어넣는다고 생각한다. '성공한 사람들의 20가지 습관'이라는 기사를 인터넷에서 본 적이 있는데, 그중 두 번째 습관으로 일주일에 5~7회 운동하기를 꼽았다.[2] 건강을 유지하고 매일 운동하는 것이 성공과 밀접한 관련이 있다는 다수의 연구 결과가 이를 뒷받침한다.[3,4]

내가 성공한 사람들에게서 찾아낸 패턴이 또 하나 있다. 성공한 사람들은 성공을 학습 가능한 기술로 여긴다는 점이다. 다시 말해서, 성공에 필요한 것이 무엇인지 알아내고 노력해서 얻어낸다. 여기까지 이 책을 읽고 있는 당신도 그런 사람들 중 하나다. 이 책이 당신에게 도움이 될 만한 무언가를 알려줄 가능성이 있기에 지금까지 이 책을 읽고 있는 것이다.

05

매 력 넘 치 는 사 람 이
되 고 싶 다 면

유머를 있어도 그만, 없어도 그만인 선택 사항이라고 생각한다면 유머의 진가를 모르고 하는 소리다. 유머를 즐기는 사람은 그렇지 않은 사람보다 훨씬 더 매력적이다. 다른 사람의 말에 한바탕 크게 웃어주는 사람들, 그리고 다른 사람을 웃게 만드는 사람들과 함께 시간을 보내고 싶은 것이 인간의 본성이다.

유머감각이 외모와 성격의 부족한 부분들을 상당히 보완해 줄 수 있다는 말은 나를 보면 안다. 유머는 평범한 사람을 귀엽게, 재미없는 사람을 재미있게 여기도록 한다. 심지어 유머 감각을 갖춘 사람이 더 똑똑해 보인다는 연구 결과들도 있다.[1-3] 한 연구 결과에 따르면, 여성은 유머 감각이 더 좋은 남성을 찾는데, 유머 감각이 좋은 남성이 '유쾌하고 다정하며 이해심 많으며 의지할 수 있는 사람'이라는

신호일 수도 있기 때문이다.[4]

무엇보다도 유머는 에너지를 상승시킨다. 그리고 에너지의 상승은 당신이 학교나 직장 또는 개인생활에서 하는 모든 일에 파급효과를 불러일으킨다. 에너지가 상승하면 기꺼이 운동하고 싶은 마음이 생겨나고, 운동을 하면 전체적인 에너지를 더욱 북돋게 된다. 또한 유머는 일상적인 골칫거리에서 잠시 벗어나게 해준다. 유머가 있으면 한발 물러서서 삶을 바라보게 되고, 때로는 괴로운 문제도 웃음으로 넘길 수 있게 한다.

유머는 에너지 수준에 직접적으로 영향을 끼치기 때문에 집중력과 의지력을 요하는 삶의 모든 부분에 영향을 미친다. 게다가 유머는 대부분 공짜로 쉽게 얻을 수 있다. 인터넷에는 유머가 넘쳐난다. 주위에 재미있는 친구가 없다면 인터넷에서 유머를 찾아라. 책 읽기를 좋아한다면 재미있는 책을 읽어라. 극장에선 슬픈 영화를 피하고 재미있는 영화를 봐라.

가끔은 자신의 유머를 다른 사람에게 보여주고 싶을 때가 있다. 유머감각을 타고나는 사람도 있지만, 대부분은 그렇지 못하다. 내 관찰에 따르면, 대부분의 사람들은 자신이 유머감각을 지니고 있다고 생각한다. 어느 정도는 사실이긴 하다. 하지만 유머라고 다 똑같은 유머는 아니다. 그래서 유머와 관련해서 몇 가지 유용한 팁을 주고자 한다.

사람들과 어울리는 자리에서 유머 감각을 보여주겠다고 농담만 할 필요는 없다. 그 대신 다른 사람들이 유머를 던지기에 적합한 재미난

화제를 제시하면서 대화를 유도하는 역할을 맡는 것도 괜찮다. 모든 모임에는 방향을 잡는 사람이 필요하다. 따라서 재미있는 주제로 분위기를 이끌어 가면, 사람들은 당신을 재미있는 사람으로 볼 것이다.

다른 사람들 앞에서 당신이 던지는 유머가 실제로 얼마나 재미있는지는 생각보다 중요하지 않다. 그보다는 태도와 노력이 중요하다. 웃음을 선사하려고 노력하는 당신 모습을 보면서, 다른 이들도 억누르고 있던 자신의 유머 감각을 자유롭게 발산하게 된다. 가끔 상황에 맞지 않는 유머로 분위기가 싸해지는 등 유머에는 늘 위험이 따른다. 따라서 당신이 먼저 나서서 이러한 위험을 줄여주는 것은 다른 사람들에게 큰 호의를 베푸는 셈이다.

재미를 선사하려고 '너무 무리하게 노력하는 사람'이라는 인상을 주고 싶지는 않을 것이다. 자신의 농담이든 다른 사람들의 농담이든, 지나치게 웃어대는 것도 문제다. 아예 웃기기로 작정했다면, 천연덕스럽게 한마디씩 툭툭 던지는 방법이 가장 좋은 전략이 될 수 있다.

유머가 대단히 재미있어야 하는 건 아니지만 그래도 기본은 해야 한다. 그러려면 작은 함정들을 피해가야 하는데, 가령 이런 것들이다.

지나친 불평은 전혀 재미있지 않다.

과도한 자기비하는 금물이다.

사람들을 조롱하지 마라.

말장난과 언어유희를 피하라.

나도 한때 그랬지만, 어떤 사람들은 일상에서 맞닥뜨리는 소소한 불평거리들이 유머 소재가 된다고 생각한다. 때로는 맞는 말이기도 하다. 하지만 불평불만이 기본으로 깔린 유머를 지나치게 구사하면 문제가 된다. 살면서 경험한 골칫거리 하나 정도는 재미있는 이야기가 될 수 있다. 하지만 이런 이야깃거리 5개가 모이면 그건 그냥 불평이다. 아무리 재미있는 불평이라 할지라도 사람들을 피곤하게 한다.

자신을 비하하는 유머는 웬만하면 실패하지 않는다. 하지만 이 역시 지나침은 금물이다. 자기비하 유머 한 번은 오히려 당신을 너그럽고 자신감 있는 사람으로 보이게 한다. 남들 앞에서 자기비하를 하려면 적어도 약간의 자기 확신이 필요하기 때문이다. 그러나 이런 농담을 너무 자주 하게 되면 사람들 눈에 당신은 자신감 넘치는 재담가가 아니라 자존감 낮은 불평분자로 비치게 된다.

또한 사람들을 지나치게 자주 놀리지 말아야 한다. 그런 농담이 자주 반복되면 사람들은 당신을 뒷담화나 즐기는 사람이라고 생각할 것이다.

말장난이나 언어유희도 조심해야 한다. 이런 건 자기도 할 줄 아는 상대방이나 이해해 줄 뿐이다. 상대방이 말장난을 좋아하는 사람이라는 확신이 서지 않는 한, 이런 식의 유머는 아예 시작도 하지 말아야 한다. 괜히 잘못 시작했다가 돌아오는 건 콧방귀와 눈총뿐일 수도 있다.

한편 유머는 적어도 단기적으로는 창의력에도 도움이 된다.[5, 6] 아마도 유머란 것이 직선적인 사고를 방해해서가 아닐까 싶다. 유머는 뇌에서 돌아가는 상식이라는 프로그램을 일시적으로 중단시키고 무작위 아이디어 생성기에 시동을 건다. 적당한 비유를 찾자면 그렇다는 말이다. 어쩌면 유머가 인간에게 활력과 편안함을 전달하는 동시에 창의력을 높이는 데 도움을 주는 역할을 하는 모양이다.

상대방에 맞는 유머를 구사하라

당신의 이야기를 듣는 상대방이 어떤 사람인지를 알아야 한다. 어떤 사람들은 저질스러운 언어와 성적 표현이 담겨야 진정한 유머라고 생각한다. 반면에 어떤 사람들은 참신하고 재치가 담겨야 진짜 유머라고 생각한다. 어쨌든 상대방의 성향을 고려하지 않고 자기가 좋아하는 스타일의 유머만 사용해서는 모든 사람들을 웃기지 못한다. 사람들이 당신에게 호감을 느끼기 원한다면, 그들이 듣고 싶어 하는 유머에 맞추는 것이 낫다.

사람들은 대개 상대방을 처음 만나는 자리에서 유머 감각을 뽐낸다. 그러면 당신은 그들이 어떤 이야기에 웃으며, 어떤 이야기를 하는지, 어떤 부분에 민감한지 관찰할 수 있다. 만약 상대방이 '오, 주여'하는 반응을 보이면 나는 신성모독적인 유머를 삼간다. 머리를 좀 써야 이해할 수 있는 농담을 넌졌는데 상대의 반응이 좋다면, 그때부터 나는 지능적인 유머를 마음껏 쏟아낸다. 본격적으로 유머러스한 이야기를 하기 전에 슬쩍 반응을 보는 것도 좋다.

여지를 남겨라

내 친구 짐이 대장내시경 검사를 받은 날에 대해 재미있는 이야기를 들려준 적이 있다. 의사의 지시에 따라, 짐은 검사받기 하루 전날 강력한 관장약을 마시고 하루 종일 화장실을 들락거리며 속을 비웠다. 짐의 말에 따르면, 병원에 도착할 즈음에는 장속이 '뽀드득거릴 만큼 깨끗했다'고 한다.

아마도 이 정도 되면 당신은 이야기가 어떻게 전개될지 짐작할 것이다. 짐에게 무언가 안 좋은 일이 발생할 거라는 것을, 그것도 그의 항문과 관련된 일일 것이라는 감이 온다는 말이다. 이런 걸 두고 이야기의 흐름이 좋다고 하는 거다. 자, 다시 본론으로 돌아가자.

짐의 이야기에 따르면, 장 청소는 길고도 불편한 과정이다. 그래도 일 년에 한 번만 검사를 받으면 되기에 그 정도 불편함은 감수할 수 있다. 병원에 도착한 그는 대장내시경 검사를 받을 준비가 다 되었노라고 당당하게 말한다. 그런데 접수원은 일정을 확인하더니 이렇게 말한다. "선생님 예약은… 내일인데요."

이게 허를 찌르는 말이다. 이 일화는 이야기와 관련해서 두 가지 재미있는 점을 보여준다. 먼저, 짐의 이야기는 직접 들으면 훨씬 더 재미있다. 글로 읽었을 때 더 재미있는 유머가 있는 반면 직접 들어야 더 재미있는 유머가 있다. 짐의 이야기는 만나서 직접 들어야 더 재미있는 유형이다. 글로 읽은 당신은 슬쩍 미소를 짓고 말았을 테지만, 짐을 만나 직접 들으면 나는 항상 폭소를 터뜨린다.

둘째, 짐의 이야기는 듣는 사람이 '나쁜 일'을 상상할 수 있는 여지를 남긴다. 불쾌하기 짝이 없는 장 청소를 한 번 더 하려면 얼마나 힘들겠는가. 하지만 이야기는 그 부분을 직접 언급하는 대신 힘든 시간이 또 다가온다는 사실만 알려준 채 끝난다. 허를 찌르는 말 한마디로 이야기를 끝내는 것이 적절하다. 상대방이 결말을 상상하도록 여지를 남기는 것이 이야기 전체를 전달하는 것보다 훨씬 재미있을 것이다.

06

긍정 선언의 힘

나는 《딜버트 퓨처The Dilbert Future》에서 '긍정 선언'이 만들어낸 이상한 경험을 소개한 바 있다. 내가 목소리 장애를 포함한 기나긴 역경의 터널을 지나면서도 어떻게 무한한 낙관주의를 지니고 있는지 이해하기 위해서는 그 경험에 대한 속사정을 알아둘 필요가 있다.

긍정 선언Affirmations은 자신이 원하는 결과를 상상하면서 달성하고자 하는 바를 지속적으로 되뇌는 행동이다. 자기가 성취하고 싶은 것을 글로 써도 되고 말로 해도 되고 아니면 문장 형태로 만들어 그냥 생각하기만 해도 된다. 쉬운 예로 들자면 "나, 스콧 애덤스는 우주비행사가 될 것이다."라고 하면 된다. 자세하지 않아도 좋다. 이 과정이 무슨 마법의 주문을 외는 것도 아니고, 다만 자신의 집중력을 향상시키는 것이다.

그런데 《딜버트 퓨처》에서 처음으로 이에 대해 언급할 때 설명이 제대로 안 되었던 듯하다. 그 책에서는 인간의 인식에는 일종의 한계가 있고 그로 인해 우리가 망설이고 머뭇거리는 인생을 살아갈 수 있다는 점을 말하고자 했다. 하지만 분노로 가득한 이메일과 인터넷 댓글을 보아하니, 많은 사람들이 나를 마법을 믿는 사람으로 해석한 듯했다. 나의 마법적 사고가 비합리적이며, 속기 쉬운 대중을 현혹시키고 있다고 해석하면서 머리끝까지 화를 냈다.

따라서 나는 마법을 믿지 않는다는 사실부터 명확히 밝혀야겠다. 하지만 나도 살면서 대부분의 사람들처럼 마법이나 다름없는 경험을 수차례 했다. 마치 원시인이 우리가 사용하는 휴대전화를 보고 마법이라고 생각할 수도 있듯이.* 그때나 지금이나 내 말의 요지는 어떤 것이 왜 다른 것에 비해 효과가 좋은지, 군이 그 이유를 알 필요가 없다는 것이다. 누군가 가르쳐주기만 한다면 원시인도 휴대전화를 잘 사용할 수 있다. 군이 휴대전화 작동 시스템까지 이해할 필요 없이 그저 마법 같은 일이라 믿으며 활용하면 그만이다. 원시인의 인식이 잘못되었다고 해서 휴대전화의 유용성이 사라지거나 달라지지는 않는다. 고장 난 휴대전화를 모셔두고 기도를 올린다면 얘기가 달라지겠지만.

긍정 선언에 대한 나의 생각은 휴대전화에 대한 원시인의 생각과 유사하다. 이어지는 나의 이야기가 그저 우연의 일치인지, 선택적 기

---

*충분히 복잡한 과학 기술은 마법과 구별할 수 없다는 아서 클라크Arthur C. Clarke의 발언을 차용했다.

억인지, 단순한 행운인지, 근면의 결과인지, 각고의 집중력인지, 사고의 전환인지, 숨겨진 재능인지에 대해서 당신이 어떻게 생각해도 좋다. 어쨌든 -일관성에 약간 문제가 있는- 나의 지각에 의하면 긍정 선언은 매우 쓸모가 있다. 그 이유는 나도 모른다.

내가 긍정 선언을 시도하면서 있었던 일들을 간략하게 말해주겠다. 판단은 당신의 몫이다. 하지만 마법과는 전혀 연관이 없다는 점만은 분명히 하자.

긍정 선언을 시험하다

앞서 언급했지만, 나는 20대 중반 때 최면요법 수업을 들었고 그러면서 몇몇 학생들과 알고 지내는 사이가 되었다. 그중 학생 하나가 우리 집에 전화를 걸어왔다. 그러면서 긍정 선언에 관한 책을 읽고 따라 해보았더니 말도 안 되는 결과를 경험했다고 말해주었다. 내게도 꼭 한번 해보라고 강력하게 권했다. 당시 시간이 넘쳐났던 나는 그러겠노라고 답했다. 내심 그의 말이 틀렸음을 증명하려고 했다. 그의 말이 완전 헛소리로 들렸기 때문이다. 하지만 나는 열린 마음을 갖고 있었고, 긍정 선언을 한번 시험해보기로 했다.

내가 처음 사용한 긍정 선언은 "나, 스콧 애덤스는 부자가 될 거야."였다. 그때 나는 투자할 만한 주식 종목을 살피는 중이었다. 그러던 어느 날 순전히 느낌만으로 2개 종목이 눈에 띄었다. 그때만 해도 합리적이지 않은 과정을 거쳐 눈에 띈 종목에 과한 돈을 투자할 만큼 긍정 선언을 믿지 않았다. 나는 첫 번째 종목은 서류 작업을 못하는 바람에 아예 투자를 하지 못했는데 주가가 쭉쭉 올랐다. 두 번째 종목은 샀다가 어느 정도 수익을 실현하고 재빨리 팔았다. 그런데 이 종목도 내가 팔아치운 이후 급상승했다. 선택 가능한 종목이 1만여 개나 되는데 그중에 내가 고른 두 종목이 모두 그해 최고 상승 종목 열 손가락 안에 드는 종목이 되다니. 그 사이에 나는 다른 종목에는 손을 대지 않았다.

긍정 선언은 즉시 나를 부자로 만들지는 못했다. 하지만 긍정 선언의 효과가 아닐까 궁금해졌다. 아무런 조사도 하지 않은 상태에서 그해 최고의 상승을 기록한 종목 두 개를 연달아 고를 확률이 과연 얼마나 된단 말인가? 물론 순전히 운이 따랐을 가능성도 있었다. 원숭이도 어쩌다 한 번쯤은 상한가를 기록하는 종목 2개를 고를 수 있을 테니 말이다. 하지만 이 경험은 나를 또다시 시도하도록 만들었다.

두 번째 시도는 내가 감히 쳐다보기도 힘든 상대라고 생각했던 여성과의 관계였다. 비록 짧았지만, 일련의 우연적인 상황이 겹치면서 가능성 없어 보였던 일이 발생했다는 정도로만 해두겠다. 하지만 이역시 긍정 선언의 힘 덕분이라는 증거는 없었다. 어쩌면 내가 주식 종목을 고르는 재능이 있고, 거울에 비친 모습보다 실물이 훨씬 더 훤칠한 사람일 수도 있으니까. 두 번의 성공 아닌 성공을 맛본 나는 긍정 선언이 진짜로 어떤 힘을 지녔을지 모른다는 생각을 하기 시작했다.

다음 번 시도했던 긍정 선언은 너무 개인적인 내용이라 여기서 밝힐 수는 없다. 아무튼 성공 확률이 1만분의 1 정도였던 일을 따냈다. 고된 노력도, 기술도, 인맥도 전혀 상관없는 일이었다.

어쩌면 내가 기억하고 싶은 것만 선택적으로 기억하고 있을 수도 있다. 긍정 선언을 수없이 시도했지만 그중에서 잘된 것들만 기억하고 있을지도 모르겠다. 그 가능성을 완전히 배제할 수는 없다. 사실 내가 타고난 주식투자자인데다 나만 모르는 엄청난 매력덩어리고, 복권 당첨자만큼 운이 끝내주게 좋은 사람일 수도 있다. 아니면 그냥 어떤 사건이 일어날 확률을 형편없이 계산하는 사람일 수도 있다.

나는 다시 한번 긍정 선언을 시험했다. 이번에는 내기와 관련된 것이었다. 은행 동료 직원이 MBA 과정을 준비하며 GMAT(경영대학원 입학시험) 강의를 듣고 있었다. 나는 대학 4학년 때 그 시험을 쳤는데 77퍼센트에 해당하는 점수를 받았다. 이는 시험에서 나보다 좋은 점수를 받은 사람이 23퍼센트라는 의미였다. 그 점수로는 최상위 대학원 입학이 불가능했고 나는 꿈을 접었다. 그런데 그때 무슨 바람이 불었는지, 내가 다시 시험을 치면 동료 직원보다 더 좋은 점수를 받을 거라고 호언장담했다. 게다가 용감하게도 시험 준비용 강의를 듣지 않고도 할 수 있다고 큰소리를 쳤다. 동료 직원이 첫 시험에서 86퍼센트의 점수를 받았고 그 점수를 더 높이기 위해 강의까지 듣고 있었던 점을 감안하면, 나는 정말 멍청한 짓을 하고 만 것이었다.

나는 집에서 연습 삼아 여러 번 시험을 봤지만 내 예전 점수인 77퍼센트를 한 번도 넘지 못했다. 그래서 나는 긍정 선언을 시험해보기로 했다. 시험 결과 통지서를 열었을 때 '94'라는 점수를 보는 모습을 계속 머릿속에 그렸다. 94퍼센트를 선택한 것은 그 정도는 돼야 내기에서 확실하게 이길 수 있다고 생각했기 때문이었다.

시험 당일, 연습 성적과 별다르지 않을 거라는 느낌이 들었다. 그래도 나는 계속해서 94퍼센트를 머릿속에 떠올리며 결과를 기다렸다. 몇 주 후 결과를 담은 우편물이 도착했다. 나는 우편물을 열고 점수를 확인했다. 94퍼센트였다.

어쩌면 내가 시험에 능하고 마침 동료와의 내기로 오기가 발동했는지도 모른다. 게다가 정확하게 94라는 숫자가 나온 것도 그저 우연의 일치일 수도 있다. 하지만 분명한 건 긍정 선언이 주는 확신을 통해 나의 시야가 넓어졌다는 사실이다. 향후 몇 년 동안은 별다른 도움 없이도 일이 잘 풀렸기 때문에 회사 일에 집중하면서 긍정 선언을 사용하지 않았다. 버클리 MBA 과정을 졸업했고 언젠가는 CEO가 되는 길에 들어섰다고 생각했다. 별다른 도움 없이도 그 자리까지 갈 수 있을 거라 생각했다.

그 계획은 내 바람대로 이루어지지 않았다.

그다음으로 내가 사용한 긍정 선언은 내가 세상에서 가장 원하는 직업을 갖겠다고 마음먹었을 때였다. "나, 스콧 애덤스는 유명한 만화가가 될 것이다."

이번에는 제대로 이뤄졌다.*

---

* 한낱 낙서에 불과했던 딜버트가 세계에서 가장 유명한 만화 반열에 오르기까지에 대한 이야기는 나의 20주년 기념 책, 《Dilbert 2.0: 20 Years of Dilbert》에 자세히 실려 있다.

07

버리고 또 버려라

긍정 선언을 연습하다가 자신이 집중하던 분야에서 성공을 거두면 엄청난 행운을 맞은 기분이 든다. 보통 그렇게 받아들인다. 〈딜버트〉의 성공 스토리에도 행운처럼 여겨지는 일들이 가득하다. 그중 정말 운이 좋았다고 생각되는 부분 몇 가지를 소개하겠다. 때로는 성공에 얼마나 많은 운이 따라야 하는지, 당신도 읽어보면 감을 잡을 수 있을 것이다.

행운을 구성하는 가장 큰 요소는 타이밍이다. 전적으로 우연이었더라도 세상과 나의 호흡이 딱 맞아떨어질 때 모든 일이 물 흐르듯 진행된다. 타이밍이 맞지 않으면 아무리 많은 노력을 기울이고 많은 재능을 발휘해도 일이 풀리지 않는다. 그런 면에서 〈딜버트〉는 비교 대상을 찾기 힘들 정도로 타이밍이 기가 막히게 맞아떨어진 사례다.

그렇다고 행운이 가만히 있는 나를 정말 우연하게 찾아낸 것은 아니다. 행운이 발생할 가능성이 많은 상황에 내가 스스로 자리 잡고 있었다. 사냥에 비유하자면, 나는 숲속에 영리하게 몸을 숨기고 사슴이 지나갈만한 길목을 지키고 있던 사냥꾼이었다. 사슴을 잡기까지는 여전히 운이 필요하지만, 어쨌든 사냥꾼은 사냥 가능성이 높은 상황을 스스로 관리하고 있는 것이다.

나도 그런 사냥꾼과 비슷했다. 여러 모험적인 일에 도전했고, 희망적인 생각과 태도를 유지했으며, 에너지를 충전했고, 가능한 한 많은 것을 배우려는 자세를 스스로 갖추었으며, 행운이 나를 찾아올 때까지 포기하지 않고 버텼다. 언젠가는 사슴이 길목을 지나가리라 기대했고, 마침내 〈딜버트〉로 성공이라는 사슴을 잡았다.

이제부터 〈딜버트〉가 성공하기까지 어떤 행운(타이밍)이 필요했는지 간략하게 말해주겠다.

먼저, 나는 신문이 존재하고 만화가 중요한 의미를 지니는 시대에 태어났다. 그리고 만화가가 되기에 적절한 유전자를 타고났고 적절한 양육을 받았다. 내가 미국에서 태어났다는 사실 또한 큰 도움이 됐다.

나의 첫 번째 편집자인 사라 길레스피는 내가 유나이티드 미디어에 보낸 〈딜버트〉 샘플을 보자마자 즉시 잠재력을 알아챘다. 사라의 남편은 IBM에서 엔지니어로 일했다. 그녀의 남편도 출근할 때 흰색 반팔 와이셔츠를 입고 앞주머니에 펜을 꽂았다. 〈딜버트〉의 모습 그대로였다. 다른 회사에도 샘플을 보냈지만 다른 곳에서는 〈딜버트〉

에서 그 어떤 가능성도 발견하지 못했고, 내게 정중한 거절 통지서를 보내왔다. 반면 사라는 〈딜버트〉의 그림과 대사에서 연관성을 찾아 냈고 회사 내 관계자들의 강력한 반대에도 굴하지 않고 내 만화를 옹호해 주었다. 만약 그 자리에 사라가 아닌 다른 사람이 있었다면, 〈딜버트〉는 유나이티드 미디어에서조차 거절당했을 것이다. 당시만 해도 만화 업계에서 새로운 만화를 검토하는 일을 하는 사람은 몇 명 되지 않았다. 그중 한 명이 실제로 〈딜버트〉와 같은 남자를 남편으로 두고 있을 확률이 얼마나 될까?

유나이티드 미디어와 〈딜버트〉 계약을 맺고 처음 몇 년 동안은 대형 신문에 연재를 싣지 못하는 어려움을 겪었다. 주요 신문사에서 만화를 실어줘야 다른 중소형 신문사들도 어느 정도 안심하고 만화를 실어줄 수 있었기 때문에 반드시 필요한 일이었다.

그러던 어느 날, 지역 최대 일간지인 보스턴 글로브Boston Globe에서 적당한 연재만화를 찾아 상사에게 보고하는 업무를 담당하는 한 직원이 남편과 휴가를 가던 중이었다. 운전은 그 직원이 맡았고, 남편은 지루해했다. 마침 우연찮게 차에 〈딜버트〉 소개 책자가 있었다. 행운이란 게 늘 그렇듯, 엔지니어였던 남편은 그 책자를 집어 들고 읽다가 웃음을 터뜨렸다. 직원은 〈딜버트〉를 보면서 별다른 감흥을 느끼지 못했지만, 남편의 반응을 믿고 보스턴 글로브에 〈딜버트〉를 추천했다. 그 소개 책자 하나가 동북부 지역의 여러 신문사에서 〈딜버트〉를 싣기 시작하는 계기를 마련해 주었다.

하지만 서부 지역에서 〈딜버트〉의 실적은 형편없었다. 나중에 알

왔지만, 서부 지역 만화 판매 담당자가 〈딜버트〉의 팬이 아니었다. 그래서 영업을 할 때마다 〈딜버트〉 안내 책자는 가방에 넣어둔 채 다른 만화를 보여줬다. 그러던 어느 날, 그 담당자가 출장 중에 심장마비를 일으켜 호텔에서 사망했다. 그의 후임자인 존 매튜스는 유나이티드 미디어가 보유한 만화 중에 〈딜버트〉를 가장 판매 가능성이 높은 만화라고 생각했다. 그리고 찾아가는 신문사마다 〈딜버트〉를 팔았다. 존은 내가 본 영업사원 중에 최고였다. 존이 그 일을 담당하지 않았다면 〈딜버트〉는 동북부 지역에서 반짝하다 몇 년 후에 결국 쓸쓸히 사라지는 운명을 맞이했을 것이다.

〈딜버트〉에게 찾아온 좋은 타이밍은 이게 끝이 아니었다. 90년대 중반, 언론사들은 구조조정이라는 달갑지 않은 일에 집중했다. 어디서나 볼 수 있는 불운한 사무직 종사자들의 상징으로 〈딜버트〉가 사람들 입에 자주 오르내렸다. 〈딜버트〉는 《타임》, 《피플》, 《뉴스위크》, 《포춘》 등 여러 잡지의 표지를 장식했다. 나는 〈딜버트〉의 배경으로 직장을 원래 계획보다 훨씬 자주 그렸다. 그야말로 시대상과 완벽하게 맞아떨어지는 만화가 탄생한 것이다.

동시에 테크놀로지가 중요한 화두로 떠올랐다. 인터넷이 폭발적으로 성장했고, 닷컴 시대가 열렸으며, 순식간에 일반 대중까지 테크놀로지에 관심을 보였다. 80년대의 〈딜버트〉는 엔지니어들만 즐기는 그저 그런 만화 중 하나였다. 하지만 90년대의 〈딜버트〉는 사람들의 삶을 변화시키는 기술 천재들을 대표하는 상징으로 떠올랐다. 〈딜버트〉는 예상 밖으로, 그리고 역설적으로 '섹시'했다.

게다가 유명한 만화였던 〈블룸 카운티Bloom County〉를 그린 버크 브리스드Berke Breathed의 은퇴로 신문사들의 연재만화 자리가 비면서 내게는 더 큰 행운으로 다가왔다. 나중에는 〈캘빈과 홉스Calvin and Hobbes〉를 그린 빌 와터슨Bill Watterson이 은퇴하면서 더 많은 자리가 열렸다. 한창 전성기를 맞은 젊은 만화가들의 은퇴는 전례가 없는 일이었다. 마침 이 시기가 〈딜버트〉의 인기가 상승하던 시기와 맞물렸다. 〈딜버트〉에게는 하늘이 주신 기회였다. 신문사들은 앞다투어 〈딜버트〉 계약을 이어갔다.

앞서 나는 국소성 근긴장이상증으로 고생했던 이야기를 했다. 때맞춰 와콤에서 신티크Cintiq 태블릿을 내놓지 않았더라면 만화가로서의 내 경력도 거기서 끝났을지 모른다. 신티크 덕분에 걱정 없이 손으로 직접 만화를 그릴 수 있었으니 말이다. 문제가 발생하자마자 해법이 등장할 가능성이 얼마나 된단 말인가? 만약 신티크 출시보다 5년 앞서 문제가 발생했다면, 그 공백기를 버티지 못하고 만화계를 떠났을 것이다.

〈딜버트〉의 성공 스토리는 대부분 행운에 관한 이야기다. 하지만 나는 행운이 나를 찾아오기 쉬운 상황을 만들었고, 행운이 찾아왔을 때 철저히 준비를 마친 상태였다. 행운은 당신에게 전략이나 시스템을 제공하진 못한다. 전략과 시스템은 당신의 몫이다.

나는 이 세상을 돈을 넣지 않아도 되는 슬롯머신이라고 생각한다. 세상은 돈 대신에 시간과 집중, 그리고 에너지를 넣고 핸들을 돌리면 되는 슬롯머신이다. 돈을 넣어야 하는 슬롯머신은 결국 파산을 불러

온다. 돈을 요구하지 않는 슬롯머신은, 드물지만 확실한 당첨금을 안긴다. 행운이 찾아올 때까지 핸들을 계속 잡아당기면 당신에게도 승리가 보장된다. 그런 환경에서는 당신이 시도하는 일의 99퍼센트에서 실패해도 괜찮다. 성공이 보장되어 있다는 걸 알고 있는 한, 충분히 오래 머무르기만 하면 된다.

원하는 결과를
상상하면서
지속적으로 되뇌어

근육을 단련하듯 자아를 단련하라.

08

성 공 확 률 이
높 은 일 은 따 로 있 다

만화가의 길에 들어서고 몇 년 지나지 않았을 때,《월스트리트저널》
에서 직장 생활을 주제로 객원 칼럼 한 편을 써달라는 요청을 해왔
다. '딜버트의 법칙The Dilbert Principle'이라는 제목을 붙인 글이었는데
독자들에게서 아주 좋은 반응을 얻었다. 그 뒤《하퍼 비즈니스Harper
Business》의 편집장이 내게 같은 제목으로 책을 쓸 의향이 있는지 물
어왔다. 나는 그 제안을 받아들이고 글을 쓰기 시작했다. 그 시기에
나는 헬스클럽에서 러닝머신 위를 달리며 머릿속으로 새로운 긍정
선언을 시도했다. "나, 스콧 애덤스는 최고의 베스트셀러 작가가 될
것이다."

《딜버트의 법칙》은 돌풍을 일으켰다. 몇 주 만에《뉴욕 타임스》논
픽션 베스트셀러 목록에 이름을 올렸다. 몇 달 뒤 후속으로 나온《독

버트의 성공 비즈니스 비결Dogbert's big book of business》도 판매 2위를 기록했다. 두 책이 연달아 성공하면서 나도 더 많은 주목을 받게 되었고, 〈딜버트〉의 신문사 판매도 날개 돋친 듯했다. 딜버트 웹사이트의 방문자는 급상승했고, 부업 삼아 시작한 강연자로서의 경력도 탄력을 받았다. 딜버트 라이선스 사업도 시작했다. 어느 순간 손대는 모든 것마다 술술 풀리기 시작한 것이다.

그렇게 모든 일이 잘 돌아가면서, 나는 마음만 먹으면 무슨 일이든 해낼 수 있다는 확신이 섰다. 긍정 선언은 그저 집중하기 위해 필요한 방식일 뿐이라고 치부했다. 더 이상 긍정 선언 같은 목발에 의지하지 않고도 나는 달려 나갈 수 있다고 생각했다.

그래서 나는 이제는 사라진 방송사인 UPN에서 2시즌 반 동안 방영한 〈딜버트〉 애니메이션의 공동 프로듀서로 일할 동안에는 긍정 선언을 한 번도 시도하지 않았다. 그러다가 단순한 의사소통 문제로 프로그램이 다른 시간대로 밀려나고 말았는데, 시청자들은 방영 시간을 찾는 데 어려움을 겪었고 시청률은 곤두박질쳤다. 많은 공을 들인 작품이 썩 재미있지도 않았을뿐더러, 조기 종영까지 선고받으니 그저 복잡한 심정이었다.

두 번의 레스토랑 투자에도 긍정 선언을 사용하지 않았다. 레스토랑 사업은 두 군데 모두 실패로 끝을 맺었다.

콩과 야채를 듬뿍 넣은 딜버리토 사업을 시작할 때도 긍정 선언을 사용하지 않았고, 사업은 제대로 펴보지도 못한 채 끝나고 말았다.

몇 번의 성공에 긍정 선언이 직접적으로 영향을 주었다고는 할 수 없다. 실패한 일들의 원인을 모두 긍정 선언을 사용하지 않았기 때문이라고도 할 수 없다. 다만 긍정 선언을 실행했을 땐 이뤄졌다. 내가 확신하는 한 가지는 애니메이션 제작이나 딜버리토, 레스토랑 관련 일을 진심으로 사랑하지 않았다는 것이다. 나는 이 일들이 실패로 돌아갈 때마다 오히려 안도했다. 내가 발견한 패턴은 성공을 바라는 마음이 100퍼센트 확실할 때만 긍정 선언이 작동한다는 점이다. 제대로 마음만 먹었다면 애니메이션 제작이든 딜버리토든 레스토랑이든 모두 성공적으로 해냈을지도 모른다. 하지만 이 일들 중 그 무엇도 꾸준히 즐거움을 느끼며 하지 못했을 거란 것을 알고 있었다. 이처럼 복합적인 감정이 실패에 영향을 미친 걸까? 알 수 없는 일이다.

그 뒤로 나는 긍정 선언을 딱 한 번 더 사용했다. 이때는 복합적인 감정 따위는 없었다. 더 이상 간절할 수 없을 정도로 원하는 게 있었으니까.

"나, 스콧 애덤스는 다시 제대로 말하게 될 것이다."

09

우울증을 견디게 해준
두 가지 시스템

마지막으로 성대에 보톡스 주사를 맞은 지 몇 달이 지났다. 목소리가 힘도 없고 변덕스러워서 간단한 문장 하나 말하는 것도 고역이었다. 나는 타고난 낙관주의자였지만, 현실적으로는 치료약도 없는 경련성 발성장애 때문에 평생 말도 못 하고 지낼 가능성을 배제할 수 없었다.

이런 내 상황을 알고, 내가 네/아니오 정도로 짧게 대답해도 대화를 이어나갈 의지가 있는 사람들하고만 전화 통화를 했다. 레스토랑에서 주문도 못하고, 모임에서 만난 사람들과 대화도 못하고, 강연을 다닐 수도 없고, 전반적으로 인생에 재미가 없어졌다. 나는 종종 우울감에 빠졌다. 이런 상황에서는 누구라도 그럴 법하다. 외로움이 심신을 갉아먹고 있었다.

그나마 블로그 덕분에 살아있다는 느낌을 유지했다. 블로그에 올리는 글로 다른 사람과 소통했다. 사람들은 많은 부분 나를 이해해 주었고, 그들이 남긴 댓글은 내게 많은 힘이 되어주었다. 블로그 덕분에 외로움을 덜어낼 수 있었다. 나는 블로그라는 줄을 붙잡고 간신히 제정신을 유지하고 있었다. 나는 말을 못 하는 채로 여생을 보내고 싶지 않았다. 그건 살아있어도 사는 게 아니다. 나는 포기하지 않았다. 포기하는 법을 몰랐다.

제대로 된 치료법이 없는 병을 겪다 보면 종종 돌팔이 무당이라도 찾고 싶어진다. 나는 위험하지 않은 선에서 할 수 있는 건 대부분 시도해봤다. 특정 제약사의 목감기용 시럽도 마셔봤지만 효과는 없었다. 침도 마찬가지였다. 미네랄 보충제도 효과가 없었다. 말더듬 치료도 소용없었다. 알렉산더 기법*도 통하지 않았다. 철분 보충제 복용도, 식단 변경도 전혀 효과가 없었다.

정상적으로 말을 못 하고 산 지 1년이 넘었다. 나는 천천히 죽어가고 있었다.

하지만 내게는 두 가지 시스템이 있었다. 먼저 나는 목소리에 악영향을 끼치는 패턴을 밝혀내기 위해 스프레드시트를 만들어 모든 요인들을 기록했다. 식단, 수면 시간, 운동, 말하기 연습, 심지어 다이어트 콜라를 마신 횟수까지 관련이 있음 직한 요인들은 모두 적었다. 어떤 요인이 내 목소리를 이 지경으로 만들었는지 알아낸다면 그걸

---

* 알렉산더 기법은 신체의 긴장을 제거하기 위해 의식적으로 행동을 바꾸는 방법이다.

바꾸면 될 일이었다. 하지만 원인으로 작용했을만한 어떤 패턴도 드러나지 않았다.

두 번째 시스템은 의학적 맥락에서 '경련성 발성장애'라는 단어가 언급된 모든 정보를 찾아내는 일이었다. 구글과 동시대에 산다는 게 얼마나 다행스러운 일인지 모르겠다. 정보를 이 잡듯 뒤져 찾아내는 일은 구글 알림 기능을 활용했다. 나는 검색어만 입력하면 됐다. 인터넷에서 나와 비슷한 증상이 언급된 글이 발견되면 내 바지 왼쪽 주머니에 살고 있는 휴대전화로 구글 이메일 알림이 떴다. 일주일마다 몇 건의 알림을 받았지만 별로 쓸 만한 내용은 없었다. 보통 인터넷에 떠도는 글들은 대개 치료법이 없다는 내용이었다. 뇌의 이상으로 야기된 병이라는 의학적 소견이 많았으니 그리 놀랄 일도 아니었다. 뇌의 이상 증세는 치유가 힘들다.

외로움과 우울감 속에서 살고 싶은 사람은 아무도 없다. 하지만 긍정적인 면도 있는데, 이런 상황에 처하면 위험에 대한 인식이 확 달라진다. 치료 과정 도중에 죽을 확률이 50퍼센트가 되는 치료법이라 해도 나는 나머지 50퍼센트의 성공을 간절히 바라는 마음으로 주저 없이 그 치료법을 받아들였을 것이다.

나는 종종 휴대전화로 구글 알림 이메일을 확인했다. 그리고 기다렸다. 그나마 남아있는 나의 낙관주의가 모두 파괴되기 전에, 분명 어딘가에 사는 누군가가 내 병을 치료할 방법을 알아낼 거라는 희망을 품는 수밖에 없었다. 확률은 높지 않았다. 하지만 나는 포기를 모르는 사람이었다. 사실 내 속에서는 분노가 끓어오르고 있었다. 내 생각은 한결같았다.

일단 탈출한 다음에 다른 죄수들도 풀어주고 간수를 쏴버린 다음에 감옥을 불태워버리는 거야.

매일 내 차에 오를 때마다 나는 끝없이 되뇌었다. "나, 스콧 애덤스는 다시 제대로 말하게 될 것이다." 나는 그렇게 될 거라 믿었다. 그렇게 믿어야만 했으니까.

10

전　　문　　가　　를
믿　　지　　마　　라

20대 후반 때 내 목에 이상한 혹이 하나 생겼다. 탁구공 반만 한 크기의 혹이었다. 나는 의사를 찾아가 무엇이 문제인지 물었고, 의사는 이렇게 대답했다. "글쎄, 두 가지 가능성이 있는데… 암 아니면… 뭔지 잘 모르겠군요. 엑스레이 촬영 예약을 잡아드릴게요."

나와 비슷한 이유로 병원을 찾은 다른 환자들과 함께 대기실에 앉아있던 기억이 생생하다. 의사는 손에 엑스레이 사진을 들고 나와서 환자 이름을 차례로 불렀다. 별문제가 없는 경우, 환자가 의자에서 미처 일어나기도 전에 이런 식으로 말했다. "곤잘레스 씨? 희소식이네요. 엑스레이가 깨끗해요.", "존슨 부인? 아무 문제가 없군요. 모든 게 좋아요."

다음은 내 차례였다. "애덤스 씨? 진료실로 들어오세요."

아이고.

의사는 엑스레이를 보여주며 사진으로 판단할 때 일종의 후두암으로 보인다고 했다. 나는 의자에 털썩 주저앉았다. 뒤이어 의사는 그냥 혹일 수도 있다고 했다. 때로는 '그냥 별것도 아닌' 혹이 엑스레이상에서 암처럼 보일 때가 있다는 것이었다. 의사는 정확한 진단을 위해 조직 검사 일정을 잡아주었다.

검사는 일주일 후였다. 그 일주일간 나는 생사를 알 수 없는 슈뢰딩거의 고양이Schrodinger's cat와 다름없었다. 나는 샌프란시스코에 혼자 살고 있었고 연락을 주고받는 사람도 거의 없었다. 방 하나짜리 아파트가 내 세상의 전부였다. 긴 일주일이었다.

검사 당일, 담당자가 조직 검사 과정을 설명했다. 시간은 기어가듯 흘러갔고 내 심장 뛰는 소리가 들리는 듯했다. 담당자는 혹에 바늘을 찔러 넣은 다음에 액체를 뽑아낼 거라고 설명했다. 피가 비치면 암일 가능성이 높았다. 맑은 액체가 나오면 '그냥 별것도 아닌' 것일 뿐이라고 했다.

바늘이 들어갔다. 담당자가 혹 안의 액체를 뽑아내는 시간이 다시 느릿하게 흘렀다. 주사가 시야 밖에 있어 보이지 않았다. '뭐라고 말 좀 해봐, 이 개자식아!' 액체를 뽑으면서 결과를 알았을 텐데도 담당자는 다 뽑아낼 때까지 아무 말 없이 나를 기다리게 했다.

주사기는 깨끗한 액체로 가득했다. "별거 아니네요." 담당자가 말했다. "나머지도 뽑아보죠."

몇 분 뒤, 목에 작은 반창고를 붙이고 병원을 나온 내 눈에는 세상이 달라 보였다. 음식은 전보다 훨씬 맛있었고, 짜증스럽던 사람들에게도 더 이상 짜증이 나지 않았다. 나무가 저토록 경이로운 생명체였다니. 찬 공기에 살이 아리지 않고 마냥 상쾌하기만 하다니. 이렇게 나는 전문가들도 잘못된 판단을 내리기도 한다는 사실을 알게 됐다.

전문가를 상대하는 일은 늘 까다롭다. 저 전문가는 정직한 사람일까? 능력은 있을까? 적중률은 얼마나 되는 사람일까? 내가 관찰한 바로는, 전문가의 판단은 쉬운 일에는 98퍼센트의 확률로 옳지만 복잡하거나 정체불명이거나 새로운 일에는 50퍼센트만 옳은 것 같다.

몇 년의 시간이 흘러 목소리 문제가 생긴 내게 심리학자가 신경안정제를 권했을 때, 나는 이 상황이 전문가가 절반은 틀리는 상황임을 알아차렸다. 그래서 신경안정제 복용을 단호히 거절하고 약에 덜 의존하는 방법을 찾아 나설 수 있었다. 당시 결정은 그 이유가 뭔지 정확히 알 수는 없지만 직관적인 심증에 의한 것이었다. 하지만 그보다는 나의 패턴을 인식하는 습관에 낙관주의가 더해진 결과라는 게 좀 더 정확한 표현이라는 생각이 든다.

만약 당신의 육감이 전문가들의 의견에 동의하지 않는 순간이 온다면 진지하게 생각해야 한다. 어쩌면 당신이 말로 설명할 수 없는 어떤 패턴 인식을 경험하는 중일지도 모른다.

11

주 위 사 람 의
영 향 력

크로커 내셔널 뱅크에 근무할 때의 일이다. 새로 들어온 인턴 하나가 어떤 동네에 사느냐가 성공에 영향을 미친다는 괴상한 이론을 주장했는데, 나와 동료 직원들은 그런 그의 생각에 실소를 금치 못했다. 그의 계획은 이랬다. 룸메이트를 몇 명 구해서 집세를 나눠 내는 한이 있더라도, 부유한 지역에 있는 최고의 아파트를 구해서 들어가면 나머지 일은 마법처럼 알아서 풀릴 거라고 했다. 물론 그는 성실히 일하고, 학교에 다니고, 법을 준수하며 성공에 필요한 정상적인 단계를 밟아나갈 의지가 있었다. 하지만 의지만으로는 한계가 있다고 생각했다. 자신이 진짜 부자가 될 때까지 부유한 사람들 속에서 살아간다는 기막힌 계획을 통해야만 실제 성공이 가능하다고 믿었다.

나는 주위 사람들이 웃음을 터뜨릴 정도로 그를 놀려댔다. 사실 그 계획만 제외하면, 그 인턴은 모든 면에서 합리적인 사람이었다. 하지만 부자들과 함께 해야 부자가 된다는 계획은 명청하기 그지없었다. 그는 부자 이웃들과 교류하거나 연락을 주고받는 관계를 구축하겠다는 계획을 가진 것도 아니었다. 다만 자기가 본 바에 따르면, 삶에는 패턴이 있으며 그중 하나가 사람은 주변 사람을 닮아간다는 것이라고 했다.

몇 년 뒤, 나는 알코올 중독 치료 모임 활동에 대해 많은 걸 알게 되는 경험을 한다. 당시 만나던 여자 친구가 이 모임에 참석해야 했다. 그때 나는 이런 모임이 알코올 중독 문제가 있는 사람들에게 가장 좋은 효과를 발휘한다는 걸 알게 됐다.[1,2] 모임의 규칙 중 하나가 나쁜 영향을 끼치는 사람들을 멀리하라는 것이었다. 동료 집단이 주는 압력 같은 걸 생각해보면 당연한 규칙이었다. 어느 상황에서 어떤 사람들과 어울리느냐에 따라 큰 차이가 난다. 하지만 술 마시는 사람들과 어울리면 술을 마시게 된다는 것과 부자와 함께 있으면 부자가 된다는 가설에는 상당한 차이점이 있다. 그럼에도 나는 어쩌면 술과 부자라는 두 사례에도 유사점이 있을 수 있고, 따라서 패턴이 존재할 수 있다는 생각을 하게 됐다.

최근에 나는 과체중인 사람들과 어울리는 사람은 살이 찐다는 연구 결과를 접했다.[3-9] 나는 이 결과가 완전히 옳다고는 생각하지 않지만, 타당한 이유를 설명할 수는 있겠다는 생각이 든다. 당신 친구들이 모두 정상 체중보다 25kg 정도 더 나가고 당신은 고작 5kg 정도 더 나갈 뿐이라면, 아마도 당신은 몸무게를 줄여야 한다는 압박을 크게 느끼지 않을 것이다. 게다가 이 친구들이 만날 때마다 패스트푸드를 먹자고 한다면, 이는 당신에게 안 좋은 영향을 줄 수 있다. 따라서 과체중인 주위 사람들이 당신의 허리둘레에 영향을 미칠 수 있다는 이론은 설득력이 있다. 그래도 그렇지, 과체중인 사람과 어울리면 살이 찐다는 이론과 부자 동네에서 살면 부자가 된다는 이론이 어떻게 같을 수 있느냐 이 말이다. 부자 동네에서 살면 부자가 된다는 이론에서는 특정한 메커니즘을 찾을 수가 없다.

〈딜버트〉를 선보이고 나서도 나는 퍼시픽 벨에서 몇 년을 더 근무했다. 나의 옛 상사이자 내 만화에 〈딜버트〉라는 이름을 지어준 마이크 굿원Mike Goodwin은 자기 아버지가 일본 포로수용소에서 겪었던 일을 바탕으로 한 《쇼분Shobun》이라는 책을 출간했다. 그 책이 작가로서 내놓은 첫 작품이었다. 퍼시픽 벨이라는 회사의 한 사무실 공간에서 생쥐처럼 오가며 일하던 두 사람이 모두 정식 작가가 되었다는 사실은 내게 평범한 우연으로 보였다. 세상은 원래 이런 우연으로 가득한 곳이 아니더냐.

퍼시픽 벨을 퇴사한 뒤, 나는 내 맞은편 자리에서 일하던 직원이 나중에 살인죄로 복역했던 경험을 책으로 써냈다는 사실을 알게 되었다. 벨트로 사람을 목 졸라 살해하는 사람에게도 친절해야 한다는 원칙을 지니고 살아가는 내 입장에서 볼 때, 그는 좋은 사람이었고 그의 책도 꽤나 훌륭했다. -지금은 출소한- 저자는 지미 레너Jimmy Lerner이고, 책 제목은 《다음은 없다You Got Nothing Coming: Notes from a Prison Fish》이다. 퍼시픽 벨이라는 같은 회사 내의 작은 사무실 공간에서 함께 일했던 세 사람이 정식 작가가 될 확률이 얼마나 될까? 그냥 우연의 일치라고 볼 수도 있겠지만, 다소 특별한 건 사실이다. 그래서 나의 패턴 감지기가 작동을 시작했다. 두 사람은 나와 함께 일했고, 나와 같은 길을 걸었다. 혹시 나와 가까운 거리에 있었기 때문에 내가 본보기가 되었다거나 영감을 준 것일까? 아니면 그냥 우리 셋 모두 결국 책을 쓸 운명이었을까? 알 길은 없다.

이게 다가 아니다. 크로커 내셔널 뱅크의 기술 부서에서 감독관으로 일할 당시, 그러니까 〈딜버트〉를 그려야겠다는 생각도 못 했던 시절에 있었던 이야기다. 어느 날, 직원 하나가 나에게 오더니 스프레드시트에서 재미있는 기능을 찾아냈다며 그에 관해 글을 쓸 계획이라고 했다. 잡지에 원고를 보내고 원고료를 받을 수 있는지 알아볼 거라 했다. 그는 글을 써본 경험은 없는 친구였지만 그의 아이디어는 충분히 해볼 만한 내용이었다. 나는 원고를 보내라고 부추겼다. 놀랍게도 잡지사에서 그의 원고를 채택했는데, 1,500달러라는 당시로서는 상당한 금액을 원고료로 지급했다. 잡지사에서는 원고의 대부분을 편집이라는 미명 하에, 그 직원의 말에 따르면 학살을 감행해 고쳐서 실었다. 그 이후로도 그는 몇 건의 기사를 더 썼고 모두 잡지에 실렸다. 내가 그를 알고 지냈다는 사실이 훗날 내가 만화를 그리는 데 영향을 미쳤을까? 나는 그렇다고 생각한다. 그는 내게 사무실 칸막이 밖에서도 돈을 벌 수 있다는 것을 보여줬다.

인간은 사회적 동물이다. 우리는 수십 가지 경로를 통해 주변 사람들로부터 에너지, 영감, 기술, 성격적 특성을 습득한다. 때로는 본보기를 통해 배우고, 때로는 평범한 사람이 성공하는 모습을 보며 성공이 생각보다 멀지 않은 일처럼 느껴지기도 한다. 이렇게 자극을 받으면, 좀 더 비용을 지불하더라도 확실한 계획을 세워야겠다는 생각이든다. 주변 사람들이 필요한 정보와 격려를 보내주기도 하고, 사람을소개해 주거나, 유용한 조언을 하기도 한다. 우리는 어떤 메커니즘에의해 주변 사람들이 우리의 미래를 변화시키는지 정확히 알 수 없다.하지만 그런 변화가 일어난다는 점은 확실하다. 이 사실이 중요하다.

과거의 나는 부자 이웃들이 성공에 영향을 미친다고 주장한 인턴을 짓궂게 놀려댔다. 만약 그가 지금 이 글을 읽고 있다면, 내 사과를 받아주기 바란다. 이제는 살고 있는 동네가 성공을 추구하는 데필요한 에너지에 영향을 준다는 점을 이해하고도 남는다. 당신 주변에 낙천적인 사람이 산다면 어느 정도는 영향을 받을 게 분명하다.당신도 이 사실을 뇌에 입력하기 바란다. 사는 곳이 성공과 당신 사이에서 다리 역할을 할 수도 있다. 당신이 원하는 모습을 지닌 사람들과 더 많은 시간을 어울리는 것이 자신을 변화시키는 한 방법이 될수 있다.

주위에 누가 운동을 하고 있으면 당신도 운동해야겠다는 생각이더 들기 쉽다. 다른 사람이 운동하는 모습이 당신 뇌의 운동 센서를활성화시킨다. 같은 공간에 있는 사람들이 일하고 있으면, 당신도 일하기가 쉽다.

인간에게는 다른 사람의 습관이나 버릇을 따라 하는 본능이 있다.이러한 지식을 활용해서 당신이 원하는 방향으로 뇌를 프로그래밍

하면 된다. 당신이 원하는 모습을 지닌 사람들을 찾아서 되도록 많은
시간을 함께 보내도록 하라. 그들의 좋은 습관과 에너지가 당신에게
도 묻어날 것이다. 물론 무단 침입이나 납치, 스토킹은 금물이다.

PART

4

결국은
시스템이다

인생이라는 장기전에서 성공할 수 있는
유일한 방법은 의지력을 사용하지 않아도 되는
시스템을 만드는 것뿐이다.

일상의 모든 부분에서 패턴을 찾아 나서라.
식습관에서 운동에 이르기까지 성공을 구성하는
모든 요소들에서 패턴이 있는지 뒤져보라.
패턴에 과학적 근거가 있는지 찾아보고,
그 패턴이 자신에게 어울리는지 직접 실험하라.

01

행 복 의 메 커 니 즘

인생에서 유일하게 합당한 목표는 행복한 경험을 최대한 많이 누리는 것이다. 이기적으로 들릴 수도 있겠지만 실은 그렇지 않다. 소시오패스나 은둔자들이나 극도의 이기주의를 통해 행복을 느낀다. 정상적인 사람은 다른 사람들과 잘 지내면서도 인생을 즐길 줄 안다. 당신도 이렇게 정상적인(이라고 할 수 있는) 사람이라고 가정하고 이야기를 시작하겠다.

행복을 증진시키고 싶다면 행복이란 무엇이며 어떻게 작용하는지 이해해야 한다. 당신은 행복의 공식이 상당히 명확한 것이라고 생각할지 모르지만, 그게 그렇지 않다. 행복의 메커니즘을 이해하지 못하고 행복을 추구하는 것은 비료 주기, 병충해 방지, 물 주기, 서리 대비하기 같은 기본 지식도 없이 정원을 가꾸는 것과 같다. 땅에 씨를 뿌

리기는 쉽지만, 멋들어진 정원을 만들기 위해서는 원예의 기술을 알아야 한다. 정원 가꾸기와 마찬가지로 행복해지는 것도 겉으로만 간단해 '보이기만' 할 뿐이다.

우선 행복의 정의와 행복을 유발하는 인자가 무엇인지 알아보자. 내가 정의하는 행복이란, 신체 내 화학 작용에 의해 마음속에서 즐거운 감각을 생성할 때 느끼는 기분이다. 이 정의는 추상적인 게 아니라 과학적이다.[1-6]

흔히들 행복을 한 사람의 삶에 발생한 어떤 일이 야기하는 마음의 상태라고 생각하기 쉽다. 하지만 이런 식의 사고방식은 우리를 냉정하고 차가운 세상의 희생자로 전락시킨다. 이렇게 무기력한 세계관은 더 행복해질 수 있는 단순한 시스템을 보지 못하게 한다.

환경이 사람들의 생각을 좌우하지 않는다는 게 과학적으로 증명되고 있다. 팔을 절단하는 수술을 받은 사람도 팔을 잃기 전과 비슷한 수준의 행복한 상태로 돌아간다.[7-9] 뿐만 아니라 살면서 아무리 힘든 일을 겪어도 행복해 보이는 사람이 있는 반면에 일이 잘 풀리는데도 행복을 느끼지 못하는 사람도 있다는 것을 우리는 경험을 통해 안다.

사람들이 느끼는 행복의 범위는 저마다 다르며 한정적이다. 따라서 한 사람의 삶에서 일어나는 다양한 사건들은 그가 가진 범위 내에서만 행복감을 느끼게 할 수 있다.

　다행히도 행복한 경험을 해본 사람이라면, 누구나 자기 행복 범위의 최고점에서 보내는 시간을 늘리고 최저점에서 보내는 시간을 줄일 수 있는 능력이 있다. 내 경우, 행복의 기본점이 행복과 불행 사이에 위치한다. 행복을 느끼려면 그만큼 많이 끌어올려야 한다는 뜻이다. 따라서 나는 행복한 상태를 유지하기 위해 꽤나 많은 노력을 기울인다. 그러기 위해서 나는 스스로를 로봇이나 마찬가지라고 생각하면서 행복을 느끼는 데 필요한 신체의 화학물질을 의도적으로 만들어낸다. 물론 주변 상황과 환경을 향상시키려는 노력도 기울인다. 하지만 행복을 느끼는 데 환경 개선은 20퍼센트 정도의 효과를 지녔을 뿐이고, 나머지 80퍼센트는 화학물질에 달려 있다고 여긴다. 그렇게 생각하는 편이 훨씬 더 도움이 된다. 나를 둘러싼 상황이나 환경이 잘못되었다고 한들 바로바로 고칠 수가 없기 때문이다. 반면에 신체의 화학물질은 생활 습관을 통해 쉽게 조절할 수 있다. 그러면 생각이 긍정적으로 바뀌고, 살면서 마주치는 장애물도 별것 아닌 것처럼 여기게 된다.

　신체의 화학물질을 조절하는 메커니즘을 말해주겠다. 먼저 의사에게서 기분이 나아지는 약을 처방받을 수 있다. 실제 항우울제 산업은 거대 산업이 됐다. 술이나 마약성 약물로도 가능하다. 하지만 이런 방법에는 원치 않는 위험과 부작용이 따른다. 나는 좀 더 자연스러운 접근 방식을 권하고자 한다.

먼저 행복의 화학물질을 조절하는 가장 효과적인 방법은 하고 싶은 일을 하고 싶을 '때'에 하는 것이다. 하지만 당신이 원하는 일을 모두 할 수 있을지언정, 늘 원하는 때에만 할 수 있는 것은 아니다.

당신이 맛있는 음식을 즐기는 사람이라고 하자. 하지만 정크 푸드로 배를 가득 채운 후에만 맛있는 음식이 허용된다면, 아무리 맛있는 음식도 더 이상 당신을 행복하게 해주지는 못한다. 배고플 때 먹는 평범한 음식이 배부를 때 먹는 엄청나게 맛있는 음식보다 당신에게 훨씬 더 많은 행복감을 안겨줄 것이다. 음식의 실질적 가치보다 중요한 것은 타이밍이다.

타이밍의 중요성을 언급할 때 빠질 수 없는 것이 낮잠이다. 필요할 때 낮잠을 자면 정말 좋지만, 저녁 잠자리에 들기 한 시간 전에 낮잠을 잔다면 좋을 리가 없다. 행복해지려면 일의 순서와 타이밍을 조절할 수 있어야 한다. 행복을 타이밍의 관점에서 보는 게 중요하다. 타이밍이 돈이나 노동력 등 다른 자원보다 조절하기가 더 쉽기 때문이다. 무인도를 살 정도로 부자가 되긴 어렵지만, 그에 비해 근무 시간이 자유로운 직업을 찾기는 쉽다. 유연한 스케줄과 평균적인 자원을 지닌 사람이 유연한 스케줄을 제외하고 모든 걸 다 갖춘 부자보다 더 행복할 수 있다. 행복을 찾아 나서는 길에서 먼저 해야 할 일은 자신의 시간을 자유롭게 사용할 수 있을 때까지 계속해서 노력하는 것이다.

부모라면 내 말에 고개를 끄덕일 것이다. 대부분의 부모들은 아이들을 사랑하고 아이들이 있어 기쁘다. 하지만 아이들 때문에 꼼짝도 못한다. 특히 집에서 아이들을 돌본다면 더욱 그렇다. 좋은 집, 훌륭한 아이들, 친한 친구들 등 모든 것을 갖췄다고 하더라도 자녀가 어릴 때는 힘든 시기를 보낼 수밖에 없다. 이들은 원하는 모든 것을 가졌지만, 원하는 일을 원할 때 할 자유는 없다.

나는 지금 따뜻한 커피 한 잔을 즐기면서 편안한 의자에 앉아 이 글을 쓰고 있다. 옆에는 나의 믿음직한 개 스니커즈가 있다. 방금 기분 좋게 운동을 마치고 돌아왔고, 글을 쓰기에 알맞을 정도로 마음이 편안하다. 나는 분명 지금 일을 하고 있지만, 일할 시간을 직접 정했기에 일한다는 기분은 별로 들지 않는다. 내가 '언제' 무엇을 할지 스스로 조절하게 되면서 일은 즐거움으로 탈바꿈했다.

인생에서나 일에서 큰 결정을 내려야 할 때는 스케줄의 유연성 여부, 즉 시간을 얼마나 자유롭게 사용할 수 있는 일인가를 고려하라. 현실적으로 때로는 오랜 시간 견디며 일하고, 아이들을 돌보는 등 의무적인 일들을 해야 할 때가 있다. 하지만 장기적으로 자신의 스케줄에 최대한의 자유를 부여할 수 있는 방법을 찾아야 한다. 그 방향으로 나아가야 한다. 모든 사람들이 집에서 일하는 만화가가 될 수는 없겠지만, 출퇴근 시간보다 생산성을 더 중요하게 여기는 상사 한 명쯤은 만날 수 있을 것이다.

이는 두 번째로 중요한 행복의 메커니즘과 연결된다. 행복은 당신이 지금 있는 곳보다는 당신이 나아가는 방향과 더 많이 관련되어 있다. 20억 달러를 가진 사람이 갑자기 1억 달러를 잃어버리면 상심이

클 것이다. 1억 달러를 잃었다고 사고 싶은 물건을 못 사게 되지는 않지만, 그럼에도 그 사람은 잘못된 방향으로 나아가고 있기 때문에 슬픔을 느낀다. 하지만 고급 레스토랑 뒤에서 새 쓰레기통을 발견한 노숙자는 버려진 맛있는 음식을 먹을 수도 있겠다는 생각에 기뻐할 것이다. 극단적인 비유이긴 하지만, 이처럼 우리는 일이 좋은 방향으로 나아갈 때 행복하고 나쁜 방향으로 흘러갈 때 불행하다.

이렇게 행복에 방향성이 중요하다는 점을 고려한다면, 해마다 실력이 향상될 수 있는 운동이나 취미를 가져보는 것도 좋은 생각이다. 테니스와 골프가 완벽한 예라 할 수 있다. 이 두 운동은 60세를 훌쩍 넘긴 나이에도 계속해서 실력을 향상시킬 수 있는 종목이다. 무엇이든 천천히 지속적으로 개선되고 있다면 자신이 올바른 방향으로 나아가고 있다는 기분이 든다. 진전을 이루고 있다는 느낌은 신체를 자극해 행복감을 느끼게 하는 화학물질을 만들어낸다.

직업을 고를 때는 당신의 수행 능력을 평생에 걸쳐 성장시킬 수 있는 일인지, 아니면 그저 현상만 유지하거나 점차 당신의 능력을 깎아먹을 일인지 살펴야 한다. 만화가로서 나의 그림 실력은 천천히 향상되었고, 그것이 내게는 행복의 원천이 되었다. 다른 일에서는 그런 큰 만족감을 얻기 힘들었다. 당신이 여러 직업을 두고 고민 중이라면, 그중 지속적으로 성장할 수 있는 직업을 택하라.

그다음으로 충분히 익혀야 할 행복의 요소는 상상력이다. 앞서 나는 상상력을 통해 에너지를 높이라고 했다. 에너지는 행복과도 밀접하게 연관되어 있으므로 다시 한번 언급하려고 한다.

내게는 미래가 오늘보다 훨씬 더 나을 거라는 막연한 상상이 도움이 된다. 나는 숨 막힐 정도로 눈부신 미래를 상상하는 게 좋다. 정확한 미래를 상상할 필요는 없다. 단지 더 나은 미래에 대한 막연한 상상만으로 뇌는 화학물질을 만들어내어 오늘의 당신을 행복하게 만든다. 그렇게 얻은 행복감은 당신의 에너지를 높여주고, 현실에서 쏟는 노력들을 더 가볍게 만들어준다. 이것이야말로 상상력이 현실에 영향을 미치는 또 다른 사례인 것이다. 현실이 당신의 상상력을 통제하도록 내버려 두지 마라. 상상이 현실을 조종하도록 하라.

다음으로 기억해야 할 중요한 점은, 행복이란 마음의 수수께끼도 아니고 마법도 아니라는 것이다. 행복은 자신이 건강하다고 느끼고, 유연한 스케줄대로 생활하며, 밝은 미래를 상상할 때 느끼는 자연스러운 감정이다.

며칠 전에 집에서 바로 앞 문장까지 썼다. 지금은 헬스클럽 테이블에 앉아 이 글을 쓰고 있다. 운동을 마친 나는 건강에 좋은 간식을 먹었고 더할 나위 없는 행복을 느낀다. 비록 쓴 내용을 다시 읽어보며 수정하는 일을 하고 있지만, 그럼에도 행복하다. 내 몸을 돌보는 일은 내가 하는 그 어떤 일보다도 행복감에 큰 영향을 준다. 이는 중요한 사실이다. 불행하다고 느낄 때마다 주변 환경을 탓하는 사람들이 있다. 비관주의와 냉소주의라는 안경을 쓰고 세상을 바라보면 순식간에 무엇이든 골치 아픈 문제로 보인다. 당신 주변에 유독 좋은 일도 꼬아서 받아들이는 사람이 있다면, 내 말의 의미를 바로 이해할 것이다. 하지만 나는 나쁜 기분이 드는 이유를 유연한 스케줄, 상상,

수면, 식단, 운동 중 하나 이상이 부족해서라고 생각한다.

나는 많은 사람들에게 운동과 식단, 수면이 기분에 미치는 영향에 대해 설명해왔다. 하지만 대부분은 아무 말 없이 잠시 뜸을 들이다가 대화 주제를 바꾸려고 들었다. 행복의 공식이 상상과 스케줄 관리, 낮잠 자기, 올바른 식사하기, 적당히 활동적으로 지내기처럼 아주 간단한 데 있다는 것을 별로 믿고 싶어 하지 않는 눈치였다. 행복이 손만 뻗으면 닿을 거리에 있는데도 그 많은 불행의 날을 견디며 살아가는 건 바보 같은 짓이다. 물론 사람들은 평소 잘못된 생활방식이 일정 부분 불쾌한 기분의 원인으로 작용한다는 것을 알고 있다. 하지만 대부분의 원인은 살면서 마주치는 멍청이들과 소시오패스들, 그리고 그날그날 찾아오는 불운 때문이라고 여긴다. 내가 살면서 보고 느낀 바에 따르면 우리 기분의 80퍼센트는 몸이 어떻게 느끼느냐에 달려 있고, 나머지 20퍼센트는 유전자와 환경, 특히 건강에 달려 있다.

스스로 질문해보라. 일찍 일어나 운동하고, 잘 먹고, 적당한 수분을 섭취하고, 숙면을 취했던 날의 기분이 어땠는지 말이다. 아마 잘 모를 거다. 보통 그런 일엔 주의를 기울이지 않고 살아왔으니까. 하지만 내가 평소 몸을 돌보는 일이 행복에 얼마나 중요한 역할을 하는지 알려주었으니, 이제 당신도 자연스럽게 주의를 기울이게 될 것이다. 좋은 기분이 운동, 식단, 수면과 밀접하게 관련되어 있다는 사실을 당신도 알게 될 것이다.

운동에는 두 가지 장점이 있다. 운동을 하면 엔도르핀이라는 물질이 분비되면서 자연적으로 통증이 감소되고 기분이 좋아진다.[10-15] 그

뿐만 아니라 운동 직전까지 자신을 짓누르던 스트레스에서 벗어나게 해준다. 그래서 나는 근육을 단련하는 동시에 마음도 편하게 해줄 수 있는 운동을 권한다.

운동을 하면 숙면을 취하는 데도 도움이 되니 금상첨화 아닌가.[16] 유연한 스케줄, 상상, 식단, 운동, 수면이라는 행복의 다섯 가지 구성 요소 중에서 가장 중요한 게 뭐냐고 묻는다면 난 운동을 꼽겠다. 운동하기가 너무 힘들다고 생각하는 사람들을 위해서 아주 쉽게 시작할 수 있는 방법을 이어지는 장에서 알려주도록 하겠다.

이 다섯 가지만으로는 뭔가 부족해 보일 수도 있다는 걸 나도 안다. 저기에 더해 섹스, 소울메이트, 명성, 인정, 존재감, 일에서의 성공 등 훨씬 더 많은 것을 바랄 수 있다. 내가 일부러 다섯 가지 요소만 언급한 이유는 저 다섯 가지만 철저하게 실행하면 당신이 원하는 다른 요소들은 자석에 이끌리듯 다가올 것이기 때문이다. 당신이 건강하고 행복하고 에너지가 가득한 사람이리면 다른 사람들이 당신과 섹스하거나, 친구가 되거나, 당신과 함께 일하기를 원할 것이다. 이 세 가지를 동시에 하고 싶어 할 사람도 있을 거다.

만약 당신이 뚱뚱하고 피곤하며 욕구 불만인데다가 자신이 불행하다고 생각하며 사는 사람이라면, 온라인 데이트 사이트를 통한 만남은 장기적인 해결책이 될 수 없다. 물론 이런 서비스를 이용해 좋은 짝을 만나는 사례도 있다. 하지만 자신을 먼저 돌보는 일에서 성공하고, 그 성공을 지렛대 삼아 당신이 원하는 다른 것을 얻는 게 더 현명한 접근 방식이다.

만화가로서의 내 경력이 최고점에 도달했을 때 들었던 기분에 대해 설명하면서 이 이야기를 마무리하겠다. 때는 90년대 말이었다. 그때 나는 여러 권의 출간 계약을 맺으면서 인생에서 가장 큰돈을 만지게 되었다. 어려서부터 원했던 일을 하고 있었다. 공식적으로 부자가 되었다. 원하는 만큼 유명세도 얻었다. 하지만 갑작스럽고 극심한 슬픔에 빠졌다. 이게 뭔 조화란 말인가?

한동안 나 자신을 돌아본 결과, 내가 목적과 방향을 잃은 표류자라는 걸 깨달았다. 그동안 꿈꿔온 목표를 달성하고 나니, 이내 인생의 목표가 사라져버린 것이었다. 너무도 불안정하고 섬뜩한 느낌이었다. 당시에는 아이도 없었기 때문에 더 이상 무언가를 성취할 이유가 없었다. 나는 행복의 선을 넘어 불행의 늪으로 깊이 빠져들었고, 헤어나지 못하고 있었다.

그러다가 돈이나 유명세처럼 새로 얻은 자원을 활용해서 작지만 긍정적인 방향으로 세상을 변화시키는 데 일조할 수 있겠다는 생각에 우울의 늪에서 벗어나게 되었다. 그래서 탄생한 것이 딜버리토였다. 나는 딜버리토가 간편하게 영양을 섭취할 수 있는 새로운 길을 제시해 주기를 바랐다. 결론적으로 딜버리토는 성공하지 못했다. 하지만 나는 딜버리토를 통해 의미 있는 목표를 완전하게 되찾았고, 덕분에 낙관주의와 에너지도 돌아왔다.

너무 큰 성공이 불행의 씨앗이 된다는 말은 행복에 겨운 고민일 수 있다. 보통 사람들은 그런 불행 아닌 불행을 겪기 위해 평생을 바쳐 일한다. 만약 당신이 원하던 큰 성공을 얻게 된다면, 자연스럽게 외부로 주의를 돌리게 될 것이다. 그리고 다른 사람들을 돕는 과정에서 행복을 찾게 될 것이다. 이는 내가 바라는 바이기도 하다. 약속하건대, 이 기분은 정말 끝내준다.

일상에서 반복하는 규칙이 가져다주는 행복

《점심 메뉴 고르기도 어려운 사람들The Paradox of Choice》의 저자인 배리 슈워츠Barry Schwartz는 우리의 삶에 선택지가 너무 많을 때 불행해진다고 한다. 어떤 선택을 하든 선택 후에는 스스로 의심이 들기 때문이다. 다른 선택을 했으면 더 잘 됐을지도 모른다는 의심은 충분히 합리적인 생각이지만, 이런 생각은 당신을 좀먹는다.

선택지들이 전부 좋아 보일 때도 고르다가 지친다. 모두 일일이 조사하고 잘 따져봐야 할 것 같은 기분이 든다. 그래서 나는 일상의 규칙에서 편안함을 찾는다. 만약 누군가 내게 내닌 토요일 아침 6시 20분에 뭘 하고 있을 거냐고 물어본다면, 나는 책상에 앉아 매일하는 라이브 방송을 준비하고 있을 거라 대답할 것이다. 지난주 토요일 아침 6시 20분에도 나는 그 일을 하고 있었고, 다음 주 토요일에도 같은 일을 할 계획이다. 아침에 일어나서 그날 뭘 해야 할지 생각하던 때가 마지막으로 언제였는지 기억도 나지 않는다. 기상 후 적어도 몇 시간만큼은 나는 언제나 같은 일을 한다.

아침 5시 10분에는 커피 첫 모금을 마시고, 점심시간까지 허기를 달래줄 단백질 바를 먹는다. 아침에 일어나서 언제 무슨 일을 해야 할지 고민하느라 뇌세포를 낭비하지 않는다. 한 시간이면 끝낼 일을 하나하나 계획하고 결정하느라 두 시간을 허비하는 사람이 당신 주위에도 있을 것이다. 그런 사람들과 나를 비교해보라. 내가 더 행복하다.

다시 한번 행복의 공식을 요약해 주겠다.

올바른 식사를 하라.

운동하라.

충분한 수면을 취하라.

(설사 믿지는 않더라도) 멋진 미래를 상상하라.

유연한 스케줄을 가질 수 있도록 노력하라.

지속적으로 성장할 수 있는 것을 하라.

(자신을 다 도운 다음에) 다른 사람을 도와라.

매일 내려야 하는 결정을 일상적인 규칙을 통해 줄여라.

이 여덟 가지를 하면, 뇌가 행복과 관련된 화학물질을 내보내는 데 필요한 나머지 요소들을 쉽게 찾아낼 수 있다. 실제로 당신이 매력 넘치는 사람이 되면 직업, 사랑, 친구 등 당신이 찾는 다른 행복의 요소들이 알아서 당신을 찾아올 것이다.

02

건 강 한   식 습 관 이
시   작   이   다

이쯤에서 또다시 말해두는 게 좋을 것 같다. 이 책에 나오는 어떤 내용도 심각한 조언으로 받아들이지 마라. 한낱 만화가가 하는 말을 충고나 조언으로 받아들인다는 건 좋은 생각이 아니다. 게다가 이번 장은 건강 관련 주제를 다루고 있으니 각별히 조심해야 한다. 만화가의 건강 조언을 따르다가 몇이나 죽었는지는 모르겠지만, 전혀 없다고 장담할 수는 없으니까.

이제부터 나는 다이어트에 관한 흥미롭고 유용한 몇몇 연구 결과를 소개하려고 한다(본문에서 말하는 다이어트는 식단 조절을 의미한다-엮은이). 내가 직접 겪은 일에 대해서도 설명할 것이다. 당신의 헛소리 거름망-과학적인 연구와 당신의 똑똑한 친구-인 내 경험을 통해 나온 결과이니 일단은 믿어볼 만하다. 하지만 확실한 안전을 위해, 이 책에 나오는 내용을 따라 하기 전에 의사와 상의하길 권한다.

내가 다이어트에서 중점을 두는 부분은 단순화다. 내게 효과가 있는 단순한 다이어트 방법은 다음과 같다. 나는 원하는 만큼 많이, 원하는 것이 무엇이든, 원할 때는 언제든지 먹는다. 나는 몸무게가 66kg 정도 되는데 그렇게 몸이 가볍고 기분 좋을 수가 없다. 내가 날씬한 건 유전적인 영향 때문이 아니다. 한창 많이 나갈 때는 76kg까지 나갔었는데, 내 키에 그 몸무게는 뚱뚱해 보였다.

당연히 말도 안 되게 쉬운 나의 다이어트 방법에는 몇 가지 비밀이 숨어 있다. 그 비밀도 내용은 간단하긴 한데 설명하자면 좀 길어진다. 먼저 '원하는 것은 무엇이든' 먹는 것부터 시작해보자. 여기에 숨겨진 비밀은 바로 '먹고 싶은 것'을 바꾸는 것이다. 그렇다, 가능한 일이다. 당신 생각보다 쉬운 일이다. 일단 건강에 좋은 음식을 먹으면서 즐거움을 느끼고, 나쁜 음식을 갈망하지 않게 되면 다이어트의 나머지 문제는 얼추 쉽게 해결된다.

물론 자기가 좋아하는 음식의 종류를 바꿀 수 있다는 말에 믿음이 가지 않을 수도 있다. 하지만 당신의 배가 등가죽에 붙었을 때 먹는 음식 맛과 배가 부를 때 먹는 음식 맛이 얼마나 다른지 생각해보라. 같은 음식을 먹어도 느끼는 즐거움은 완전히 다르다. 내가 살면서 먹은 음식 중 최고의 음식은 치과 수술 일주일 후에 먹은 음식이었다. 일주일 동안 음식다운 음식을 먹지 못하다가 파스타를 먹었는데, 마치 신이 내게 딱 맞는 음식을 선사한 것 같았다. 하지만 한 달 후 다시 맛본 파스타의 맛은 지루하기 짝이 없었다.

당신도 필시 그런 경험이 있을 것이다. 평소라면 별로라고 느꼈을 음식인데도 배고플 때 먹으니 엄청나게 맛있게 느껴졌던 경험 말이다. 당신의 입맛은 처음부터 그 음식을 좋아해서가 아니라 뇌가 그렇게 느끼도록 만든 결과에 가깝다.

나이를 먹어가면서 입맛이 달라진 경험도 있을 것이다. 어릴 땐 치즈가 든 음식을 입에 달고 살다가 성인이 되고 나서는 생선초밥을 없어서 못 먹는다. 어떤 음식을 먹고 크게 탈이 난 후에는 쳐다보지도 않게 되기도 하고, 예전에는 정말 맛없다고 생각했던 음식이 요리법이나 양념에 따라 맛있게 느껴지기도 한다.

좋아하는 음식들은 평생에 걸쳐 계속해서 바뀐다. 하지만 한 번도 의도적으로 좋아하는 음식을 바꾸려는 노력은 해본 적이 없을 것이다. 내가 그 방법을 알려주겠다. 이 방법이 먹혀들기만 한다면, 당신도 '원하는 것은 무엇이든' 먹을 수 있다. 결과적으로 당신에게 좋은 음식만 찾게 될 테니까.

나는 아이스크림 킬러였다. 한창 탐닉했을 땐 바닐라 아이스크림을 하루에 두 그릇씩 먹어댔다. 당시에는 브로콜리 같은 건 수감자에게 형벌로 내려지는 음식이라고 생각했다. 시간이 지나서, 나는 좋아하는 음식을 바꾸는 훈련에 돌입했다. 이제는 아이스크림의 유혹에 쉽게 저항하고, 브로콜리를 탐닉한다. 내가 좋아하는 음식을 바꾸기 위해 의도적으로 노력한 결과다. 내 뇌를 해킹해서 입맛에 관련된 회로를 재구성한 것이다.

좋아하는 음식을 갈망하지 않게 된다는 것이 사랑하는 사람과의 헤어짐처럼 괴롭게 들릴 수도 있다. 갈망이 마치 당신의 내면 깊숙한 곳에서부터 올라오는 감정 비스름하게 느껴질 수도 있다. 하지만 이건 오해다. 내 경험에 의하면 갈망은 조절이 가능하다. 나는 건강에 좋지 않은 다양한 음식들에 대한 갈망을 성공적으로 없앴다. 한 번에 하나씩 지워갔다. 의외로 생각보다는 훨씬 쉬운 일이었다.

그 반대도 가능하다. 전에는 원하지 않았던 음식에 대한 갈망을 서서히 주입시킬 수도 있다. 정말 맛이 고약한 음식에는 통하지 않는다는 점에서 이 방법에는 한계가 있긴 하다. 하지만 건강에 좋은 음식들은 대부분 맛이 불쾌하다기보다는 밍밍하다는 표현이 적절하다.

건강에 좋은 음식이라고 하면 많은 사람들이 맛이나 질감이 형편없다고 생각하며 손사래를 친다. 건강에 좋은 음식이라는 말에서 두부나 떡, 아니면 비누 맛이 나는 음식을 떠올린다면, 건강에 좋은 음식을 바라는 마음이 생겨나기가 쉽지 않다. 하지만 짭짤한 견과류나 버터구이 옥수수, 아니면 바나나를 연상하면 한결 편하다(소금과 버터의 장점과 단점에 관해서는 나중에 설명하겠다).

입맛을 바꾸는 것은 생각보다 쉽고 간단한 과정이며, 다른 모든 변화와 마찬가지의 방식으로 시작한다. 다른 시각에서 바라보는 것이다. 다이어트라는 친숙한 주제를 당신이 다른 방향에서 볼 수 있도록 해보겠다. 사실 설명하기 까다로운 주제이긴 하다. 당신은 내 설명을 읽고 이해한 다음, 천천히 자연스럽게 따라 하기만 하면 된다.

내 말이 이상한 소리처럼 들리겠지만, 입맛을 바꾸기 위해 나는 인체를 마법으로 가득한 살덩어리가 아니라 프로그램을 짜넣을 수 있는 말랑말랑한 로봇으로 생각한다. 이렇게 작은 시각의 변화는 보기보다 큰 효력을 발휘한다. 사람들은 대부분 먹는 음식과 먹을 때의 느낌 사이에 별다른 관계가 없다고 생각한다. 이런 사람들은 자신의 몸을 마법으로 가득한 살덩어리로 본다. 이들은 인생에 워낙 많은 요소들이 영향을 주기 때문에 음식의 영향이 중요하긴 해도 어떤 식으로 영향을 끼칠지는 예측하기 어렵다고 생각한다.

성인이라면 음식 섭취의 기본적인 인과관계를 알고 있다. 과식하면 몸이 붓고, 콩을 먹으면 가스가 차고, 매운 걸 먹으면 콧물이 난다는 정도는 안다. 이 정도의 인과관계는 모르기도 힘들다. 하지만 최근 먹은 음식과 기분, 문제 해결 능력, 에너지 수준을 한 번이라도 연관 지어 생각해 본 사람은 몇이나 될까? 한 번도 없다고 대답하는 사람이 대부분이다. 기분이 나쁜 이유를 그날 있었던 안 좋은 일 때문이지 점심에 먹은 탄수화물 덩어리 때문이라고 생각하지는 않을 것이다.

어느 정도 거리를 두고 자신의 삶을 바라본다면, 오늘은 어제와 비슷하고 내일은 오늘과 별다르지 않으리라는 걸 깨닫는다. 크게 보면 우리의 삶은 비슷하게 흐르지만, 기분은 널뛰기를 하듯 심하게 출렁인다. 당신이 의심할지 모르지만, 당신의 에너지에 영향을 미치고 그래서 기분에도 영향을 미치는 가장 근본적인 요인은 바로 최근에 먹은 음식이다.*

---

* 다음 장에서는 운동에 대해 다룬다. 운동과 운동이 기분에 미치는 영향에 대해 이야기할 것이다. 다이어트는 에너지 레벨에 영향을 미치고 뇌가 분비하는 화학물질에 직접적으로 영향을 끼치면서 기분에 영향을 준다. 운동도 비슷하다. 그러므로 올바른 다이어트와 운동이라는 두 마리 토끼를 잡아야 한다.1-11

건강한 식습관을 위하여 1. 패턴을 찾아라

내 말을 믿지 않아도 좋다. "음식이 곧 기분"이라는 나의 가설이 당신의 상식과 맞지 않을 수도 있다. 이런 건 직접 겪어봐야 알 수 있다. 당신은 최근에 일어난 좋고 나쁜 일들에 유전적 영향이 더해져서 기분이 결정된다고 생각할 것이다. 하지만 내가 알아낸 바와 과학적인 근거에 따르면, 제대로 된 식사를 하는 사람은 살면서 맞닥뜨리는 작은 걸림돌 따위를 크게 신경 쓰지 않는다. 게다가 이런 사람들은 대체로 긍정적이다.

불행이 닥치면 당신의 반응은 당면한 문제의 심각성과 신체가 스트레스에 견디는 정도에 따라 달라진다. 불행을 모두 피할 수는 없다. 다만 웬만한 충격에는 영향받지 않을 정도로 자신을 무장시킬 수는 있다. 기분은 신체 내에서 일어나는 화학 작용의 결과이며, 화학 작용에 가장 큰 영향을 끼치는 것은 당신이 먹는 음식이다.

한 손으로 머리를 쓰다듬으면서 동시에 다른 손으로 배를 문지르는 동작이 힘들다는 말을 처음 들었을 때를 기억하는가? 혹시 처음 들어봤다면 지금 당장 시도해보라. 직접 해보기 전까지는 믿기 힘들었을 것이다. 경험하지 않고는 얻지 못하는 지식이 있다. 음식과 기분의 연관성 역시 여기에 속한다. 감자를 먹으면 졸음이 온다거나 까칠해질 때가 있다는 것을 단 한 번도 느껴본 적 없는 사람이라면, 내가 여기서 무슨 말을 해도 이해가 안 될 것이다. 일상에서 직접 관찰을 해보면 음식이 기분에 영향을 미친다는 것을 확인할 수 있다. 그러므로 당신의 기분을 살펴보고 최근에 어떤 음식을 먹었는지 떠올려보라. 패턴을 찾아보라는 말이다.

음식이 기분에 영향을 미친다면, 어째서 당신은 그 사실을 전혀 모르고 있었는지 궁금할 것이다. 가장 큰 이유는 음식 대부분에 다양한 식재료가 조합되어 있기 때문이다. 그렇다고 음식이 기분에 미치는 영향을 살피고자 한 가지 음식만 먹는 사람은 거의 없을 것이다. 푸짐한 식사를 즐긴 뒤 졸음이 쏟아지는 이유가 몸이 뇌가 쓸 에너지를 소화기관으로 보내서라고 생각할지 모른다. 점심을 먹고 나면 으레 졸린 법이라고 들어서 그렇게 생각하는 것일 수도 있다. 과학자가 아닌 이상 음식을 종류별로 철저하게 연구하지 않는다. 그저 배고프면 먹고 피곤하면 잘뿐이다. 식습관의 진실은 저 깊은 곳에 숨어 잘 보이지 않는다.

음식과 기분의 상관관계를 가장 확실하게 실험해보고 싶다면, 점심으로 탄수화물이 넘쳐나는 멕시코 음식을 푸짐하게 즐기고 몇 시간 후에 기분이 어떤지 살펴보면 된다. 오후 2시쯤의 에너지 상태를 확인해보라. 운동할 기분이 드는가 아니면 낮잠을 자고 싶은가? 답은 내가 미리 알려주겠다. 자고 싶어진다.

오후에 졸음이 밀려오는 까닭이 그냥 그 시간은 원래 졸린 법이라고 생각하는가? 이것도 쉽게 알아낼 수 있다. 며칠 후, 이번에는 점심 대신 아침 식사로 실험한다. 팬케이크와 해시브라운으로 아침식사를 하고 점심시간까지 졸지 않고 깨어있을 수 있는지 확인해보라. 아마 쉽지 않을 것이다. 이 실험을 해보면 식사 시간보다 먹는 음식이 졸음에 더 큰 영향을 미친다는 것을 알게 된다.

혹시 식사를 '푸짐하게' 해서 졸음이 밀려오는 게 아닐까 싶다면, 지난번 먹은 멕시코 음식을 반만 먹어보라. 식사량이 미치는 영향이 생각만큼 크지 않다는 것을 알게 될 것이다.

이제 비교 실험을 해보자. 며칠간 빵이나 감자, 백미를 비롯한 단순 탄수화물을 피하고 과일과 야채, 견과류, 샐러드, 생선, 닭고기를 먹어라. 먹고 나서 몇 시간 후에 기분이 어떤지 살펴라. 멕시코 음식을 먹었을 때보다 운동을 하겠다는 생각이 더 강하게 들 것이다.

다시 한번 말하지만 식단에 관한 내 의견을 무조건 믿어서는 안 된다. 사람마다 반응이 다를 수 있고, 날마다 영양소에 대한 새로운 정보가 쏟아지기 때문이다. 게다가 식이요법 연구 결과라는 것들도 다 믿어서는 안 된다. 이 분야는 인과관계에서 연관성을 제대로 찾아내지도 않고 써재끼는 걸로 유명하다. 캐비아를 먹는 사람들이 장수할 수는 있으나, 캐비아 때문에 장수한다고는 할 수 없다. 오히려 기대 수명은 소득과 연관성이 있다. 이처럼 식이요법 연구는 모순되는 결과도 많고, 특정 집단만을 대상으로 하는 경우도 많기에 마냥 신뢰하기가 어렵다.

안전하게 시도해볼 수만 있다면, 스스로의 몸을 대상으로 건강과 관련된 여러 가지 실험을 해보라. 뭔가 구체적인 음식, 예를 들면 흰쌀밥 한 공기를 먹고 당신의 기분을 관찰하는 것이다. 또는 탄수화물을 마음껏 섭취하고 일주일 뒤에 몸무게를 재보라. 패턴을 찾아내라. 어떤 음식이 에너지를 충전시키고 어떤 음식이 졸음을 유발하는가?

어떤 음식을 먹으면 몸무게가 늘지 않고 어떤 음식을 먹으면 커다란 풍선처럼 빵빵해지는가? 실험을 통해 당신만의 식단을 찾게 되면, 나의 식단과 또 다르다는 것을 확인할 수 있을 것이다. 예를 들어, 당신은 밀가루나 글루텐에 민감할 수 있고, 유당불내증이 있을 수도 있고, 점심에 뭘 먹어도 오후에 전혀 피곤함을 느끼지 않는 유형일 수도 있다. 자신에게 효과가 있는 음식을 찾아내는 것이 중요하다. 그러려면 실험을 해보아야 한다.

나 같은 경우는 단순 탄수화물을 섭취하면 에너지가 급격히 떨어져서 식후 몇 시간 지나지 않아 눈 감으면 30초 만에 곯아떨어지고 만다. 커피를 너무 많이 마신 날에는 저녁에 흰쌀밥을 수면제로 활용할 정도다. 하지만 당신 몸은 흰쌀밥이나 커피에 나와 다른 반응을 보일 수도 있다. 확실하게 알아보려면 실험이 필요하다. 당신의 에너지를 조절하는 것은 마법이 아니라 화학물질이라는 것을 기억하라.

나는 피해야 할 단순 탄수화물 목록에 의도적으로 파스타는 포함시키지 않았다. 경험에 의하면, 파스타는 다른 단순 탄수화물 음식들과 달리 졸음을 유발하지 않았다. 감자는 졸음을 불러오지만, 파스타는 운동하기 전에 먹으면 좋은 간식거리가 된다. 실제 파스타의 혈당지수(GI지수)가 그리 높지 않다는 연구 결과도 있다. 내 경험과 동일한 결과였다. 이처럼 식이요법과 관련해서는 과학적 결과를 존중하면서 동시에 직접 경험을 통해 확인해야 한다는 점을 기억하길 바란다.

견과류도 내 경험과 과학적 결과가 일치하는 음식 중 하나다. 연구 결과에 따르면, 불포화지방산이 다량 함유된 견과류는 맛도 적당히 좋고 우리 몸에 연료를 제공해 준다.[12-18] 지방질이 많은 견과류를 식단에 포함시키라고 하는 이유는 체중 감소를 촉진한다는 의외의 결과 때문이다. 내 경험도 연구 결과와 정확히 일치했다. 견과류는 내 입맛에도 딱 맞을뿐더러, 견과류를 먹은 날에는 하루 식사량도 줄어든다.

마찬가지로 나는 치즈도 얼마든지 먹어도 괜찮다는 사실을 알아냈다. 나는 거의 매일 치즈를 상당히 많이 먹는 편인데, 치즈는 피곤함을 느끼지 않으면서도 허기를 달랠 수 있다. 다른 음식과 적절하게 섞어서 먹으면 살도 찌지 않는다. 내가 느끼는 치즈의 장점을 뒷받침해 줄 과학적 근거는 없다. 나 역시 콜레스테롤 수치가 높았다면 치즈를 가까이하지 않았을 것이다. 사실 치즈에 대해서는 약간의 의심이 들지만, 현재로서는 간단하게 배고픔을 달래기에 그만인데다 맛도 있어서 즐기는 음식이다. 앞으로 어떤 연구 결과가 나오는지 지켜볼 생각이다. 이 글을 보고 치즈를 식단에 더할 마음이 있는 사람은 의사와 먼저 상의하기 바란다. 여기서 치즈를 언급하는 이유는 오로지 내가 음식을 고르는 접근 방식을 설명하기 위함이지 내 선택이 항상 옳아서가 아니다. 개개인에게 구체적인 맞춤 처방전을 주는 것이 아니라 식품을 선택하는 합리적인 틀을 제공하려는 것뿐이다.

이 책을 읽기 전까지 당신은 아마도 음식을 좋은 음식과 나쁜 음식, 고칼로리 음식과 저칼로리 음식, 단수화물과 단백질 등으로 구분하는 관점으로 바라보았을 것이다. 이런 기준들 역시 나쁜 음식을 고르지 않도록 도와준다. 하지만 이런 일반적인 관점으로 음식을 대하면 늘 자기 자신과 전투를 벌이고 있는 기분이 든다. 당신은 나쁜 음식을 갈망한다. 끝내주게 맛있으니까. 당신은 유혹을 뿌리치기 위해 고군분투한다.

인간의 의지력에 한계가 있다는 말은 과학적 근거가 있다.[19-21] 특정 유혹에 저항하느라 의지력을 모두 사용해버리면 다른 유혹에 저항할 의지력이 바닥난다. 무언가를 하기 위해 고군분투하는 것은 대가를 요구한다. 사탕을 먹지 않기 위해 참느라 의지력과 에너지를 몽땅 소모해버리고 싶지는 않을 것이다. 의지력은 보다 중요한 일에 써야 한다. 그러므로 의지력에 의존하지 않는 식단 시스템이 필요하다. 즉, 당신이 좋아하는 음식들을 건강에 좋은 음식으로 바꿔야 한다.

앞서 언급한 바 있지만, 몸을 신비로운 마법의 결정체가 아니라 입력한 내용에 따라 출력물이 달라지는 로봇이라고 생각하면 쉽다. 당신이 '졸음이 온다'와 '기운이 난다' 중에 '졸음이 온다' 출력물을 얻고 싶다면 간단하다. 탄수화물을 선택하면 된다.

건강한 식습관을 위하여 2. 음식과 운동의 연관성

일반적으로 체중 관리에 성공하려면 운동과 식단 조절이 필요하다고 말한다. 대체로 옳은 말이지만, 음식과 운동을 동급으로 여기지 않는 게 맞다. 그보다는 음식을 운동에 필요한 연료로 보는 편이 실용적이다. 점심으로 단순 탄수화물을 섭취하면 러닝머신을 뛰기보다는 낮잠을 자고 싶어진다. 저녁을 잔뜩 먹으면 나가서 뛰려던 생각이 없어진다. 식습관을 적절하게 조절하면 운동하고 싶은 의지가 생겨나고 곧장 운동하러 나가게 된다. 건강을 유지하는 시발점은 운동이다. 일단 올바른 식습관을 갖게 되면 에너지가 증가하고 운동하고 싶은 마음이 더 생겨나는 걸 알 수 있다.

식습관 개선과 운동 습관을 동시에 들이려 하면 두 배로 힘들어진다. 이 두 가지 모두 의지력을 요구하기 때문이다. 좀 더 현명한 방법은 식습관을 통제하는 데 의지력을 쓰지 않아도 되도록 만든 뒤, 증가한 에너지를 자연스레 운동하는 데 쓰도록 하는 것이다. 운동에 관해서는 나중에 좀 더 자세히 설명하겠다. 식습관 조절과 운동은 의지력을 줄이는 게 핵심이다. 음식을 억지로 참고, 하기 싫은 운동을 견디는 방법, 즉 의지력을 많이 요구하는 방법으로는 지속적인 유지가 어렵다.

건강한 식습관을 위하여 3. 탄수화물 중독에서 벗어나기

감자나 흰 빵, 백미 같은 단순 탄수화물의 유혹에 저항하기 위해서는 어디선가 의지력을 끌어와야 하는데, 앞서 말했듯이 의지력에도 한계가 있어서 무한정 끌어다 쓸 수 없다. 나는 과식을 피할 때 쓰는 의지력을 슬쩍 가져다 사용하는데 이 방법이 효과가 있다. 당신도 이 방식을 사용해보기를 권한다. 몇 달간 단순 탄수화물을 제외한 어떤 음식이든 마음껏 먹어라. 그러면 과식을 참는 데 쓰던 의지력을 아낄 수 있고, 이 의지력을 맛있고 편리한 단순 탄수화물 음식을 피하는

데 쓸 수 있다.

배고픈 사람에게 눈앞에 잔뜩 놓인 맛있는 빵을 먹지 말라고 한다면, 빵의 유혹을 견뎌내기 위해 상당히 많은 의지력을 사용해야 한다. 하지만 맛있는 빵 대신 원하는 것은 무엇이든 먹을 수 있다고 말한다면, 빵의 유혹에서 비교적 쉽게 벗어나게 된다. 이처럼 매력적인 대안이 있으면 의지력을 덜 사용해도 되며, 그 의지력을 다른 일에 쓰도록 저장해둘 수 있다. 내 시스템대로 하자면, 몇 달간 단순 탄수화물을 제외한 음식을 원하는 만큼 섭취하면 된다.

이 시스템을 따르면 살이 찔까? 어떤 사람들은 살이 찔지도 모른다. 하지만 당장 몇 달 앞만 보지 말고 멀리 내다봐야 한다. 구체적으로 몸무게를 얼만큼 줄이겠다는 다이어트 목표가 아니라 전반적인 시스템을 구축한다고 생각해보자. 기억하는가? 목표는 덫이다. 당신에게 필요한 것은 목표가 아닌 시스템이다. 그 시스템을 구성하는 첫 번째 단계는 단순 탄수화물 중독에서 벗어나는 것이다.

내 경험상, 탄수화물 중독에서 벗어난 후에는 가끔씩 감자튀김을 맘껏 먹어도 빨리 회복한다. 음식은 술과 다르다. 술은 오랜 기간 잘 참다가 한 잔만 마셔도 다시 중독 상태에 빠질 수 있지만, 탄수화물 중독에서 벗어난 사람이 빵 한 쪽을 먹는 것은 그리 위험한 일이 아니다.

단순 탄수화물이 포함되지 않은 음식을 몇 달 동안 맘껏 먹으며 관찰하면 새로운 사실을 알게 된다. 단순 탄수화물을 섭취하지 않아도 충분한 에너지를 얻을 수 있다는 것, 그리고 더 활동적인 상태를 유지하게 된다는 것이다.

　단순 탄수화물 없이 몇 달을 지내다 보면 음식에 대한 집착이 감소한다. 자신이 특정 음식을 선호한다는 것은 사실 진정한 선호라기보다 중독에 더 가깝다. 예를 들면, 나는 초대형 스니커즈 초코바를 먹지 않고는 하루도 버티기 힘들어했던 때가 있었다. 스니커즈 한 입에 온몸의 감각이 살아나는 듯한 희열을 느꼈다. 하지만 몇 달 동안 건강에 좋은 음식들을 원 없이 먹다 보니 스니커즈에 대한 탐닉도 사라졌다. 스니커즈를 좋아하는 게 타고난 기질 때문이라고 생각했지만, 사실은 중독이었던 것이다. 나중에 궁금해서 스니커즈 하나를 먹어봤지만 별로 즐겁지 않았다. 그저 불필요한 칼로리 덩어리를 섭취하는 느낌이었다.

　혹시나 오해할까 봐 명확히 해두고 싶다. 내 에너지를 약화시키는 단순 탄수화물 목록에 스니커즈는 없다. 초콜릿과 땅콩의 조합은 사실, 광고 문구 그대로 내게 에너지를 불어넣어 주었다. 단지 문제라면 내가 스니커즈에 죽고 못 살 정도로 너무 푹 빠져있었다는 것이다.

　백미와 감자 끊기는 그리 성공적이지 못했다. 내 유전자가 그 맛을 잊지 못하는 것 같다. 그래도 그 욕구가 그리 강한 편은 아니어서 사과와 감자가 있으면 사과를 택하는 편이다. 이젠 으깬 감자를 보기만 해도 자동적으로 한 시간 후에 피곤해 할 모습이 그려진다. 그래도 자꾸 손이 가려고 하면 차라리 건강한 음식을 마음껏 먹는 걸로 대신한다. 생각이나 주의를 다른 방향으로 돌리는 방법도 잘 통하는 편이다.

건강한 식습관을 위하여 4. 다이어트 콜라

이 이야기도 빠질 수 없는데, 나는 그동안 다이어트 콜라를 너무 많이 마셨다. 거의 날마다 캔으로 12개씩 마신 것 같다. 의사와 영양학자들이 내 코앞에 경고장을 흔들어댈 일이다. 문제는 내가 다이어트 콜라를 정말 사랑했다는 점이다. 다이어트 콜라와 건강 사이에 연관성이 있다는 기사는 많이 봤지만, 명확한 인과관계를 밝혀낸 연구는 찾을 수 없었다. 하지만 어느 쪽으로든 확실한 연구 결과가 언젠간 나오리라 생각하면서 계속 신경 쓰고 있었다.

몇 달 전, 나는 특정 음식을 향한 집착을 끊을 수 있는지에 대한 최종 실험에 들어갔다. 지난 40년 넘게 즐겨온 다이어트 콜라를 단칼에 끊었다. 첫 주는 힘들었다. 인정한다. 하지만 다이어트 콜라가 확 당길 때마다, 내가 역시 매우 좋아하는 음료인 커피로 대신하면서 의지력 사용을 줄이고자 했다. 첫 주는 힘들었지만 4주 차에 접어들면서 다이어트 콜라의 유혹에 저항하는 것이 쉬워졌다. 8주가 지나자 내 눈에 비친 다이어트 콜라는 불필요한 화학물질로 가득한 이상한 액체에 불과했다. 당연히 마시고 싶은 마음이 싹 사라졌다. 처음 며칠을 제외하면 의지력을 별로 소모할 필요도 없었다. 게다가 커피는 정신을 또렷하게 해주기 때문에 예전보다 더 즐기기까지 한다. 실제 적당량의 커피가 건강을 증진시킨다는 연구 결과도 있다.[22-27]

내가 탐닉하는 음식들 중에서 굳이 다이어트 콜라를 절제 대상에 넣은 이유는 이렇다. 가끔 다이어트 탄산음료를 마시는 것이 건강에 안 좋을지는 알 수 없지만, 매일 12캔씩 마셔대는 것이 건강에 긍정적인 기여를 하는 것 같지는 않았기 때문이다. 그리고 다이어트 탄산음료의 위험성을 알리는 연구 결과를 그리 설득력 있게 여기지 않았는데, 어느 순간부턴가 건강에 부정적인 영향을 미칠 수도 있겠다는 생각이 고개를 들기 시작했다. 분명히 말하자면 개인적으로는 가끔 마시는 다이어트 탄산음료로 건강에 문제가 생긴 적은 없다. 다만 문제가 생길 가능성이 있다는 것 자체가 싫을 뿐이다.[28-30]

건강한 식습관을 위하여 5. 무엇을 얼마나 먹어야 하나

건강한 식습관을 가로막는 가장 큰 장애물은 불편함이다. 바쁘게 살아가는 대부분의 사람들에게는 다른 무엇보다 '간편함'이 중요하다. 수명을 깎아먹는다는 걸 알아도 간편함을 택할 정도다. 따라서 건강에 좋은 음식을 건강에 좋지 않은 음식보다 편리하게 먹을 수 있어야 한다. 당신에게 도움이 될 만한 몇 가지 팁을 주겠다. 하지만 그전에 어떤 음식이 건강한 음식인지 '알아내는' 것조차 얼마나 힘든 일인지를 설명하고자 한다.

내가 관찰한 바에 의하면 대부분 사람들은 어떤 음식이 건강에 좋은 음식인지 이미 알고 있다고 생각한다. 채소는 건강에 좋고 치즈버거는 건강에 안 좋다고 알고 있다. 그렇나고 너부 자세하게 파고들면 식단에 대해 잘 아는 사람들도 헷갈리기 시작한다. 이번 주에는 계란을 먹는 게 몸에 좋을까? 호밀빵은 어떨까? 버터는? 칠면조고기는?

이처럼 전문가들조차 의견이 갈리는 질문들을 하기 시작하면 당신은 그저 혼란스러울 수밖에 없다.

당신이 영양에 대해 잘 아는 사람이라서 매번 좋은 음식과 나쁜 음식을 정확히 분류할 수 있다고 해보자. 당신이 건강에 좋은 음식들의 순위를 매길 수 있다면, 그중에서도 상위 그룹에 속하는 음식들을 가까이하고 하위 그룹에 속하는 음식들을 피할 것이다. 그런데 이들 각각에 순위를 매길 수 있을까? 사과가 브로콜리보다 건강에 더 좋은가? 아보카도가 바나나보다 별로인가? 만약 건강에 가장 좋은 음식들만 골라 먹고, 그에 미치지 못하는 음식들을 피하면 얼마나 더 건강해질까? 그 차이는 클까, 아니면 작을까?

다양한 종류의 음식으로 식단 꾸리기는 또 얼마나 힘든가? 이름과 형태가 다른 다양한 음식들로 식단을 꾸리기가 쉬울 수도 있다. 하지만 이름과 형태가 다르다고 영양학적 측면에서도 그만큼 차이가 날까? 사과와 오렌지를 먹는 게 좋을까, 아니면 사과와 토마토를 먹는 게 좋을까? 어느 쪽이 당신의 영양상태에 더 도움이 될까?

의사나 영양사들은 하나같이 균형 잡힌 식습관으로 필요한 비타민과 미네랄을 모두 얻을 수 있다고 말한다. 똑똑한 사람들은 이 의견을 거의 100퍼센트 받아들인다. 문제는 이것이 수학적으로 불가능하다는 점이다. 당신이 직접 확인해보라. 당신이 다양성과 건강 면에서 충분히 만족할만한 식사를 했다고 생각되는 날 얼마나 많은 영양소를 섭취했는지 구글 검색으로 확인할 수 있다. 나도 해봤다. 내가 먹은 음식으로는 미국 정부에서 제시하는 비타민과 미네랄 일일 권장

섭취량을 채우기에 턱없이 부족하다. 그 양을 채우려면 채소 한 트럭은 먹어야 그나마 그 근처라도 갈 수 있다.

일반적인 식사로는 필요한 영양소를 모두 충족하기 어렵다는 사실이 내가 딜버리토를 출시하게 된 계기가 됐다. 〈딜버트〉를 통해 받았던 과분한 사랑을 세상에 돌려줄 수 있는 좋은 방법이라고 생각했다. 영양소를 강화한 부리토 사업은 내가 시도했던 여느 사업처럼 실패했지만, 그 과정에서 비타민과 미네랄에 대해 많은 걸 배울 수 있었다. 영양에 대한 이야기들은 모두 과학적이라고 주장하지만, 그중 60퍼센트는 헛소리나 추측, 잘못된 가정, 마케팅이라 해도 과언이 아니다.

물론 정확한 이야기들도 있다. 연구자들에 따르면 임신부에게는 비타민 E가 필요하며, 비타민 C가 부족하면 괴혈병에 걸린다. 비타민 D의 효능에 대해 말하는 자료들도 많다. 비타민이 건강에 도움이 된다는 점에는 의심의 여지가 없다. 하지만 시중에 판매 중인 온갖 비타민과 미네랄 관련 제품을 보면, 충분히 연구되지 않았다는 생각이 든다.

무엇보다 세상에는 똑같은 사람이 단 한 명도 없다는 사실이 영양 이론을 복잡하게 한다. 몸무게 55kg의 채식주의자 여성과 체격이 건장한 광부가 똑같은 양의 비타민과 미네랄을 필요로 할까? 그럴 리 없기 때문이다.

딜버리토는 사업상 이유로 실패했다. 하지만 그렇지 않았더라도 그 분야에서 빠져나올 생각이었다. 의학계에서 말하는 비타민과 미네랄 권장량에 대해 의구심을 지울 수 없었기 때문이다. 딜버리토 사업을 벌일 당시, 매주 상반되는 연구 결과가 새로이 나오면서 도대체 어떤 결과를 믿고 따라야 할지 모를 정도였다. 정말 속상한 일이었다.

어떤 음식을 얼마나 자주 먹는 게 좋은지 정확하게 알 수는 없다. 영양학에서 말하는 이론은 놀라울 정도로 불완전하다. 기껏해야 뻔한 실수만 피하게 해줄 뿐이다. 답이 확실치 않은 부분은 직접 관찰하고 패턴을 인식해서 진실을 찾아내는 수밖에 없다. 개인 요리사나 트레이너를 두지 않고도 이상적인 몸무게를 유지하는 사람을 보면, 그에게 비결을 물어보라. 그리고 그들의 패턴을 찾아내라.

건강한 식습관을 위하여 6. 건강하게 식욕 통제하기

우리가 먹는 이유는 다양하다. 우리가 먹는 이유를 이해하면 음식을 선택하는 데에 도움이 된다.

사람이 충분한 수면을 취하지 못하면 뇌에서 배가 고프다는 신호를 보내는데, 이때 분비되는 호르몬이 렙틴leptin과 그렐린ghrelin이다.[31-35] 혹시 아무리 먹어도 허기가 가시지 않는 날이 있거든 간밤의 수면 시간을 확인해보라. 수면 부족이 다음날 과식으로 이어지는 날은 깜짝 놀랄 정도로 많다.

배는 고픈데 이미 필요한 칼로리를 모두 섭취했다면 견과류로 식욕을 억제해보라. 치즈도 효과가 좋다. 견과류와 치즈의 지방이 식욕을 충족시켜준다. 견과류와 치즈는 칼로리가 높긴 하지만 냉장고에 있는 음식을 모조리 꺼내 먹는 것보다는 칼로리를 약간 더 섭취하고 끝내는 게 낫다.

가족 중 한 사람이 부엌에서 간식을 먹고 있으면 나도 함께 먹게 되는 경우가 종종 있다. 처음에는 대화만 나누다가 어느새 먹지 않아도 될 음식을 집어먹는 자신을 발견한다. 그냥 무의식적으로 그렇게 된다. 그나마 되도록 칼로리가 낮은 음식을 먹어야겠다는 생각을 할 뿐이다. 이럴 때는 실제로 허기를 느끼는 상태가 아니기 때문에 견과류나 치즈가 필요하지 않다. 대화를 나누면서 뭔가 씹어야 하는 상황에서는 냉장고에 미리 준비해 둔 샐러리나 당근, 오이를 먹는다. 그저 함께하기 위해 먹을 때는 칼로리가 낮은 음식을 선택하라.

건강한 식습관을 위하여 7. 건강한 음식 맛있게 즐기기

건강한 음식을 꺼리는 가장 큰 장애물은 아마 맛 때문일 것이다. 몸에 나쁜 음식은 죄다 입에 착착 붙는데, 소위 몸에 좋은 음식은 눈길도 가지 않는 사람이 많다. 나는 채소 중심의 식사에 가끔 생선을 더한다. 당신의 친구로서 당신이 맛없다고 생각할만한 음식을 맛있게 먹을 수 있는 방법을 알려주겠다.

첫 번째 규칙은 먹는 행위 자체가 고통스러운 벌을 받는 것과 다름 없는 음식을 피하는 것이다. 맛없는 음식을 억지로 목구멍에 밀어 넣는다고 해서 누가 상을 주지도 않는다. 건강에 좋은 음식에 불쾌함을 느낀다면, 그건 당신의 방법이 잘못되었기 때문이다. 게다가 억지로 먹는 행위는 그간 비축해둔 의지력을 낭비하게 한다. 고통스러울 정도로 맛없는 음식은 얼마든지 피해도 좋다.

식습관이 엉망인 사람들은 대부분 건강에 좋은 음식들은 맛이 끔찍하거나 아예 맛이 느껴지지 않는다고 말한다. 채식 식단에서 가장 먼저 두부를 떠올리는 사람이라면 그럴 만도 하다. 그냥 먹으면 밍밍한 음식에 맛을 더할 조미료와 양념, 재료들을 다음 목록에 소개하는 바이다. 본연의 맛을 전혀 해치지 않으면서도 풍미가 더해진 음식이 탄생한다. 사람마다 입맛이 다를 수 있으므로, 이 목록을 유일한 정답으로 받아들일 필요는 없다. 나는 그저 올바른 식습관을 유지하면서도 얼마든지 다양한 맛을 즐길 수 있다는 사실을 당신에게 알려주고 싶을 뿐이다.

간장

고수

레몬

소금

후추

버터(또는 버터 대용품)

마늘

양파

카레가루

치즈

토마토소스

살사

채수(야채를 끓인 물)

꿀

샐러드드레싱

발사믹 식초

춘장

핫소스

목록에서 소금과 버터를 보고 혹시 안 좋은 식단 재료에 들어가야 하는 걸 잘못 적은 게 아닐까 생각할 수도 있다. 나는 건강한 음식에 첨가하는 한 적당량의 소금과 버터 사용은 전혀 문제가 없다고 생각한다.

자, 이 말은 아무리 해도 지나치지 않다고 생각하기 때문에 다시 한번 말하겠다. 만화가가 건강한 식단에 관해서 하는 말은 조심해서 들어야 한다. 거실에 소금 덩어리를 걸어놓고 핥아먹거나 버터를 덩어리째 먹을 생각이라면 그전에 의사와 상의하라.

먼저 소금부터 살펴보자. 심혈관계 질환이 없는 사람들을 대상으로 말하자면, 예전부터 소금의 위험싱에 대해서는 의견이 분분했다. 소금의 숨겨진 위험성을 밝혀내기 위해 많은 연구가 이뤄졌는데 지금까지도 명확한 답을 얻지 못했다. 과학적으로 답을 내놓지 못하고 있다는 말이다. 모든 선택에는 늘 위험이 따른다. 나는 소금 리스크를 받아들이기로 했다. 적당량의 소금을 섭취하기로 결정했다는 말이다. 건강에 좋은 음식 중에 소금을 치지 않으면 먹기 힘든 것들이 있다. 소금에 절인 당근은 맛있지만 생 당근은 막대기 씹는 맛이 난다. 쪄서 소금 간을 한 방울양배추는 내가 가장 좋아하는 음식 중 하나다. 소금을 치지 않은 방울양배추는 눈길도 주지 않는다. 맛이 없기 때문이다.

심장마비 걱정 없이 소금을 즐기기 위해서는 평소에 건강한 식단을 따르고, 규칙적으로 운동하며, 적정한 체지방률을 유지해야 한다. 만약 당신이 드럼통 몸매에, 아침부터 돼지고기를 먹고, 친척 중에 심장마비로 돌아가신 분들이 많다면, 혹은 고혈압이 있다면 당연히 의사는 당신의 안전을 고려해 식단에서 소금을 빼버릴 것이다. 하지만 잊지 마라. 의사는 소금 전문가가 아니며 본능적으로 소금을 경계한다. 소금에 대한 연구 결과는 인터넷에서 충분히 얻을 수 있다. 결정은 당신의 몫이지만, 새로 발표되는 소금 관련 연구들을 늘 예의주시하길 바란다.

나는 소금과 비슷하게 버터도 옹호하는 입장이다. 버터는 식욕을 억제한다. 그리고 소금과 마찬가지로 건강에 좋은 음식을 맛있게 먹을 수 있게 해준다. 데친 브로콜리에 약간의 버터와 후추를 더하면 맛이 좋다. 그냥 브로콜리는 이 맛도 저 맛도 아니다. 버터를 사용하면 더 많은 야채를 섭취할 수 있다. 체중 관리에 문제가 없다면 충분히 감당할 만하다.

실제로 치즈와 버터가 식욕 억제제 역할을 하는지 실험해볼 수 있다. 데친 채소에 버터와 파마산 치즈를 넣어서 먹고, 기분이 어떤지 살펴보라. 다음날에는 간장으로 양념한 데친 채소를 먹어보라. 간장은 풍미를 더해주지만, 허기를 채우지는 못한다. 간장은 다른 사람들과 함께 음식을 먹거나 포만감을 느끼게 하는 지방질이 많은 음식을 먹을 때 유용한 양념이다.

건강한 식습관을 시스템이라고 생각하라. 다양한 양념과 소스를 사용해 먹어보면서 어떤 것이 자신에게 가장 맞는지 꾸준히 실험할 수 있는 시스템 말이다. 채소를 보았을 때, 맛있게 먹을 수 있는 방법을 다섯 가지 정도는 즉시 떠올릴 수 있어야 한다. 그중 적어도 두 가지는 간편한 방법이어야 한다. 음식에 맛을 더해주는 양념이나 소스 사용에 대한 생각을 바꾸면 행동도 바뀐다. 더 이상 건강에 좋지 않은 음식의 유혹에 저항하는 데 많은 의지력을 사용할 필요가 없다. 건강한 음식도 그만큼 맛있어진다.

건강한 식습관을 위하여 8. 커피를 마셔라

당신이 커피를 마시지 않는 사람이라면 하루에 2잔에서 4잔 정도 마시기를 권한다. 커피를 마시면 정신이 또렷해지고, 더 즐거워지며, 생산력이 높아진다. 어쩌면 장수에도 도움이 될 수도 있다. 커피는 운동할 때도 도움이 되며 우리 몸에 좋은 항산화물질을 포함하고 있을 뿐만 아니라 (특히 여성들의) 뇌졸중, 파킨슨병, 치매의 위험을 감소

시킨다. 또한 심장박동 이상과 제2형 당뇨병, 특정 암의 발생 위험도 줄여준다.[22-27,36-44]

앞서 나열한 장점 중 하나만 있어도 커피를 마실 이유가 충분하다. 마실까 말까 고민할 이유가 전혀 없다.

한 시간 전의 나는 글쓰기를 시작하려 했지만 앉아서 글에 집중하는 데 필요한 에너지가 부족했다. 하지만 커피 한 잔을 마실 에너지는 있었다. 커피를 몇 모금 마시자마자 즐겁게 글 쓰고 싶은 마음이 생겨났다. 커피를 마시지 않았으면 어디서 게으름이나 피우고 있을 시간을 유용하게 사용하게 되어 행복해졌다. 커피는 내가 의지력을 쓰지 않아도 말 그대로 일을 '즐기게' 해준다.

커피는 또한 에너지를 조절할 수 있게 해준다. 따라서 필요한 곳에 최대한의 에너지를 쏟을 수 있다. 내가 관찰한 바로는 커피를 마시는 사람들은 그렇지 않은 사람들에 비해 에너지가 높을 때는 더 높고, 낮을 때는 더 낮았다. 일장일단이 있지만 감수할 만하다. 집안일이나 간단한 일에 뇌를 덜 사용하며 적립한 에너지를 정말 중요한 업무에 아낌없이 쏟아부을 때, 커피가 에너지를 높여주기 때문이다.

커피의 단점도 있다. 카페인에 중독된 사람이 커피를 오랫동안 마시지 못하면 '커피 두통'이 생길 수도 있다. 다행스럽게도 요즘은 커피 없는 곳을 찾기가 더 힘들 정도니 걱정할 필요는 없다.

커피를 마시는 데는 돈과 시간이 들고, 입 냄새가 날 수도 있고, 화장실도 자주 가야 한다. 지나치면 초조하고 신경과민 상태가 된다. 하지만 성공을 꿈꾸고 정신적인 능력을 최대한 발휘하고 싶다면, 커피는 좋은 선택지다. 나는 강력하게 커피를 권한다. 커피를 마시지 않는 사람이 안쓰럽게 생각될 정도다.

건강한 식습관을 위하여 9. 성공과 식습관의 상관관계

나는 유명인들이 날씬한 몸매를 유지하는 게 우연이 아니라고 생각한다. 물론 그들에게는 몸매 관리를 위한 시간과 자원이 있다. 게다가 몸은 그들의 커다란 경제적 자산이기도 하다. 하지만 내가 보기에 유명인들은 또 다른 비장의 무기를 지니고 있다. 그들은 대체적으로 근사한 삶을 산다. 삶의 한 부분에서 행복감을 느끼는 사람은 굳이 다른 곳에서 행복을 찾으려는 노력을 쏟지 않는다. 다시 말해, 멋진 삶을 누리면 음식 맛에 크게 신경 쓰지 않게 된다는 것이다.

예를 들어보자. 당신에게 맛있는 음식과 따분한 텔레비전 프로그램 시청하기 중 하나를 선택하라고 하면 아마도 당신은 맛있는 음식을 선택할 것이다. 하지만 당신이 가장 좋아하는 음식과 맛있는 음식을 제외하고 모든 것이 갖춰진, 당신이 꿈꿔온 여행 중 하나를 고르라고 한다면 당신은 아마도 여행을 택할 것이다. 이처럼 우리는 다른 것을 위해 음식을 포기하기도 한다. 당신의 삶에 우선순위들을 정해 놓으면 이상적인 체중을 유지하기가 훨씬 쉬워진다.

물론 이는 서로 맞물려 돌고 도는 문제다. 이상적인 체중을 유지하면 당신의 직업과 건강, 그리고 사회생활의 질을 향상시키는 데 큰 역할을 하기 때문이다. 음식을 제대로 먹어야 인생을 즐길 수 있고,

인생을 즐겨야 나쁜 음식의 유혹에 강해진다. 이처럼 모든 것은 연결되어 있다. 내가 성공에 관한 책을 쓰면서 식단과 운동을 포함시킨 이유가 그 때문이다. 건강을 바로잡으면 성공은 더 쉽게 찾아올 것이다. 하지만 건강을 잃고 성공을 얻는다면, 당신은 그 성공을 즐기지 못할 것이다.

건강한 식습관 규칙

특정 음식을 먹은 후에 자신의 에너지 변화에 주목하여 패턴을 찾아낸다.

에너지를 고갈시키는 불필요한 음식을 주변에서 없앤다.

간편하게 먹을 수 있는 건강한 음식(사과, 견과류, 바나나)을 늘 비축한다. 게으름이 올바른 식습관으로 이어지게 한다.

백미, 감자, 디저트, 흰 빵, 튀김 등 중독된 기분이 드는 음식 섭취를 중단한다.

건강한 음식은 언제든 원하는 만큼 먹는다.

충분한 수면을 취한다. 피곤함은 배고픔이라는 착각을 불러일으킨다.

지방이 함유된 건강한 음식들을 먹는다. 견과류, 아보카도, 단백질 바, 치즈로 허기를 달랜다.

사람들과 함께 먹어야 하는 자리에서는 낮은 칼로리의 건강한 음식을 고른다.

맛이 밍밍한 건강한 음식은 양념을 사용하여 맛을 돋운다.

이 규칙을 따르면 시간이 지날수록 힘들이지 않고도 나쁜 음식에 대한 집착이 사라질 것이다. 이는 장기적으로 올바른 식습관을 유지하기 위해 필요한 시스템이다. "내 목표는 5kg을 줄이는 거야"라고 말하는 사람은 체중 감량에 실패할 수밖에 없다. 목표 설정은 단기적으로는 효과적일 수 있다. 하지만 감량한 몸무게를 유지하기란 결코 쉬운 일이 아니다. 장기전에서 성공할 수 있는 유일한 방법은 의지력을 사용하지 않아도 되는 시스템을 만드는 것뿐이다.

'먹고 싶은 것'을 바꿔라.
그리고
'먹고 싶은 것'을
마음껏 먹어라.

당신의 에너지를 조절하는 것은
마법이 아니라
화학물질이라는 것을
기억하라.

03

지 금 당 장
운 동 하 라

작은 동네에 살던 어린 시절의 내게 하루에 네다섯 가지 운동을 하는 것은 예삿일이었다. 먼 곳까지 자전거를 타며 달렸고, 수영을 했고, 저녁에는 소파에서 뛰어대며 체조로 하루를 마무리했다. 일상에서 스포츠와 운동이 큰 부분을 차지했다. 운동 없는 하루란 상상하기도 힘들었다. 운동은 재미있었고, 전혀 어렵게 느껴지지 않았다.

성인이 된 후로는 사느라 바빠 운동할 여력이 나지 않았다. 시간을 짜내기도 힘들었지만 무엇보다 운동이 즐겁게 느껴지지 않았다. 어쩌다 일요일에 즉석 축구 시합이라도 하면 여기저기 쑤시고 아파서 적어도 사흘간은 운동하고 싶은 마음이 진혀 들지 않았다. 가볍게 달리기를 시작해보려고도 했지만 뇌와 몸이 따라주지 않았다. 내게 달리기는 공을 좇거나 날카로운 송곳니를 드러낸 개가 쫓아올 때나 효과 있는 운동이었다.

테니스는 그나마 잘하는 축에 속했지만 실력이 비슷한 상대를 찾아 일정을 맞추고, 적당한 테니스장을 예약하기란 여간 귀찮은 일이 아니었다. 일주일에 한 번 치기도 힘들었다. 나는 성인들이 운동을 미루는 까닭을 정말 잘 알고 있다. 아무리 머리를 굴려 봐도 운동하기가 힘들다. 거기다 결혼하고 아이까지 생기면 운동은 사치가 되어 버린다. 이해한다. 그렇다면 이런 모든 장애물을 고려하고도 현실적으로 운동을 가능하게 해주는 시스템은 없는 걸까?

나는 있다고 생각한다. 평생에 걸쳐 거의 모든 운동에 관한 정보, 비법, 유행은 물론 때로는 과학적으로 증명된 기술까지 섭렵한 내용을 토대로 모든 운동에 적용되는 조언을 한 마디로 요약할 수 있다.

매일 활동적으로 생활하라

"매일 활동적으로 생활하라." 이 말이 얼마나 뻔한 소리로 들릴지 알고 있다. 하지만 조금만 더 읽어보면 놀랄 수도 있다. 내가 건강 전문가나 운동 전문가는 아니지만, 만화가라는 장점을 발휘해 매우 단순한 조언을 할 것이다. 어쩌면 당신에게 필요한 것은 이 단순한 한 마디일지도 모른다.

단순화는 당장 해야 할 일과 미뤄도 되는 일을 구분하게 한다. 양치질은 간단하니까 딱히 미루지 않는다. 하지만 창고에서 뭔가 이상한 냄새가 나면 미적거리고 확인하기를 주저한다. 복잡한 일일 수도 있기 때문이다.

단순화는 운동, 식이요법, 경력, 재정상태, 사회생활에도 도움이 된다. 이 중에서 어느 한 부분에 복잡한 일이 생기면 다른 부분에 쏟아야 할 시간과 의지력을 빌려올 수밖에 없다. 이에 대해서는 당신도 살면서 충분히 느끼고 있을 테니 긴말하지 않겠다.

당신이 아직 젊고 책임질 것들이 많지 않다면, 규칙적으로 운동할 수 있는 좋은 조건을 갖춘 셈이다. 하지만 나이가 들면, 운동을 삶의 우선순위에서 가장 먼저 포기하게 된다. 그리고 이는 말 그대로 죽음의 덫이 될 수 있다.

이번 장에서 나는 매일 활동적으로 생활해야 한다는 단순한 한 가지 사실을 당신에게 납득시키고자 한다. 이것 하나만 제대로 하면, 당신의 한정된 의지력을 소모하지 않고도 운동이 쉽게 다가온다.

여기서 핵심은 의지력을 소모하지 않아도 된다는 점이다. 내 경험상 어떤 운동이든 의지력을 요구하는 운동은 지속하기 어렵다. 장기적으로 건강을 유지하려면 운동을 일처럼 받아들이지 않는 선까지만 해야 한다. 아이들이 그러듯이 말이다. 그래야 운동이 쉽게 느껴지고, 즐겁게 느껴지고, 하고 싶어진다. 어떤 의지력도 필요하지 않게 된다.

한 달 동안 매일 3km씩 여유롭게 걸었다면, 당신의 뇌는 자동적으로 1.5km를 더 걷거나 그중 반쯤은 뛰어도 재미있겠다는 생각을 하기 시작한다. 날마다 활동적으로 생활하고 몸이 기분 좋게 받아들이기 시작하면, 운동을 그만두기는커녕 강도를 높이고 싶을 것이다. 규칙적으로 달리거나, 자전거를 타거나, 수영하는 사람들에게 가끔 운동을 쉬는 날 어떤 기분이 드는지 물어보라. 아마 쉬는 날이 싫다고 할 것이다. 당신도 그렇게 되어야 한다. 그 경지에 오르는 유일한 방법은 매일 운동하는 습관을 들이는 것이다. 일단 운동이 습관이 되면 의지력을 발휘하지 않고도 운동할 수 있다. 뇌와 몸이 소파에 늘어지기보다 운동하기를 원하기 때문이다. 그렇게 시간이 흐르면서 자연적으로 다양한 종류의 운동을 하고 싶은 마음이 생겨난다.

날마다 10km 이상을 달리는 사람들을 보며 대단한 의지력을 갖고 있다고 생각할 수 있다. 하지만 이는 착각에 가까운 생각이다. 장거리를 달리는 사람들은 달릴 때 기분이 좋아지는 유전자를 타고났다. 기분이 좋아지는 일을 하면서 의지력을 끌어다 쓰는 사람은 없다.

나를 포함한 대부분의 성인들은 달리기가 지루하고 힘든 운동이라고 생각한다. 나도 수십 차례 달리기를 시도하면서 억지로라도 즐겨보려고도 했었고 건강을 위해 해보려고도 했지만, 고작 몇 주가 지나면 의지력이 바닥나고 말았다.

인간이 아무리 팔을 퍼덕여도 새처럼 날 수는 없다. 마찬가지로 당신과 완전히 다른 신체와 뇌구조를 가진 사람이 즐기는 운동을 무작정 따라 하라고 권할 수는 없다. 다른 사람에게 잘 맞는 운동이 당신에게도 좋을 것이라고 단정 짓지 마라.

당신에게 필요한 건 자연스럽고 쉬운 방법이다. 당신의 뇌와 몸에 효과가 있으면서 의지력을 짜낼 필요가 없는 방법이어야 한다. 그 경지에 이르기 위한 첫걸음이 매일 활동적으로 생활하는 것이다.

나는 '활동적'이라는 단어를 의도적으로 모호하게 사용했다. 그래야 규칙이 목표가 아닌 시스템이 되기 때문이다. 당신도 알다시피, 목표는 패배자나 사용하는 것이다. '매일 15km씩 달리기'는 목표다. 이런 목표는 실패가 예정돼 있다. 그렇게 구체적으로 무언가를 매일 할 수 있는 사람은 거의 없기 때문이다. 하지만 하루를 활동적으로 보내는 건 누구나 할 수 있는 일이다. 농구 시합도 활동적이고, 집안 청소도, 산책도 활동적인 행동이다. 내가 제안하는 시스템에서는 모든 유형의 신체적 활동이 유효하다. 몸을 움직이기만 하면 된다.

"매일 활동적으로 생활하라"에서 핵심은 '매일'이다. 모든 게 여기서 시작한다. 운동에 시장 논리가 개입하며 터무니없이 복잡하게 변질됐지만, 실상 운동은 매우 단순한 것이다. 운동 제품으로 수익을 창출하려는 사람들은 그들이 팔고자 하는 제품이나 서비스가 얼마나 가치 있는 것인지 분명하게 설파하고자 한다. 그러나 새로운 주장들이 하루가 다르게 쏟아지면서, 오히려 겁이 날 정도로 복잡해졌다. 대체 운동은 얼마나 자주 하는 게 좋을까? 운동 전후에 뭘 먹는 게 좋을까? 심폐강화 운동에 맞는 식단과 근력강화 운동에 맞는 식단은 다를까? 나이와 성별, 건강 상태에 따라 어떤 운동법을 선택해야 할까? 복근 운동이 허리에 도움을 줄까, 무리가 될까? 근력 운동은 며칠에 한 번씩 해야 할까? 장거리 달리기는 건강에 좋은가? 무릎에 무리만 되는 건 아닐까? 이처럼 복잡한 질문들은 말 그대로 끝도 없이 이어진다. 나는 사람들이 운동과 관련해서 '반드시' 필요하다고 말하는 사항들을 다음과 같이 정리했다.

매일 30분씩 유산소 운동하기

스트레칭하기

수분 공급하기

근력운동 후 30분 이내에 단백질 섭취하기

격렬한 운동 전날에는 탄수화물을 잔뜩 섭취하기

저항력 운동과 근력 운동은 이틀에 한 번 하기

한 동작 당 10~15회씩 3세트 반복하기

충분한 휴식 취하기

근육이 특정 자극에 익숙해지는 것을 방지하기 위해 다양하게 운동하기

중량을 들 때 정확한 자세 취하기

이는 일부에 불과하다. 이 모든 걸 정확하게 지킬 수 있는 사람들은 전문 운동선수이거나 개인 트레이너이거나 직업도 친구도 없는 사람뿐이다. 일반인에게는 현실과 동떨어진 소리다. 결혼한 사람들이 운동에 보기 좋게 실패하는 상황은 보통 이렇게 펼쳐진다.

당신: 여보, 한 시간 후에 같이 산책하러 갈까?

배우자: 글쎄, 봐서.

(그러다 다른 일이 생겨 바빠진다.)

또 이런 상황도 펼쳐진다.

당신: 나 2시에 운동하러 갈 거야.

배우자: 2시에 애 생일파티에 데려다줘야 하잖아.

그리고 또…

당신: 크리스가 7시에 같이 테니스 치자는데.

배우자: 그 시간에 당신이랑 영화 보러 가려고 했는데. 크리스가 나보다 더 좋으면 그렇게 해.

이렇게 운동과 다른 스케줄이 겹치면, 보통은 운동이 '나중에' 통에 버려진다. 그러면 어떻게 해야 한단 말인가? 결혼생활 또는 결혼 비슷한 생활을 하는 사람이 운동할 시간을 낼 수 있는 세 가지 실용적인 방법을 알려주겠다.

이미 조직된 팀에 가입한다.

매일 같은 시간에 운동한다.

둘이 함께 운동한다(둘 다 간절하다면).

내 아내 셸리는 목요일 저녁마다 테니스 시합이 있다. 아내가 목요일 저녁이면 ㅇ레 시합에 나갈 것을 알고 있기 때문에 나도 나만의 계획을 세운다. 이렇게 가능하면 일정을 정해놓고 활동하는 팀에 가입하는 게 좋다. 운동 시합이 있어서 나가야 한다는 말을 배우자가

불편해할 수는 있지만, 적어도 자기가 버림받았다는 기분은 들게 하지 않는다.

팀에 가입해 운동하는 게 맞지 않는다면 매일 같은 시간에 운동하는 것이 차선책이다. 셸리는 내가 화요일 오후 12시 40분에 어디서 뭘 하는지 알고 있다. 나는 그 시간이면 헬스클럽에서 저항력 운동을 막 마치고 유산소 운동을 하기 위한 스트레칭을 하러 간다. 내가 늘 같은 시간에 운동하는 걸 아내가 가끔은 불편하게 여길 때도 있지만, 나의 시스템이라는 것을 알고 인정해준다. 나는 아내와의 낭만적인 점심 식사를 피하려고 기를 쓰는 게 아니라 단지 그런 운동 시스템을 가진 사람일 뿐이다. 어떤 면에서는 둘러치나 메어치나 매한가지라 할 수도 있지만, 느낌은 완전히 다르다. 이것이 시스템의 장점이다.

나는 점심시간에 운동한다. 아침에는 창의적인 일을 하고, 오후에는 가족과 시간을 보내거나 갑자기 생긴 일을 처리해야 하기 때문이다. 해가 뜨기도 전에 운동하러 가는 사람들도 있고, 퇴근하자마자 운동하러 가는 사람들도 있다. 늘 꾸준한 시스템을 유지하는 것이 핵심이다. 여유 시간이 날 때 운동하겠다는 생각으로는 결코 성공할 수 없다. 대부분이 그렇듯 당신에게도 지난 몇 년간 여유 시간은 거의 없었을 것이다.

무리하지 마라

내 시스템에는 활동적인 일상을 보내고 싶은 기분을 유지하는 몇 가지 방법이 있다. 앞서 설명했듯이 에너지가 충만한 상태를 유지하는 데는 식단이 중요하다. 그다음으로 중요한 규칙은 다음 날 기력이 없을 정도로 무리하게 운동해서는 안 된다는 것이다. 달리 말하자면, 내일도 운동하고 싶은 마음이 생길 정도로만 적절하게 운동을 해야 한다.

예전에는 나도 다음 날 움직이기도 힘들 정도로 운동하곤 했다. 고통 없이는 얻는 것도 없다고 믿으면서. 나 자신을 더욱 강하게 몰아붙일수록 더 좋은 결과가 나올 거라 생각했다. 하지만 나를 밀어붙이는 데에는 의지력을 써야 했고, 그렇게 의지력을 몽땅 소모하고 나면 집에 가는 길에 마주치는 도넛 가게를 그냥 지나칠 수가 없었다.

게다가 근육통은 운동 후에 따라오는 체벌 같다. 인간이나 개나 다를 바 없다. 뭔가를 할 때마다 체벌이 가해진다면, 결국 어떻게 해서든 그 일을 하지 않을 핑계를 만들어낸다. 내가 찾은 핑계는 '너무 바빠서'였다.

그러므로 매일 운동하고 싶다면 스스로에게 매번 보상을 주어야 한다. 가벼운 운동은 그 자체로 보상이 된다. 스트레스를 줄여주고 에너지를 끌어올리기 때문이다. 시간이 흐르면서 몸은 점차 좋아질 것이고, 몸이 좋아지면 운동 강도는 저절로 올라간다. 하지만 그때까지는 높은 운동 강도에도 견딜 수 있는 몸을 만들어야 한다.

어떤 일을 습관으로 만드는 과정에서 가장 안 좋은 방법이 그 일을 하는 날과 하지 않는 날을 따로 정해두는 것이다. 운동은 하루도 거르지 않아야 습관이 된다. 격일로 운동을 하면 결코 습관으로 만들어지지 않는다. 이런 방식은 '오늘은 운동을 안 해도 되는 날이야'라는 생각이 들게 만든다. 내일도 별다를 바 없을 것이다.

보상하라

나는 운동을 마친 뒤 좋아하는 건강한 간식을 먹거나, 휴대전화로 흥미로운 기사를 살펴보거나, 맛있는 커피 한 잔을 마시며 스스로에게 보상을 주는 것이 중요하다는 것을 깨달았다. 운동을 끝내자마자 스스로에게 즐거운 보상을 주면 운동과 즐거운 기분이 강하게 연결된다. 이 행위가 습관을 형성한다. 내게는 커피가 운동할 마음이 들도록 만들어준다. 커피는 운동 수행 능력을 향상시키며, 기꺼이 노력할 마음을 먹도록 해준다. 만약 당신이 날마다 운동을 하지 않고 커피도 마시지 않는다면 한번 시도해보라. 나는 그동안 너무 피곤해서 운동을 거른 날이 많았는데, 커피 한 잔을 마시고 나면 생각이 완전히 바뀌었다.

하루 종일 소파에 앉아 아이스크림이나 퍼먹으며 우중충한 기분에 빠지고 싶은 날에는 어떻게 운동을 할까? 당신 마음 한 부분은 운동을 하면 나아지리라는 걸 알고 있지만, 다른 한 부분이 운동 거부권을 행사하는 경우라면 어떻게 몸을 움직일 수 있을까?

내가 찾아낸 요령은 최면술사들이 "실마리"라고 부르는 방법을 사용하는 것이다. 이는 인생에서 겪은 특정한 계기와 관련이 있다. 예를 들어 어렸을 때 셰퍼드에게 물린 적이 있다면 비슷하게 생긴 개만 봐도 약간의 공포를 느낀다. 이것이 암시 또는 실마리다. 인생은 작은 암시 또는 실마리로 가득하다. 당신의 마음을 프로그래밍하는 방식으로 자신만의 실마리를 만들어내면 된다.

운동을 해야 하는데 너무 피곤하고 축 늘어져서 운동은 상상조차 하기 힘든 상황에서 내가 사용하는 방법이 있다. 도저히 못하겠다는 생각이 드는 일을 하는 대신에, 내가 '할 수 있는 일들'을 하는 것이다. 예를 들면 운동복을 입고 운동화 끈을 묶는다. 이때 중요한 점은 운동복과 신발을 다 착용했음에도 운동은 하지 않아도 된다고 생각하는 것이다. 착용했으니 무조건 운동을 해야 한다는 생각이 들면 아예 운동복을 입을 마음조차 들지 않기 때문이다.

하지만 일단 운동복을 입고 운동화를 신으면 순식간에 재미있는 일이 벌어진다. 운동복이 주는 감촉이 뇌에 '헬스클럽으로 가'라는 프로그램을 작동시키는 것이다. 그러면 에너지가 솟구치기 시작한다. 마치 파블로프의 개가 종소리만 듣고 침을 흘리듯이, 운동복이 운동에 대한 긍정적인 생각을 불러내고, 그러면서 에너지가 높아지는 것이다.

썩 달갑지는 않아도, 운동을 할 수 있을 것 같다는 생각이 들기 시작한다. 이때 해야 할 일이 하나 더 있다. 언제든 집에 돌아가도 된다고 스스로 허락하는 것이다. 동네 헬스클럽에 가서 한 바퀴 둘러보면서 어떤 기분이 드는지 살펴본다. 차로 헬스클럽에 도착해서 실내로 들어가 둘러보면서 느낌이 어떤지 본다. 이 정도 암시를 활용하면 보통 95퍼센트는 집으로 돌아가기보다는 운동할 마음이 든다. 1년에 다섯 번 정도는 헬스클럽에 가서 둘러보고 그냥 돌아오기도 한다. 하지만 돌아오는 길에 실패했다는 기분이 들지는 않는다. 사실은 그 반대다. 실패는 목표를 추구하는 사람에게나 해당하는 단어다. 만약 목표가 운동이라면, 땀 한 방울 흘리지 않고 돌아오는 내가 실패자처럼 느껴질 것이다. 하지만 나는 목표가 아니라 시스템을 지니고 있다. 시스템은 틈을 용인한다. 원래 그렇게 설계되었기 때문이다. 헬스클럽까지 갔다가 그냥 집으로 돌아오는 길이 어찌 보면 헛수고처럼 보일 수 있지만, 나는 결코 패배했다고 생각하지 않는다. 그 대신에 전반적으로 제대로 작동하는 시스템을 사용하고 있다고 생각한다. 이 시스템에서는 운동을 해도 성공한 것이고, 비록 운동을 하지 않고 돌아온다 해도 성공한 것이다. 어떻든 나의 마음가짐은 향상된다. 적어도 집을 나서서 머리라도 맑게 비웠다는 점에서 만족한다.

어느 날은 너무 많이, 어느 날은 너무 조금 운동했다고 걱정하지 마라. 장기적인 관점에서는 운동을 습관으로 만드는 것이 중요하다. 수많은 연구 결과들에 따르면, 적당한 강도의 운동이 장수의 비결이다.

시간이 지나면 당신의 몸이 감당하는 선에서 더 다양한 운동들에 자연스레 끌리게 될 것이다.

04

시 도 하 지 않 으 면
아 무 것 도 얻 을 수 없 다

말을 제대로 못하기 시작한 지 3년이 지났다. 영영 고치지 못하고 죽을 것 같다는 생각도 들었다. 겉보기에 내 인생은 정상적으로 흘러가고 있었다. 〈딜버트〉는 65개국 2,000종 이상의 신문에 연재되고 있었다(한국에서는 90년대 중반 조선일보에서 연재되었다-엮은이). 셸리와 결혼했고, 우리만의 집을 짓고 있었다. 외적으로는 모든 게 완벽했지만, 나의 내면은 심하게 망가져가고 있었다. 나의 낙관주의는 끽소리 못한 채 숨만 겨우 유지하고 있었다.

 일상에서 일어나는 단순한 일마저도 공포였다. 전화벨만 울려도 가슴이 내려앉았다. 누군가에게서 질문을 받을 때마다 속이 썩어갔다. 감정적으로 혼란스러웠다. 내 인생의 처음 절반은 근사했지만 나머지 절반은 암울하게 무너져갔다. 나는 계속해서 긍정의 한마디를 실행했다. "나, 스콧 애덤스는 다시 제대로 말하게 될 것이다." 하지만 가망성 있는 치료법들이 별로 남아 있지 않았다. 나의 미래는 절망밖에 보이지 않았다.

어느 날, 구글 알림이 뭔가 조짐이 좋은 내용을 전해왔다. 일본의 한 의사가 목 수술을 통해 경련성 발성장애 치료에 성공했다는 기사였다. 필요하다면 당장이라도 일본에 갈 의지가 있었다. 해야 한다면 헤엄을 쳐서라도 갔을 것이다. 하지만 당시 나는 치료법을 찾는 과정에서 이미 너무 많은 실망과 좌절을 겪은 상태였다. 셸리도 마찬가지였다. 우리는 괜히 새로운 치료법에 희망을 걸고 달려들었다가 또 다른 실패에 처참히 무너지게 될까 봐 두려웠다.

나는 새로운 수술법에 대한 기사를 주치의인 스미스 박사에게 가져갔고, 스미스 박사는 이비인후과 의사인 코넬리우스 잰슨 박사를 소개해 주었다. 잰슨 박사는 새로운 수술법에 대해 들어본 적이 없다며 기사 내용이 과장되었을 수도 있다는 우려를 표했다. 그러면서 의학적 신기술을 다룬 기사들은 상대적으로 신뢰도가 떨어진다며 기사를 곧이곧대로 믿으면 안 된다고 덧붙였다. 놀라운 말은 아니었다. 현실적으로 뇌의 이상 때문에 발생한 증상을 목 부위를 건드려본다고 해서 고칠 수 있다는 게 말이 되는가? 나조차도 수상쩍게 들렸다.

하지만 모든 가능성을 검토해보기 위해 잰슨 박사는 내게 이 분야의 최고 권위자인 스탠퍼드 의과대학의 이비인후과 전문의, 댐로즈 박사를 만나보라고 권했다. 댐로즈 박사는 일본에서의 성공을 알고 있었지만, 이 분야에서 새로운 수술법을 연구하고 있는 다른 의사가 있으니 먼저 만나보라고 했다. 그러면서 UCLA 의학센터의 제럴드 버크 박사를 소개해 주었다.

나는 혼란스러운 상태로 댐로즈 박사와의 통화를 끝냈다. 이 증상을 수술로 고칠 수 있는 방법이 있다면 왜 내가 한 번도 들어보질 못했을까? 그토록 찾아봤는데 인터넷에서 그 수술법을 다룬 기사를 한 건도 보지 못했다는 게 말이 되나? 아무리 생각해도 이 역시 실패로 돌아가고 나는 또다시 막다른 골목에 다다를 것 같다는 생각이 들었다. 하지만 잘못된 단서라도 일단은 따르는 게 나의 시스템이었다. 그 단서가 아무리 말도 안 되고 가능성이 희박해 보인다 해도.

나는 버크 박사와 첫 진료 약속을 잡고 샌프란시스코에서 로스앤젤레스로 날아갔다. 버크 박사는 흥미로운 사람이었다. 똑똑하고, 자신감 넘치며, 약간은 수수께끼 같은 구석도 있었다. 몇 명의 수련의들이 버크 박사의 방식을 배우기 위해 그의 뒤를 따르고 있었다. 버크 박사는 나를 진찰하더니 경련성 발성장애라는 진단을 내렸다. 그러면서 이 증상을 고칠 수 있는 완벽한 수술법을 완성시키고자 오랫동안 노력해왔으며, 성공률이 85퍼센트에 이른다고 설명해 주었다. 수술 후에는 예전만큼은 아니어도 목소리가 상당히 호전된다고 했다. 불행하게도 수술이 실패로 돌아갈 경우, 증세가 더 악화되기도 한다고 했다. 하지만 버크 박사는 왜 일부 환자에게 수술이 통하지 않는지 이유를 짐작하고 있었고, 이 문제를 완벽하게 해결하기 위해 수술법을 정교하게 다듬고 있었다.

이제부터 흥미로운 부분이다. 버크 박사의 수술법은 이렇게 진행

된다. 환자의 목 앞부분을 절개하고 뇌에서 성대로 이어지는 신경을 절단한 뒤, 목의 다른 부분에 있는 신경을 빌려와서 새로운 경로를 만든다. 이렇게 새로운 신경을 연결하고 나면 환자가 세 달 반을 기다리는 동안 새로운 신경 통로가 생성되면서 목소리가 돌아온다. 그때까지는 뇌와 성대가 연결은 되어 있지만 서로 통하지는 않는다. 수술이 끝나고 세 달 반이 지난 후에는 의사를 다시 찾아갈 필요도 없었다. 목소리가 돌아오면 성공이고, 안 나오면 그걸로 끝이다.

당신 생각에는 이게 뇌의 이상을 고칠 수 있는 방법으로 읽히는가? 내 논리로는 이해할 수가 없었다. 그래서 환자 명단을 부탁했다. 희망을 걸기는 했지만 동시에 의심이 들었기 때문이다. 이 수술법이 터무니없게 보이기도 했지만, 효과가 있다면 어떻게 인터넷에서 한 번도 접할 수 없었는지 도무지 이해가 되지 않았다.

나는 버크 박사에게 수술받던 환자들에게 이메일을 보내 통화할 약속을 잡았다. 적어도 그들과는 자신 있게 통화할 수 있을 것 같았다. 내가 쉰 목소리로 더듬거리며 하는 말을 누구보다 잘 알아들어줄 사람들 아닌가. 게다가 어차피 말은 그쪽에서 대부분 할 터였다.

완벽했다. 그들은 말을 제대로 했다. 누구도 더듬거리거나 띄엄띄엄 말하지 않았다. 쉰 소리를 내거나 음절을 끊어먹는 사람도 없었다. 모두 수술 후 회복 과정에서 무언가를 먹거나 마실 때 숨이 막혀 한동안 힘들었시만, 그만한 가치가 있는 수술이라는 데는 이견이 없었다.

물론 나는 수술 결과가 가장 좋은 사람들하고만 이야기를 나눴다.

하지만 가능성이 보인다는 생각에 기분이 좋았다. 그럼에도 한 가지 풀리지 않는 궁금증이 있었다. 나는 버크 박사에게 어떻게 목의 신경을 이용해서 뇌의 문제를 해결할 생각을 할 수 있었는지 물었다. 다른 의사들이 놓친 부분을 버크 박사는 어떻게 찾아낸 것일까?

그의 대답은 나를 사로잡았다. 왜 다른 의사들이 그의 뒤를 졸졸 따라다니는지 알 수 있었다. 버크 박사는 목과 목구멍, 목소리와 신경을 비롯해 그가 알고 있는 분야의 지식을 모두 모아 체계를 이루다 보니 갑자기 영감이 떠올랐다고 한다. 버크 박사는 천재적인 생각이라고 하지는 않았지만, 이번 수술만 성공한다면 천재적이라는 말밖에는 달리 설명할 길이 없을 터였다.

물론 수술이 실패할 확률 15퍼센트가 존재했다. 실패하면 목소리가 좋아지지 않는 것은 물론이고 아예 다른 치료도 받을 수 없는 상황을 맞이할 수도 있었다. 목적지도 모른 채 편도 승차권을 구입하는 거나 다름없었다.

나는 수술 날짜를 잡았다.

05

운 을
끌 어 당 기 려 면

모두가 성공에 중요하다는 사실을 알면서도 언급하지 않고 넘어가는 주제, 운에 대해서 얘기해보도록 하자.

나는 모든 성공을 파헤쳐 보면 결국 운이 남는다고 생각한다. 스티브 잡스가 성공할 수 있었던 것도 타고난 유전자와 더불어 스티브 워즈니악이라는 동료를 만났기 때문이다. 만약 빌 게이츠가 내가 태어난 동네에서 태어났더라면 프로그래밍을 배우는 대신에 주말마다 동네 목축업자들과 함께 마멋 사냥에 나섰을 것이다. 워런 버핏도 자신의 능력에 대해 비슷한 말을 했다. 만약 자신이 주식이란 게 없던 시대에 태어났더라면 자신의 타고난 능력으로는 지금처럼 성공하지 못했을 거라고 말이다.

위험을 감내하는 성향에서 야망과 지식에 이르기까지 현재 당신의 성격을 말해주는 요소 하나하나가 모두 완전한 우연의 산물이라고 나는 본다. 당신의 타고난 유전자에 삶의 경험이 더해져 현재의 기회를 지닌 당신을 만들어낸 것이다. 당신이 내리는 결정 하나하나가 변수로 작용해 현재의 결과가 나왔다.

성공이 순전히 운에 달려 있다면 이 책으로 뭘 어떻게 하란 말인지 충분히 고개를 갸웃거릴 만하다. 자, 설명해 주겠다. 이 책은 이미 당신 경험의 일부가 되었다. 내가 제대로 썼다면 일부분이나마 당신의 머릿속에 남을 것이고 어쩌면 당신의 경험을 통해 내 말의 타당성을 확인하게 될 것이다. 이 책을 읽는 한 아무리 사소하게라도 당신은 바뀔 수밖에 없다.

당신이 이 책을 완독한다는 가정 하에 1년쯤 지난 시점에 이 책의 내용들을 몇 번이나 떠올리게 되는지 확인해보라. 운동하기 싫을 때마다 일단 운동복을 한번 입어보라는 나의 요령이 생각나는가? 먹으면 졸리다는 것을 알게 되어 점심에는 탄수화물을 피하게 되었는가? 실패를 긍정적인 배움의 기회로 삼을 방법을 찾고 있는가?

모든 경험이 그러하듯 책은 우리를 자동적으로 변화시킨다. 한 권의 책을 통해 당신이 세상을 더 유용한 시각으로 바라보고 에너지를 끌어올리는 데 도움을 받는다면, 그 책은 당신 운의 일부가 된다.

지금의 당신은 이 책을 읽기 전의 당신과 말 그대로 다른 사람이 됐다. 그 사이에 죽음을 맞이한 세포도 있고 새로이 생겨난 세포도 있다. 고작 몇 시간 지나지 않았을지라도 그 시간만큼 당신의 신체는 성숙했다. 내부에서 일어나는 화학 작용과 이 책을 포함해 외부에서 들어오는 영향으로 인해 당신 뇌의 내부 구조도 바뀌었다. 이 책의 어떤 구절이라도 당신 뇌리에 박히게 된다면 아마도 그 구절의 의미가 점점 크게 다가오게 될 것이다. 이제 당신은 새로운 사람이다.

내가 이 책을 제대로 썼다면, 당신은 언젠가 운 좋은 사람이라는 소리를 들을 것이다.

06

포 기 하 지
마 라

간호사들이 바퀴 달린 들것에 누워있는 나를 수술실로 데려갔다. 이
미 내 몸에 주입된 긴장 완화 약물이 놀라운 효과를 발휘하고 있었
다. 마취과 의사가 내게 100부터 거꾸로 숫자를 세라고 할 때 내 기
분은 최고조에 달해 있었다. 나는 98까지 세고 정신을 잃었다. 행복
하게 죽어가는 기분이었다.

회복 과정은 끔찍했다. 무언가를 삼키려고 할 때마다 숨이 컥컥 막
혔다. 그런 상황이 수개월 지속되었다. 속삭이듯 얘기하면 성대를 사
용하지 않아서 그런지 괜찮았다. 하지만 어차피 성대는 사용 불가 상
태였다. 성대와 뇌 사이에 전혀 교감이 이루어지지 않고 있었기 때문
이다.

다행히도 만화를 그릴 때는 말이 필요 없었다. 수술 후 며칠 만에

머릿속 안개가 걷히는 기분이 들면서 다시 일을 시작했다. 그러면서 나는 기다렸다. 버크 박사는 신경이 재생되는 시점이 거의 일정하다고 했다. 수술이 효과가 있다면, 세 달 반이 지날 때쯤 뇌와 성대를 연결하는 신경이 완전히 살아난다고 했다. 그리고 1년 정도 지나면 정상적으로 말할 수 있다고 했다. 물론 수술이 성공적일 경우에 말이다.

기다리는 동안 혹시 모른다는 생각에 말을 해보려고 했다. 하지만 뇌는 성대와 소통할 의사가 전혀 없는 듯했다. 정말 이상한 기분이었다. 그래서 집에서는 속삭이듯 말하고, 주위가 시끄러운 곳에서는 쪽지로 의사를 표현하고, 음식물을 넘기는 족족 컥컥대면서 그렇게 기다렸다. 그리고 희망을 잃지 않기 위해 머릿속으로 계속해서 긍정 선언을 했다. '나, 스콧 애덤스는 다시 제대로 말하게 될 것이다.'

수술 후 세 달 반쯤 될 무렵, 셸리는 거실에서 못 믿겠다는 표정으로 나를 바라보며 이렇게 말했다. "당신 방금… 말했어." 정말 내가 말을 했다. 완벽한 목소리는 아니었다. 목소리는 약했고 숨소리가 섞여 있었으며, 한 번에 몇 마디 이상은 하기가 힘들었다. 하지만 예상했던 순간에 나의 뇌와 성대가 진정한 재회가 이룬 것이다. 완전히 끝난 건 아니었다. 이제 시작일 뿐이다. 수술이 완벽하게 성공했다고 말하려면 몇 개월 더 기다려야 했다. '제대로' 말하려면 아직 갈 길이 멀었다. 그래도 괜찮은 일이었다. 아니 대단한 결과였다. 나는 눈물을 흘렸다.

수개월이 지나면서 내 목소리는 점차 좋아졌다. 경련성 발성장애의 대표적 증상인 음절 끊어먹기도 완전히 사라졌다. 하지만 여전히 목소리는 힘이 없고, 매끄럽지 않았으며, 가끔은 쇳소리가 섞여 나왔다. 다행히도 시간을 두고 연습하면 고칠 수 있는 문제였다. 그동안 나는 치료법을 찾아 헤매면서 목소리 치료에 많은 시간을 투자한 덕분에 올바른 발성법에 대해 많이 알고 있었다.

흥미로운 사실은 내 뇌가 유창하게 말하는 방법을 잊어버렸다는 것이었다. 성대가 정상적으로 기능을 하기 시작했지만 나는 여전히 제대로 된 문장을 말하는 데 어려움을 겪고 있었다. 거의 4년간 완전한 문장을 말해본 적이 없으니 그럴 만도 했다. 하지만 시간이 지나자 유창한 말솜씨도 돌아왔다.

수술을 받고 몇 년이 지난 지금, 나는 긍정 선언을 통해 다짐했던 것처럼 '제대로' 말할 수 있게 되었다고는 할 수 없다. 사실 '제대로'라는 말부터가 모호하니까. 병을 앓기 전부터 내 목소리는 힘이 없었고 비음이 섞여 나왔다. 그래서 수술을 받고 나서 그 정도로만 회복해도 다행이라고 생각했다. 사람이 많고 시끄러운 곳에서 말을 하면 내 목소리가 주변 소음에 파묻혀서 상대방이 알아듣기 힘들어했다. 따라서 안 좋은 목소리나마 되찾기만 하면 정상으로 돌아오는 거라고 생각했다. 그 정도만 해도 큰 성공으로 받아들일 생각이었다.

놀랍게도 결과는 그 이상이었다. 수술 전에 목소리 훈련을 한 덕분인지 아니면 버크 박사의 가설대로 증상이 사라지면서 그동안 숨어 있던 능력이 발현된 덕분인지 원래보다 훨씬 더 좋은 목소리가 나오는 것이었다. 이젠 시끄러운 장소에서도 아무 문제없이 의사를 전달할 수 있게 되었다. 이는 정말 대단한 발전이다.

여전히 운동 후에는 쉰 목소리가 나온다. 그리고 목소리가 좋아졌다고 해서 성우처럼 멋진 목소리가 나오는 것도 아니다. 미적 관점에서 볼 때 완벽한 목소리라 할 수는 없다. 하지만 기능 면에서는 완벽하다. 나는 드디어 침묵의 감옥에서 탈출한 것이다. 나는 지금 내 생에서 가장 즐겁고 만족스러운 시기를 보내고 있다.

하지만 아직 할 일이 남았다. 내가 말했던 계획이 기억나는가. 목소리 감옥에서 탈출하면 다른 죄수들도 탈출하도록 도와줄 것이고 간수를 죽인 다음에 감옥을 불살라버리겠노라 한 나의 다짐 말이다. 이 책을 쓰게 된 가장 큰 동기도 그 때문이다. 경련성 발성장애로 목소리와 더불어 삶의 즐거움을 잃고 갈 곳마저 잃어 헤매는 가련한 영혼들을 위해서 썼다. 또한 건강이나 다른 면에서 풀리지 않는 문제를 안고 살아가는 사람들을 위해서 이 책을 썼다. 당신에게 닥친 문제를 해결할 가능성이 희박하다는 생각을 한다면 기억해야 할 것이 있다. 당신이 그 가능성을 잘못 계산하고 있을 가능성이 있다는 사실을 잊지 마라.

최근 소식: 내 목소리는 이 책 출간 이후 꾸준히 사용함으로써 개선되어 왔다. 요즘은 거의 매일 두 시간 가까이 라이브 스트리밍을 하고 있는데, 사람들이 가장 자주 해주는 칭찬 중 하나가 내 목소리가 좋다는 것이다.

07

J U S T
D O   I T

내 경험상 독자들이 긍정 선언에 대해 내 의도와 다른 방향으로 관심을 보일 거라는 걸 알고 있다. 누구는 나를 사이비라 할 것이고, 또 누구는 나를 멍청이라고 할 것이며, 누군가는 나를 멍청한 사이비라고 생각할 것이다. 따라서 그렇게 생각할 사람들을 위해 설명을 해둬야겠다.

요즘은 다른 사람들에게 긍정 선언에 대해 말할 때마다 가능한 분명하게 말한다. 만약 긍정 선언이 마법처럼 우주를 움직이는 힘을 발휘한다면, 아마도 지금쯤 과학계에서 그 힘을 밝혀냈을 것이다. 그러나 마법이나 심령술이 실제로 존재하는지를 밝혀내지 못했듯 긍정 선언에 대한 과학적 근거를 기대할 수 없으리라고 생각한다.

우리 모두 동의하듯이, 긍정 선언은 정신적 현상이고 심리학과 인식의 영역에 속한다. 이런 관점에서 보면 긍정 선언, 즉 긍정의 한마디가 집중력이나 동기 부여, 또는 여러 화학 반응의 측면에서 두뇌에 예측 가능한 영향을 미칠 수 있다고 생각할 수 있다. 뇌에 영향을 준다는 것은 생각하기에 따라 성공을 추구하는 데 득이 될 수도 있고 실이 될 수도 있다. 어쨌든 어떤 의미에서 긍정 선언은 긍정적인 사고방식이나 기도, 시각화, 구호 외치기와 크게 다를 것이 없다.

그럼에도 나는 긍정 선언이 우리의 생각보다 강력한 힘이 있다고 확신한다. 오해가 발생하는 건 마치 세상이 긍정 선언에 따라 또는 자신을 위해서 돌아간다고 생각하기 때문이다. 하지만 긍정 선언이 왜 그토록 강한 영향력을 발휘하는 것처럼 '보이는지' 설명해보겠다.

가장 그럴듯한 설명은 긍정 선언의 힘처럼 보이는 것이 '선택적 기억'이라는 것이다. 많은 연구 결과가 증명하듯, 우리는 기억하고 싶은 건 기억하고 잊고 싶은 건 잊어버리는 경향이 있다. 긍정 선언을 하는 사람 역시 비록 우연히 얻은 결과라 해도 그에 따른 행운은 기억하고 불운은 잊어버리는지도 모른다. 이처럼 선택적 기억의 결과가 우리에게 긍정 선언이 실제 힘을 발휘한다는 인상을 심어주는 것이다.

긍정 선언이 강력한 힘을 지닌 것처럼 보이는 또 다른 이유는 긍정 선언을 시도해서 성공했다고 말하는 사람들이 전부 거짓말쟁이 같다는 것이다. 그들이 하는 말은 외계인에게 납치되었다가 돌아왔다고 하는 사람들의 말만큼이나 신빙성이 없다. 내가 책에 실은 경험담은 물론 거짓이 아니다. 하지만 당신은 내 말이 사실인지 아닌지 알아낼 방법이 전혀 없다. 무슨 뜻인지 이해하리라 믿는다.

또 다른 이유는 '거짓 기억' 때문이다. 즉, 실제 일어나지도 않은 일을 일어났었다고 여기는 현상 때문이다. 사실 대단한 성과가 아니었는데 큰 성공을 거두었다고 기억하거나, 평범한 일을 엄청난 우연의 일치로 기억하는지도 모른다. 거짓 기억은 너무 흔해서 당신도 여러 번 경험해본 적 있을 것이다. 어린 시절 부모님과 놀이기구를 타며 즐거운 시간을 보낸 걸 자세하게 기억하고 있었는데, 알고 보니 그게 내 경험이 아니라 동생이 겪은 일을 들으면서 마치 내 일처럼 상상한 것일 수도 있다. 인간은 거짓 기억을 너무나 쉽게 만들어낸다.

한 가지 이유를 더 추가하자면, 낙관주의자들은 비관주의자들이 놓치는 기회를 포착하는 경향이 있기 때문이다.[1] 긍정 선언을 매일 부지런히 반복하는 사람은 낙관주의자라 할 만하다. 짐작건대 긍정적인 사고방식을 지니거나 기도를 하는 것은 사람에게 보다 긍정적인 마음자세를 심어준다. 그리고 낙관주의자들이 비관주의자들보다 더 많은 기회를 포착하기 때문에 그 결과가 운처럼 보일 수 있다.

연구 결과에 따르면, 타고난 낙관주의자가 아니더라도 훈련으로 더 많은 기회를 포착할 수 있다고 한다.[2] 스스로 낙관주의자처럼 행동하는 것인데, 긍정 선언을 글로 적는 것도 좋은 방법이다. 낙관주의자들은 성공한 미래를 상상하기 때문에 기회를 더 많이 포착하고, 더 많은 에너지를 얻고, 기꺼이 위험도 감수한다. 이런 낙관주의자를 운이 찾아내는 건 어려운 일이 아니다.

긍정 선언이 효력이 있어 보이는 것은 어쩌면 우리가 인과관계를 오해하기 때문일지도 모른다. 아마도 자기 자신이 성공에 적합한 여건을 갖췄다고 믿어 의심치 않는 사람이라면 긍정 선언 자체가 따분하게 여겨질 수도 있다. 나의 경우로 이야기를 풀어보자면, 첫 책을 내기도 전에 이미 내 무의식은 내가 좋은 책을 쓸 능력을 갖추고 있다고 알고 있었다는 뜻이 된다. 글쓰기 경험이나 훈련이 전무한 상태였는데도 말이다. 이런 관점도 합리적으로 들리지만, 그럼에도 긍정 선언은 분명 상상과 다른 유용한 방식으로 영향을 미친다. 긍정 선언은 당신의 무의식이 당신의 이성에 보내는 일종의 메시지로 작용한다. 설사 당신의 이성적 판단으로는 그렇지 않다고 해도 당신이 성공에 필요한 자질이 충분하다고 말하는 것이다. 이는 실제 재능을 가졌으면서도 믿음이 부족한 사람들에게 도움이 될 것이다. 이런 사람들이 생각보다 제법 많다.

마지막 이유는 인간의 아주 작은 뇌가 우리 현실을 정확하게 파악해서 전달하는 수준까지 진화하지 못했다는 사실이다. 그 대신에 우리의 작은 뇌는 생존에 유리한 판단과 자신의 내적, 외적 경험에 일치하는 판단에 의존하여 환상을 만들어낸다. 그뿐이다.

우리는 세상에 수많은 종교들이 경쟁하고 있기 때문에 뇌가 환상을 만들어낸다는 사실을 알고 있다. 당신이 올바른 종교를 선택했다고 가정하면, 당신과 다른 선택을 한 가련한 영혼들은 깊은 환상 속에 살고 있는 셈이다. 당신의 이웃은 자기가 전생을 기억한다고 생각할지도 모르고, 당신은 심장수술 중에 신을 보았다고 생각할지도 모른다. 당신과 이웃 둘 다 옳을 수는 없다. 하지만 둘 다 틀릴 수는 있다. 어쩌면 둘 다 별로 해가 되지 않는 선에서 망상을 경험하고 있을 수도 있다.

반복하지만 긍정 선언이 내게는 효과가 좋았으니 당신에게도 통할 것이라 말할 수 있을만한 객관적인 정보가 내게는 전혀 없다. 또 하나, 내게 긍정 선언을 하는 정확한 방법이 무엇인지 묻는 이메일은 보내지 말아 달라. 그런 문의는 이미 수백 번을 받았고 그때마다 나의 답변은 '저도 몰라요'였다. 그나마 도움이 될 수 있는 말을 해준다면, 긍정 선언은 정확히 몇 번을 적어야 하는지, 타이핑을 해야 하는지 아니면 펜으로 써야 하는지, 몇 주 동안 해야 하는지는 아무런 상관이 없다는 점이다. 깊고 일관된 마음으로 자신이 원하는 것에 집중하는 자세만이 필요하다.

목표는 패배자를 위한 것이고 시스템은 승자를 위한 것이라고 주장하는 책에서 긍정 선언을 다루는 게 모순이라고 생각할 수도 있다. 긍정 선언은 어떤 면에서 목표에 집중하는 방법처럼 보인다. 하지만 나는 긍정 선언은 당신이 집중력을 발휘하도록 도와주고, 당신의 낙관주의와 에너지를 북돋우며, 어쩌면 당신이 무의식적으로나마 인지하고 있었던 자신의 재능을 꽃피우도록 돕는 시스템이라고 주장하고 싶다. 만약 당신이 긍정 선언을 시도해볼 마음이 있다면, 행운이 따를 때까지 충분히 오랫동안 해보기를 권한다. 미래에 부를 창출하는 데 복권 구입보다는 훨씬 도움이 될 것이다.

인간은 늘 목표를 설정하고 싶어 한다. 우리의 뇌가 그렇게 생겨먹었다. 하지만 목표란 당신이 올바른 방향으로 나아갈 수 있도록 해주는 시스템을 가졌을 때에만 의미가 있다.

그래서 나는 긍정 선언을 어떻게 생각하느냐고?

나는 긍정 선언을 여러 번 해봤고, 내가 기억하는 한 혹은 기억한다고 생각하는 한, 기적에 가까운 결과를 얻었다. 내게 긍정 선언은 여전히 풀지 못한 수수께끼다. 어쨌거나 확실한 건 긍정 선언을 하다가 누가 몸이든 마음이든 다쳤다는 말은 여태껏 한 번도 들어본 적이 없다는 것뿐이다. 나는 호기심에 긍정 선언을 시작했다. 게다가 공짜다. 시도해보지 않을 이유가 없지 않은가.

이제 내가 아는 모든 걸 당신에게 털어놓았다.

모 든 성 공 을 파 헤 치 면

결 국 운 이 남 는 다

깊 고 일 관 된 마 음 으 로

자 신 이 원 하 는 것 에

당신만의 시스템을 기대하며

이제껏 많은 주제를 다뤘는데, 모든 내용을 정리해서 요약하면 도움이 될 것 같다. 중간 부분을 건너뛰고 이 부분만 읽고 있는 독자라면, 내가 이제부터 하는 말에 쉬이 공감이 가지 않을 수 있다는 점을 미리 말해둔다.

이 책에서 내가 묘사한 성공 모델은 다음과 같다. 먼저 식단에 집중해서 올바른 식습관을 갖춰라. 그래야 운동하고 싶은 에너지가 충분히 생겨난다. 운동을 하면 에너지가 더욱 향상되고, 그러면 당신은 더욱 생산적이고, 창의적이고, 긍정적으로 변화해 다른 사람들의 호감을 사게 되고, 살면서 마주치는 작은 장애물 정도는 가볍게 넘을 수 있다.

자신의 개인적 에너지를 최적화했다면 이제 남은 것은 운이다. 운을 직접 통제할 수는 없지만, 승산이 없는 전략에서 승산이 높은 전략으로 옮겨갈 수는 있다. 예를 들어 한 가지 기술만 익히는 것보다 다양한 기술들을 익히는 것이 성공 가능성을 극적으로 높인다. 자아를 조절하는 법을 배우면 부끄러움을 두려워하지 않게 되고, 쑥스럽고 창피해서 도전하지 못하는 경쟁자들을 물리치고 유리한 고지를 차지할 수 있다. 그리고 자신이 하는 일에 충분히 오랜 기간을 매달리면 운이 당신을 찾아올 확률이 높아진다. 다른 일을 하지 못하도록 당신의 시간을 잡아먹는 직업은 함정이나 다름없으니 피하도록 하라.

행복은 인생에서 유일하게 가치 있는 목표다. 소시오패스가 아닌한, 사람은 다른 사람에게 잘할 때 자신도 행복해진다. 당신이 건강하고, 경제적으로, 시간적으로 여유가 있을 때 보통 행복은 자연스럽게 찾아온다. 먼저 자신의 건강을 챙기고, 재원을 마련하며, 열심히 새로운 기술들을 익히고, 유연하게 시간을 활용할 수 있도록 노력하라.

기술이라고 다 같은 기술이 아니다. 유용한 기술을 가능한 한 많이 습득하라. 사람들 앞에서 말하기, 업무를 위한 글쓰기, 심리학, 테크놀로지 활용, 화술, 적절한 발성, 그리고 회계의 기본 개념을 익혀라. 단순화하는 습관을 길러라. 낯선 사람들과 사소한 대화를 나누는 법을 익히고, 멍청하게 굴지 않는 법을 배워라. 이런 기본적인 것들을 제대로 한다면 당신은 언제고 성공할 준비가 된 셈이다.

스스로를 마법과 수수께끼로 가득한 살덩어리가 아니라 말랑말랑한 로봇이라고 생각하면 도움이 된다. 로봇은 입력값에 따라 출력값을 예측할 수 있다. 다시 말해 적절한 식습관 유지하기, 운동하기, 긍정적으로 생각하기, 가능한 많은 기술 습득하기, 감옥에 갈 일은 피하기 등을 입력하면 결과적으로 좋은 일이 발생할 수 있다.

일상의 모든 부분에서 패턴을 찾아 나서라. 식습관에서 운동에 이르기까지 성공을 구성하는 모든 요소들에서 패턴이 있는지 뒤져보라. 당신이 보고 느낀 패턴에 과학적 근거가 있는지 찾아보고, 그 패턴이 자신에게 어울리는지 직접 실험하라.

가장 중요한 것. 목표는 패배자들을 위한 것이며, 시스템은 승자들을 위한 것이다. 행운이 따르는 듯 보이는 사람 중에는 운이 자기를 찾아오도록 하는 시스템을 지닌 사람이 많다. 본문에서 내게 효과가 좋았던 몇 가지 시스템에 대해 설명해두었다. 당신은 나와 다른 경험을 할 수도 있지만, 어쨌든 목표가 아니라 시스템을 중심으로 사는 것은 언제나 도움이 된다.

또한 실패는 당신의 친구라는 점을 늘 기억하라. 실패가 원석이라면 성공은 다이아몬드다. 실패를 불러들여라. 실패에서 배워라. 그리고 실패라는 놈의 주머니를 탈탈 털어낼 때까지 그냥 돌려보내지 마라. 그게 바로 시스템이다.

참고 문헌

Part 1-1. 내가 정상이 아니라고?

1. Cyranowski JM, Zill N, Bode R, et al. Assessing social support, companionship, and distress: National Institute of Health (NIH) Toolbox Adult Social Relationship Scales. Health Psychology 2013;32:293-301.
2. Shiovitz-Ezra S, Leitsch SA. The role of social relationships in predicting loneliness: the National Social Life, Health, and Aging Project. Social Work Research 2010;34:157-67.

Part 2-3. 에너지 레벨을 높이는 7가지 비밀

1. Paavonen EJ, Pennonen M, Roine M, Valkonen S, Lahikainen AR. TV exposure associated with sleep disturbances in 5- to 6-year-old children. Journal Of Sleep Research 2006;15:154-61.
2. Brunborg GS, Mentzoni RA, Molde H, et al. The relationship between media use in the bedroom, sleep habits and symptoms of insomnia. Journal Of Sleep Research 2011;20:569-75.

Part 2-4. 당신의 상상이 현실이 된다

1. Iwase M, Ouchi Y, Okada H, Yokoyama C. Neural substrates of human facial expression of pleasant emotion induced by comic films: a PET Study. Neuroimage 2002;17:758-68.
2. Addicted to Smiling. Can the simple act of smiling bring pleasure? 2011. (Accessed4/16, 2013, at http://www.psychologytoday.com/blog/your-brain-food/201112/addicted-smiling.)
3. Wood RI, Stanton SJ. Testosterone and sport: Current perspectives. Hormones And Behavior 2012;61:147-55.
4. Jarrett C. Faster, higher, stronger! Psychologist 2012;25:504-7.
5. Edwards DA, Kurlander LS. Women's intercollegiate volleyball and tennis: Effects of warm-up, competition, and practice on saliva levels of cortisol and testosterone. Hormones And Behavior 2010;58:606-13.

6. Carré JM, Putnam SK. Watching a previous victory produces an increase in testosterone among elite hockey players. Psychoneuroendocrinology 2010;35:475-9.

7. Suay F, Salvador A, González-Bono E, et al. Effects of competition and its outcome on serum testosterone, cortisol and prolactin. Psychoneuroendocrinology 1999;24:551-66.

8. Schabel BJ, Franchi L, Baccetti T, McNamara JA, Jr. Subjective vs objective evaluations of smile esthetics. American Journal Of Orthodontics And Dentofacial Orthopedics: Official Publication Of The American Association Of Orthodontists, Its Constituent Societies, And The American Board Of Orthodontics 2009;135:S72-S9.

9. Rodrigues CdDT, Magnani R, Machado MSC, Oliveira OB. The perception of smile attractiveness. The Angle Orthodontist 2009;79:634-9.

10. Bohrn I, Carbon C-C, Hutzler F. Mona Lisa's smile—Perception or deception? Psychological Science 2010;21:378-80.

Part 2-5. 그런 척하라. 그렇게 된다

1. George JM. Personality, affect, and behavior in groups. Journal of Applied Psychology 1990;75:107-16.

2. Masini BE. Socialization and selection processes of adolescent peer groups. US: ProQuest Information & Learning; 1998.

Part 2-10. 잘되는 일을 찾는 방법

1. Ericsson KA, Charness N. Expert performance: Its structure and acquisition. In: Ceci SJ, Williams WM, eds. The nature-nurture debate: The essential readings. Malden: Blackwell Publishing; 1999:199-255.

2. Manes S, Andrews P. Gates: How Microsoft's Mogul Reinvented an Industry and Made Himself The Richest Man in America: Touchstone, Simon and Schuster; 1994.

Part 3-3. 성공으로 이끄는 15가지 기술

1. Wikipedia. (Accessed 4/16/2013, at http://en.wikipedia.org/wiki/List_of_cognitive_biases.)

2. The Hidden Traps in Decision Making. 2006. (Accessed 4/20, 2013, at http://graduateinstitute.ch/webdav/site/mia/users/Rachelle_Cloutier/public/Hashemi%20Decision%20Making%20and%20Leadership%20in%20Crisis%20Situations/Hammond%20Hidden%20Traps%20in%20Decision%20Making.pdf.)

3. Cialdini R. Influence: The Psychology of Persuasion (Collins Business Essentials)

pg.13-14, NY, NY: HarperBusiness; 2006.

4. De Sciolo, P.,Kurzban, R., The Alliance Hypothesis for Human Friendship, PLoS One, http://www.plosone.org/article/info%3Adoi%2F10.1371%2Fjournal.pone.0005802 (Accessed 4/24/2013)

5. Vukovic J, Feinberg DR, DeBruine L, Smith FG, Jones BC. Women's voice pitch is negatively correlated with health risk factors. Journal of Evolutionary Psychology 2010;8:217-25.

6. Kleemola L, Helminen M, Rorarius E, Isotalo E, Sihvo M. Voice Activity and Participation Profile in assessing the effects of voice disorders on quality of life: Estimation of the validity, reliability and responsiveness of the Finnish version. Folia Phoniatrica et Logopaedica 2011;63:113-21.

7. Gallup GG, Jr., Frederick DA. The science of sex appeal: An evolutionary perspective. Review of General Psychology 2010;14:240-50.

8. Meulenbroek LFP, de Jong FICRS. Voice quality in relation to voice complaints and vocal fold condition during the screening of female student teachers. Journal of Voice 2011;25:462-6.

9. Golub J, Chen P, Otto K, Hapner E, Johns M. Prevalence of Perceived Dysphonia in a Geriatric Population. Journal of the American Geriatrics Society 2006;54:1736-9.

10. Farrand PF. Generic health-related quality of life amongst patients employing different voice restoration methods following total laryngectomy. Psychology, Health & Medicine 2007;12:255-65.

11. Wong CA, Laschinger HKS, Cummings GG. Authentic leadership and nurses' voice behaviour and perceptions of care quality. Journal of Nursing Management 2010;18:889-900.

12. Zope SA, Zope RA. Sudarshan kriya yoga: Breathing for health. International Journal Of Yoga 2013;6:4-10.

13. Liu X, Miller YD, Burton NW, Brown WJ. A preliminary study of the effects of Tai Chi and Qigong medical exercise on indicators of metabolic syndrome, glycaemic control, health-related quality of life, and psychological health in adults with elevated blood glucose. British Journal Of Sports Medicine 2010;44:704-9.

14. Kuan S-C, Chen K-M, Wang C. Effectiveness of Qigong in promoting the health of wheelchair-bound older adults in long-term care facilities. Biological Research For Nursing 2012;14:139-46.

15. Jefferson Y. Mouth breathing: adverse effects on facial growth, health, academics, and behavior. General Dentistry 2010;58:18.

16. Breathe away stress in 8 steps. Try this simple technique to enjoy a variety of health benefits. Harvard Men's Health Watch 2012;17:5.

Part 3-4. 패턴을 찾아라

1. Foust J. Wave Rider. Yoga Journal 2005:69-70.
2. 20 Habits of Successful People. 2013. (Accessed 4/21, 2013, at http://www.guruhabits.com/successful-people/.)
3. Goldsby MG, Kuratko DF, Bishop JW. Entrepreneurship and Fitness: An Examination of Rigorous Exercise and Goal Attainment among Small Business Owners. Journal of Small Business Management 2005;43:78-92.
4. McDowell-Larsen S, Kearney L, Campbell D. Fitness and leadership: is there a relationship?: Regular exercise correlates with higher leadership ratings in senior-level executives. Journal of Managerial Psychology 2002;17:316 - 24.

Part 3-5. 매력 넘치는 사람이 되고 싶다면

1. Wierzbicki MRD. Journal of General Psychology 1978;99:25.
2. Khoury RM. Social Behavior & Personality: An International Journal 1977;5:377.
3. Greengross G, Martin RA, Miller G. Personality traits, intelligence, humor styles, and humor production ability of professional stand-up comedians compared to college students. Psychology of Aesthetics, Creativity, and the Arts 2012;6:74-82.
4. Weisfeld, G.,Nowak, NT.,Lucas, T.,Weisfeld, CC.,Imamoğlu, E.,Olcay,M.,Shen, J.Parkhill, MR.. Do women seek humorousness in men because it signals intelligence? A cross-cultural test. Humor: International Journal of Humor Research 2011;24:435-62.
5. Hauck W, Thomas J. The relationship of humor to intelligence, creativity, and intentional and incidental learning. J Experimental Education 1972;40.
6. Avner Z. Facilitating Effects of Humor on Creativity. Journal of Educational Psychology 1976;68:318-22.

Part 3-11. 주위 사람의 영향력

1. Trice H, Roman P. Sociopsychological Predictors of Affiliation with Alcoholics Anonymous. A Longitudinal Study of Treatment Success. Social Psychiatry 1970;5:51-2.
2. Arkowitz H, Lilienfeld S. Does Alcoholics Anonymous Work? Scientific American 2011.

3. Tamburlini G, Cattaneo A, Knecht S, et al. The spread of obesity in a social network... Christakis NA, Fowler JH. The spread of obesity in a large social network over 32 years. N Engl J Med 2007;357:370-9. New England Journal of Medicine 2007;357:1866-8.

4. Christakis NA, Fowler JH. The spread of obesity in a large social network over 32 years. New England Journal of Medicine 2007;357:370-9.

5. Boothe A, Brouwer R. Unmet Social Support for Healthy Behaviors Among Overweight and Obese Postpartum Women: Results from the Active Mothers Postpartum Study. Journal of Women's Health (15409996) 2011;20:1677-85.

6. Sallis JF, Grossman RM, Pinski RB, et al. Environmental Support For Eating And Exercise Change Scales. Ten-year outcomes of behavioral family-based treatment for childhood obesity 1994;13:373-83.

7. Kulik N. Social support and weight loss among adolescent females. US: ProQuest Information & Learning; 2012.

8. Jelalian E, Sato A, Hart C. The Effect of Group-Based Weight-Control Intervention on Adolescent Psychosocial Outcomes: Perceived Peer Rejection, Social Anxiety, and Self-Concept. Children's Health Care 2011;40:197-211.

9. Chan NK-C, Gillick AC. Fatness as a disability: Questions of personal and group identity. Disability & Society 2009;24:231-43

Part 4–1. 행복의 메커니즘

1. Wright R. Dancing to evolution's tune. The good news: we're born for fun. The bad news: it's not built to last. Time 2005;165:A11-A.

2. Pert C. Molecules & Choice. Shift: At the Frontiers of Consciousness 2004:20-4.

3. Pelletier M, Bouthillier A, Lévesque J, et al. Separate neural circuits for primary emotions? Brain activity during self-induced sadness and happiness in professional actors. NeuroReport: For Rapid Communication of Neuroscience Research 2003;14:1111-6.

4. Park A. Molecules of emotion: why you feel the way you feel. Visions: The Journal of Rogerian Nursing Science 2008;15:56-7.

5. Foss L. The necessary subjectivity of bodymind medicine: Candace Pert's Molecules of Emotions. Advances in Mind-Body Medicine 1999;15:122-34.

6. Conboy L, Bisaz R, Markram K, Sandi C. Role of NCAM in emotion and learning. Advances In Experimental Medicine And Biology 2010;663:271-96.

7. Price EM, Fisher K. Additional Studies of the Emotional Needs of Amputees. Journal

of Prosthetics and Orthotics, 2005;17:52.

8. Giummarra MJ, Georgiou-Karistianis N, Nicholls MER, Gibson SJ, Chou M, Bradshaw JL. The menacing phantom: What pulls the trigger? European Journal of Pain 2011;15:e1-e8.

9. Akarsu S, Tekin L, Safaz I, Göktepe AS, Yazicioğlu K. Quality of life and functionality after lower limb amputations: comparison between uni- vs. bilateral amputee patients. Prosthetics And Orthotics International 2013;37:9-13.

10. Steinberg H, Sykes EA. Introduction to symposium on endorphins and behavioural processes: Review of literature on endorphins and exercise. Pharmacology, Biochemistry and Behavior 1985;23:857-62.

11. Sokumbi O, Moore A, Watt P. Plasma levels of beta-endorphin and serotonin in response to specific spinal based exercises. South African Journal of Physiotherapy, 2008;64:31.

12. Harbach H, Hell K, Gramsch C, Katz N, Hempelmann G, Teschemacher H. β-Endorphin (1-31) in the plasma of male volunteers undergoing physical exercise. Psychoneuroendocrinology 2000;25:551-62.

13. Francis KT. The role of endorphins in exercise: a review of current knowledge. Journal of Orthopaedic & Sports Physical Therapy 1983;4:169-73.

14. Dishman RK, O'Connor PJ. Lessons in exercise neurobiology: The case of endorphins. Mental Health and Physical Activity 2009;2:4-9.

15. aan het Rot M, Collins KA, Fitterling HL. Physical exercise and depression. The Mount Sinai Journal Of Medicine, New York 2009;76:204-14.

16. Flausino, N.H.,Da Silva,P., Martuscelli,J.,Queiroz, S.,Souza,T.,Mello,S. T⊠lio, M. Physical exercise performed before bedtime improves the sleep pattern of healthy young good sleepers. Psychophysiology 2012;49:186-92.

Part 4-2. 건강한 식습관이 시작이다

1. Jacka FN, Kremer PJ, Leslie ER, et al. Associations between diet quality and depressed mood in adolescents: results from the Australian Healthy Neighbourhoods Study. Australian & New Zealand Journal of Psychiatry 2010;44:435-42.

2. Dunne A. Food and mood: evidence for diet-related changes in mental health. British Journal of Community Nursing 2012:S20-4.

3. Davison KM, Kaplan BJ. Vitamin and mineral intakes in adults with mood disorders: comparisons to nutrition standards and associations with sociodemographic and

clinical variables. Journal of the American College of Nutrition 2011;30:547-58.

4. Annesi JJ. Predictors of exercise-induced mood change during a 6-month exercise and nutrition education program with obese women. Perceptual & Motor Skills 2009;109:931-40.

5. Centre for R, Dissemination. Scientific evidence of interventions using the Mediterranean diet: a systematic review (Structured abstract). In: Serra-Majem L, Roman B, Estruch R, eds.; 2006:S27-S47.

6. Soh NL, Walter G, Baur L, Collins C. Nutrition, mood and behaviour: A review. Acta Neuropsychiatrica 2009;21:214-27.

7. Parker G, Gibson NA, Brotchie H, Heruc G, Rees AM, Hadzi-Pavlovic D. Omega-3 fatty acids and mood disorders. American Journal of Psychiatry 2006;163:969-78.

8. Crisp AH. Sleep, activity, nutrition and mood. The British Journal of Psychiatry 1980;137:1-7.

9. Bhat RS. You are what you eat: Of fish, fat and folate in late-life psychiatric disorders. Current Opinion in Psychiatry 2009;22:541-5.

10. Appleton KM, Rogers PJ, Ness AR. Updated systematic review and meta-analysis of the effects of n-3 long-chain polyunsaturated fatty acids on depressed mood. American Journal of Clinical Nutrition 2010;91:757-70.

11. Appleton KM, Hayward RC, Gunnell D, et al. Effects of n-3 long chain polyunsaturated fatty acids on depressed mood: systematic review of published trials. American Journal of Clinical Nutrition 2006;84:1308-16.

12. Traoret CJ, Lokko P, Cruz ACRF, et al. Peanut digestion and energy balance. International Journal Of Obesity (2005) 2008;32:322-8.

13. Reis CEG, Bordalo LA, Rocha ALC, et al. Ground roasted peanuts leads to a lower post-prandial glycemic response than raw peanuts. Nutrición Hospitalaria: Organo Oficial De La Sociedad Española De Nutrición Parenteral Y Enteral 2011;26:745-51.

14. O'Byrne DJ, Knauft DA, Shireman RB. Low fat-monounsaturated rich diets containing high-oleic peanuts improve serum lipoprotein profiles. Lipids 1997;32:687-95.

15. Mattes RD, Kris-Etherton PM, Foster GD. Impact of peanuts and tree nuts on body weight and healthy weight loss in adults. The Journal of nutrition 2008;138:1741S-5S.

16. Devitt AA, Kuevi A, Coelho SB, et al. Appetitive and Dietary Effects of Consuming an Energy-Dense Food (Peanuts) with or between Meals by Snackers and Nonsnackers. Journal Of Nutrition And Metabolism 2011;2011:928352-.

17. Claesson AL, Holm G, Ernersson A, Lindström T, Nystrom FH. Two weeks of

overfeeding with candy, but not peanuts, increases insulin levels and body weight. Scandinavian journal of clinical and laboratory investigation 2009;69:598-605.

18. Nuts for You. Tufts University Health & Nutrition Letter 2012;30:1-4.

19. Kohlstadt I. More than willpower: Curbing food cravings during weight reduction. Townsend Letter 2009;50.

20. Jeffery RW, Wing RR, Mayer RR, Jeffery RW, Wing RR, Mayer RR. Perceived Barriers to Adherence. Are smaller weight losses or more achievable weight loss goals better in the long term for obese patients? 1998;66:641-5.

21. Dulloo AG. Explaining the failures of obesity therapy: willpower attenuation, target miscalculation or metabolic compensation? International Journal of Obesity 2012;36:1418-20.

22. Lopez-Garcia E, Rodriguez-Artalejo F, Rexrode KM, Logroscino G, Hu FB, van Dam RM. Coffee consumption and risk of stroke in women. Circulation 2009;119:1116-23.

23. Freedman ND, Park Y, Abnet CC, Hollenbeck AR, Sinha R. Association of coffee drinking with total and cause-specific mortality. The New England journal of medicine 2012;366:1891-904.

24. Arab L, Biggs ML, O'Meara ES, Longstreth WT, Crane PK, Fitzpatrick AL. Gender differences in tea, coffee, and cognitive decline in the elderly: the cardiovascular health study. Journal of Alzheimer's Disease 2011;27:553-66.

25. Coffee drinking lowers mortality risk in women. Harvard Women's Health Watch 2008;16:6-7.

26. Coffee does not increase risk of developing CAD. Journal of Family Practice 2006;55:757-8.

27. Campos HA. Coffee Consumption and Risk of Type 2 Diabetes and Heart Disease. Nutrition Reviews 2007;65:173-9.

28. Yantis MA, Hunter K. Is diet soda a healthy choice? Nursing 2010;40:67-.

29. Nettleton JA, Lutsey PL, Wang Y, Lima JA, Michos ED, Jacobs DR,Jr. Diet soda intake and risk of incident metabolic syndrome and type 2 diabetes in the Multi-Ethnic Study of Atherosclerosis (MESA). Diabetes Care 2009;32:688-94.

30. Do you really need that diet soda? Research connects the drinks to higher heart risks. Harvard Health Letter / From Harvard Medical School 2012;37:4-.

31. Spiegel K, Tasali E, Penev P, Van Cauter E. Brief communication: Sleep curtailment in healthy young men is associated with decreased leptin levels, elevated ghrelin levels, and increased hunger and appetite. Annals Of Internal Medicine

2004;141:846-50.

32. Schmid SM, Hallschmid M, Jauch-Chara K, Born J, Schultes B. A single night of sleep deprivation increases ghrelin levels and feelings of hunger in normal-weight healthy men. Journal Of Sleep Research 2008;17:331-4.

33. Pejovic S, Vgontzas AN, Basta M, et al. Leptin and hunger levels in young healthy adults after one night of sleep loss. Journal Of Sleep Research 2010;19:552-8.

34. Landis AM, Parker KP, Dunbar SB. Sleep, hunger, satiety, food cravings, and caloric intake in adolescents. Journal of Nursing Scholarship 2009;41:115-23.

35. Brondel L, Romer MA, Nougues PM, Touyarou P, Davenne D. Acute partial sleep deprivation increases food intake in healthy men. The American Journal Of Clinical Nutrition 2010;91:1550-9

36. George SE, Ramalakshmi K, Mohan Rao LJ. A perception on health benefits of coffee. Critical Reviews In Food Science And Nutrition 2008;48:464-86.

37. Butt MS, Sultan MT. Coffee and its consumption: benefits and risks. Critical Reviews in Food Science & Nutrition 2011;51:363-73.

38. Arendash GW, Cao C. Caffeine and coffee as therapeutics against Alzheimer's disease. Journal Of Alzheimer's Disease: JAD 2010;20 Suppl 1:S117-S26.

39. Acreman S. The benefits and drawbacks of drinking coffee. Cancer Nursing Practice 2009;8:8.

40. What is it about coffee? Research is showing benefits for everything from depression to liver disease. Is it just the caffeine? Harvard Health Letter / From Harvard Medical School 2012;37:4-5.

41. Brewing up health benefits for coffee. Tufts University Health & Nutrition Letter 2008;25:4-5.

42. Wiles JD, Bird SR, Hopkins J, Riley M. Effect of caffeinated coffee on running speed, respiratory factors, blood lactate and perceived exertion during 1500-m treadmill running. British Journal Of Sports Medicine 1992;26:116-20.

43. Graham TE. Caffeine and exercise: metabolism, endurance and performance. Sports Medicine 2001;31:785-807.

44. Astorino TA, Roberson DW. Efficacy of acute caffeine ingestion for short-term high-intensity exercise performance: a systematic review. Journal Of Strength And Conditioning Research / National Strength & Conditioning Association 2010;24:257

Part 4-7. JUST DO IT

1. Wiseman R. The Luck Factor. Skeptical Inquirer, 2003;27.Tempt Luck Your

Way. 2009. (Accessed 4/22, 2013, at http://www.psychologytoday.com/blog/creativityrulz/200912/tempt-luck-your-way.)

2. Smith MD, Wiseman R, Harris P, Joiner R. On being lucky: The psychology and parapsychology of luck. European Journal of Parapsychology 1996;12:35-43.Smith MD, Wiseman R, Harris P. The relationship between 'luck' and psi. Journal of the American Society for Psychical Research 2000;94:25-36.

더 시스템 The System

초판 1쇄 발행 2020년 7월 17일
초판 11쇄 발행 2023년 3월 2일
리커버 개정판 1쇄 발행 2024년 1월 29일
리커버 개정판 5쇄 발행 2024년 12월 13일

지은이 스콧 애덤스
옮긴이 김인수
펴낸곳 베리북
펴낸이 송사랑
진행 장호건
디자인 이창욱

등록일 2014년 4월 3일
등록번호 제406-2014-000002호
주소 경기도 파주시 고봉로 755-27
이메일 verybook.k@gmail.com
ISBN 979-11-88102-25-9 03320

THE
SYSTEM